Jacques LUCAS

Avec la collaboration de Jacques Ferber

LES CARTES DE L'HOMME NOUVEAU

Illustrations : **Magalie Masson**

et Alex R. Fuller

Préface de **Jacques Ferber**

Le Souffle d'Or

5 allée du Torrent - 05000 Gap (France)

www.souffledor.fr

Illustration couverture : marie@mariethebird.com
Photocomposition : A' Prim / Fouras (17)
Impression et façonnage : Vasti-Dumas / Saint-Etienne (42)
Imprimé sur Cyclus à partir d'encres végétales

Dépôt légal : octobre 2010
ISBN 978 2 84058 392 9

Le Souffle d'Or
5 allée du Torrent - 05000 Gap (France)
Tél. 04 92 65 52 24
www.souffledor.fr

Sommaire

Remerciements 7
Préface de Jacques Ferber 9

LES *CARTES DE L'HOMME-NOUVEAU* 15
Avertissement 15
Explication du poster 18
Introduction 24
But du Tarot de l'Homme-Nouveau 28
Structure globale du Tarot de l'Homme-Nouveau 34
Tableau des *Voies* 40
Les 45 lames des *Voies* brièvement expliquées 41
Les 5 lames des *Gardiens de Sagesse* brièvement expliquées 46
Les 14 lames de *Mutation* brièvement expliquées 48
Les 6 lames *Talismans* brièvement expliquées 51
Les 2 lames *Hors-Cadre* brièvement expliquées .. 53

LES TIRAGES 55
En préambule à un tirage 56
Tirage avec figures cachées 58
Une carte sans question 59
Plusieurs cartes sans question 61
3 cartes avec question 62
5 cartes avec question 64
Tirage pour un couple 66
Tirage pour un programme de travail spirituel ... 69
Tirage « astrologique » ou jeu du « thème astral » 81
Tirage pour une orientation professionnelle 94

Tirage avec figures apparentes 96
Perspectives et risques personnels 96
Tirage pour une orientation professionnelle 97

Présentation individuelle des Cartes 101
Les 45 lames des 15 *Voies* 104
Les 14 Lames de *Mutation* 224
Les 6 Lames *Talismans* 264
Les 5 *Gardiens de Sagesse* 282
Les 2 Lames « *Hors-Cadre* » 295

Au sujet des créateurs des *Cartes de l'Homme-Nouveau* 303
Petit lexique des termes en italiques 305
Bibliographie 307

Remerciements

Tout d'abord, je voudrais remercier ***Jacques FERBER***. Nous avions commencé chacun de notre côté à élaborer un jeu de cartes dont le sujet était le masculin. Nous nous sommes rejoints pour continuer ensemble les Cartes de l'Homme-Nouveau. Son amitié et sa contribution m'ont été très précieuses ; d'ailleurs certains textes portent son empreinte. Sans lui, le projet n'aurait peut-être jamais vu le jour. Il a décidé de se retirer alors que le projet commençait tout juste à prendre forme. L'élan premier que nous avons partagé s'est incarné dans ce qui fut ensuite pour moi autant un voyage initiatique qu'une mise au point, un bilan mais aussi une transmission des fruits de ma quête.

Ensuite à ***Claire COURDIL***, la marraine de cœur et d'honneur de ce Tarot, je transmets ma gratitude. Sur son ordinateur, de Gruissan, elle est restée disponible à la correction des textes. La lumière de ses réflexions, la simplicité de son approche, la douceur et la pertinence de ses réactions m'ont été particulièrement utiles. Sans parler de son amitié, de son soutien enthousiaste et de ses encouragements...

Merci aussi à mon ami Florent dont l'oreille et le cœur attentifs m'ont été d'un grand secours dans les phases délicates de la création. Ses suggestions, remarques et critiques eurent un effet autant stimulant que calmant aux moments propices.

Merci à Marisa, compagne de quinze ans dans l'animation des stages de Tantra ; sa complicité est un délice et son soutien moral inconditionnel me bouleverse toujours. Merci à Muriel qui fut très présente. Sa générosité exceptionnelle et son soutien furent déterminants. Merci à Catherine pour son esprit synthétique, critique mais constructif, sa contribution, sur la fin, a embelli ma prose.

Merci à Eric, Gabriel, Alain, Gilles, Elisabeth, Daniel, Marc, Michel, Laurent, Fabrice, Hervé et bien d'autres encore (la page serait vite remplie). Par leur soutien moral, ils ont contribué à une gestation douillette de ce jeu. Ils venaient régulièrement prendre la température ; ce qui a rendu les « contractions » plus confortables. Certains se sont prêtés comme des cobayes aux premiers jets de la confrontation des tirages avec le réel de leur vie. Un grand merci à eux.

Merci aux femmes qui ont croisé ma route. Je crois les avoir toutes aimées et elles m'ont toutes appris quelque chose. Et je voudrais leur dire à quel point leur place dans ma vie fut importante. Le mystère de leur beauté m'a toujours fasciné et inspiré. Et, il y a longtemps maintenant, cela m'a sauvé du naufrage.

Merci aux hommes, frères de route, que j'ai rencontrés, avec qui j'ai partagé des moments forts et qui m'ont inspiré, motivé, encouragé ou rassuré. Ils restent dans ma mémoire et se reconnaîtront dans cet ouvrage au travers des différents personnages qui l'animent.

Merci à la vie d'avoir permis la réalisation de cette œuvre qui a engagé mes « tripes ». Ce fut une belle aventure, vraiment magnifique ! Et, pour une grande partie, l'inspiration venant d'ailleurs, ce fut un cadeau extraordinaire d'avoir assisté à sa naissance mais aussi d'avoir cheminé avec lui, en conscience ; sa création fut, du début à la fin, riche en enseignements de toutes sortes. Je fus le premier bénéficiaire des lumières des *Cartes de l'Homme-Nouveau*.

Préface

Le jeu des *Cartes de l'HOMME-NOUVEAU* ne constitue pas un jeu de cartes ordinaire, ni un simple tarot divinatoire. Il est le résultat d'un travail mené initialement par deux hommes, mais conduit à sa forme finale par l'inspiration, et l'énergie d'un seul, Jacques Lucas.

Je vais tracer succinctement la genèse de ce jeu, car son histoire permet de comprendre la forme qu'il a, et les raisons qui ont, de mon point de vue, poussé à sa création. En réalité, j'avais commencé à élaborer un jeu à partir d'une idée simple : il n'existait pas, à ma connaissance, de jeu de cartes divinatoire qui porte principalement sur les archétypes de l'homme[1] et il manquait un pendant masculin à l'excellent tarot « Féminitude » qui prend le point de vue du féminin. Jacques Lucas, de son côté, travaillait également à l'élaboration d'un jeu de cartes qui concernait le masculin. Nous nous sommes alors alliés pour donner corps à cette vision générale, et nous avons travaillé ensemble pendant plusieurs années sur ce projet, écrivant les cartes, restructurant le jeu, lui ajoutant ou retranchant de nouvelles figures au fur et à mesure de nos inspirations et de nos interactions. Mais à un moment, Jacques fut transporté dans une énergie et une inspiration nouvelle, comme si les cartes elles-mêmes demandaient à être créées et fécondées par sa puissance et sa créativité. Elles n'étaient plus écrites pas à pas par l'intellect, mais engendrées par une inspiration qui dépassait Jacques et le prenait tout entier, alors qu'il passait des

1. J'utiliserai ici toujours l'appellation « homme » comme « être humain masculin ».

journées entières, habité par un feu intérieur, à travailler le texte de chacune d'elles. Le Jeu prit ainsi une tournure plus spirituelle, lui donnant une autre dimension, et ce que nous avions commencé ensemble devenait naturellement sa création. Il était donc logique qu'il finisse seul sa gestation et qu'il en endosse la paternité.

Je soutiens totalement l'expression de ce jeu, sa structure, son contenu. Je pense qu'il s'agit là d'un cadeau extraordinaire pour cette nouvelle masculinité qui commence à poindre. Cela arrive au bon moment car les femmes nous attendent, nous les hommes. Il me semble que le XXe siècle restera comme un élément marquant de l'émancipation féminine. Dans ce chemin, qui fut d'abord un combat, elles ont découvert qu'elles ne correspondaient pas aux stéréotypes qui leur avaient été associés pendant des millénaires de patriarcat. Elles se réveillaient ainsi d'un songe – et pour certaines d'un cauchemar – en réalisant leur nature profonde. En prenant leur destin en main, un grand nombre de femmes ont alors « travaillé » sur elles-mêmes pour soigner leurs blessures et prendre leur place dans le monde.

Ce travail donna lieu à un bouleversement mondial et permet que les valeurs féminines d'accueil, d'empathie et d'intuition, commencent à prendre le pas sur les valeurs de réussite, de compétition, d'abstraction et de rationalité.

Mais dans ce mouvement des femmes vers leur libération et l'intériorisation de leur être, qu'en était il des hommes ? Bien sûr, certains d'entre eux avaient aussi commencé ce chemin vers leur féminin intérieur, mais parfois au détriment de leur part virile. En intégrant en eux la culpabilité d'être les descendants des oppresseurs, de ceux qui avaient mis en cage le féminin, en inhibant leur puissance en la confondant avec la violence, la tentation fut grande pour eux de devenir de « gentils garçons », sympathiques, tolérants, ouverts, mais en ayant perdu leur intensité, leur courage et leur énergie virile.

Or si le monde a besoin de douceur, d'accueil et de qualités féminines, il a aussi besoin d'énergies nouvelles qui ne soient plus destructrices mais constructrices et créatives. Et cela nécessite de la vigueur, de la capacité de décision, de la puissance. Si elle n'entre pas dans le cycle de la violence et de la vengeance, l'énergie virile devient alors un don, une dynamique conduite par le cœur, au service du monde et des autres.

Il s'agit donc maintenant d'ouvrir le monde à l'avènement de « l'homme nouveau, qui sache allier sa puissance virile et son féminin intérieur, qui sache unir le courage, la raison et la capacité de décision, à l'écoute, l'intuition et la créativité en relation.

Si le XXe siècle était celui du féminisme, le XXIe siècle sera celui de l'avènement de ce nouveau courant humain, fondé sur l'alliance du masculin et du féminin, de l'individu et de son environnement, de l'être et du faire. Fondée à la fois sur une démarche individuelle personnelle d'individuation – chacun devenant de plus en plus soi-même – et sur une dynamique collective basée sur le respect de l'autre dans toutes ses dimensions, cette nouvelle humanité pourra faire front aux défis mondiaux. C'est en allant profondément dans leur propre intériorité, en épousant leur propre polarité, tout en avançant sur un pied d'égalité, que les hommes et les femmes ensemble, dans leur différence mais en relation, transformeront le monde pour qu'il s'ouvre à une nouvelle dimension.

Ce jeu de cartes me semble constituer une contribution majeure pour qu'advienne cet homme nouveau en l'aidant à réaliser, sans jugement, ce qui l'anime au plus profond de son être. Il pourra ainsi parcourir, aidé par le jeu, les étapes de sa transformation intérieure le menant vers sa propre libération.

Jacques Ferber

STRUCTURE DES “CARTES

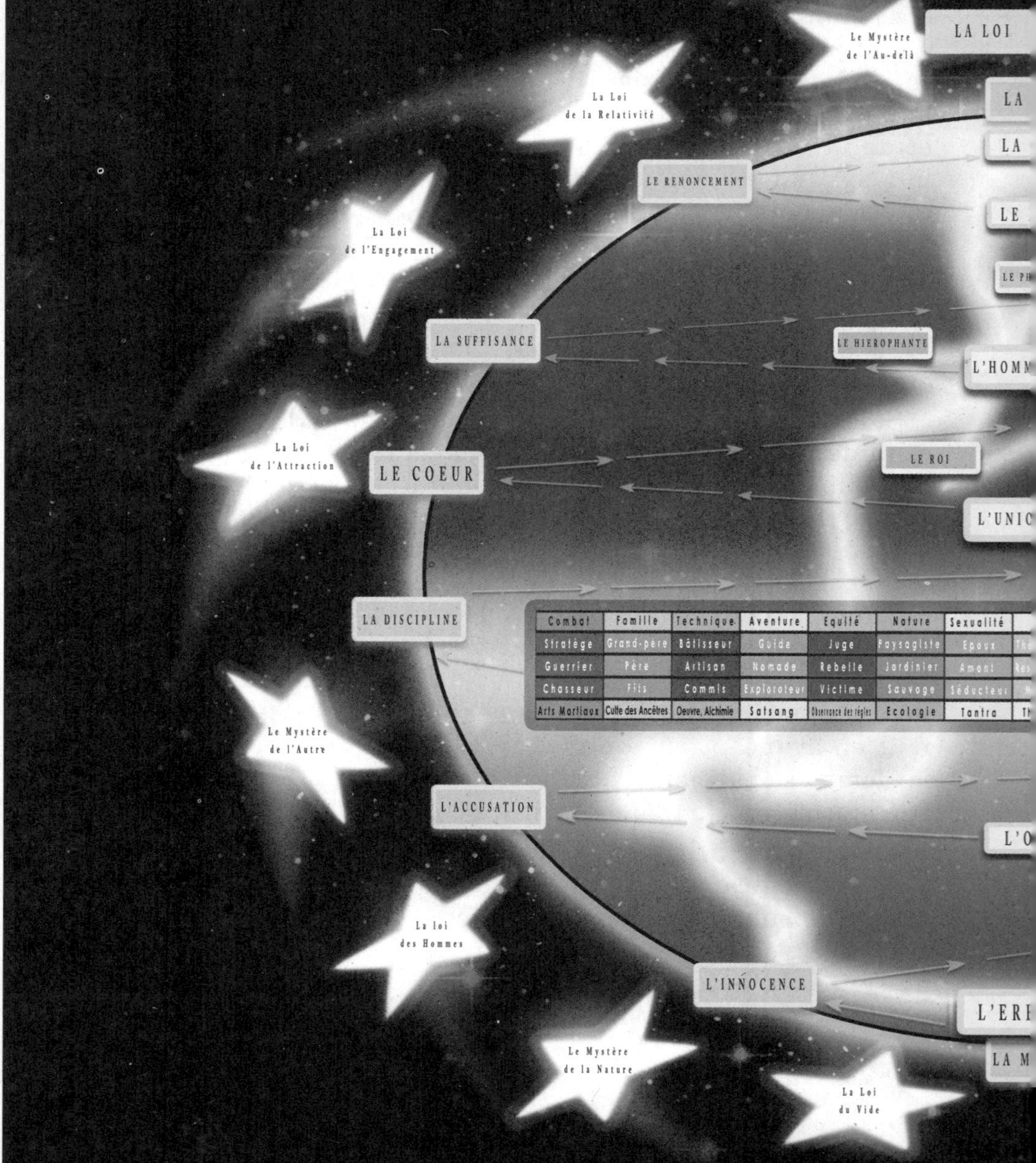

Combat	Famille	Technique	Aventure	Equité	Nature	Sexualité	
Stratège	Grand-père	Bâtisseur	Guide	Juge	Paysagiste	Epoux	Thé
Guerrier	Père	Artisan	Nomade	Rebelle	Jardinier	Amant	Res
Chasseur	Fils	Commis	Explorateur	Victime	Sauvage	Séducteur	M
Arts Martiaux	Culte des Ancêtres	Oeuvre, Alchimie	Satsang	Observance des règles	Ecologie	Tantra	Th

Illustratrice
Magalie Masson

Au
Jacqu

DE L'HOMME-NOUVEAU"

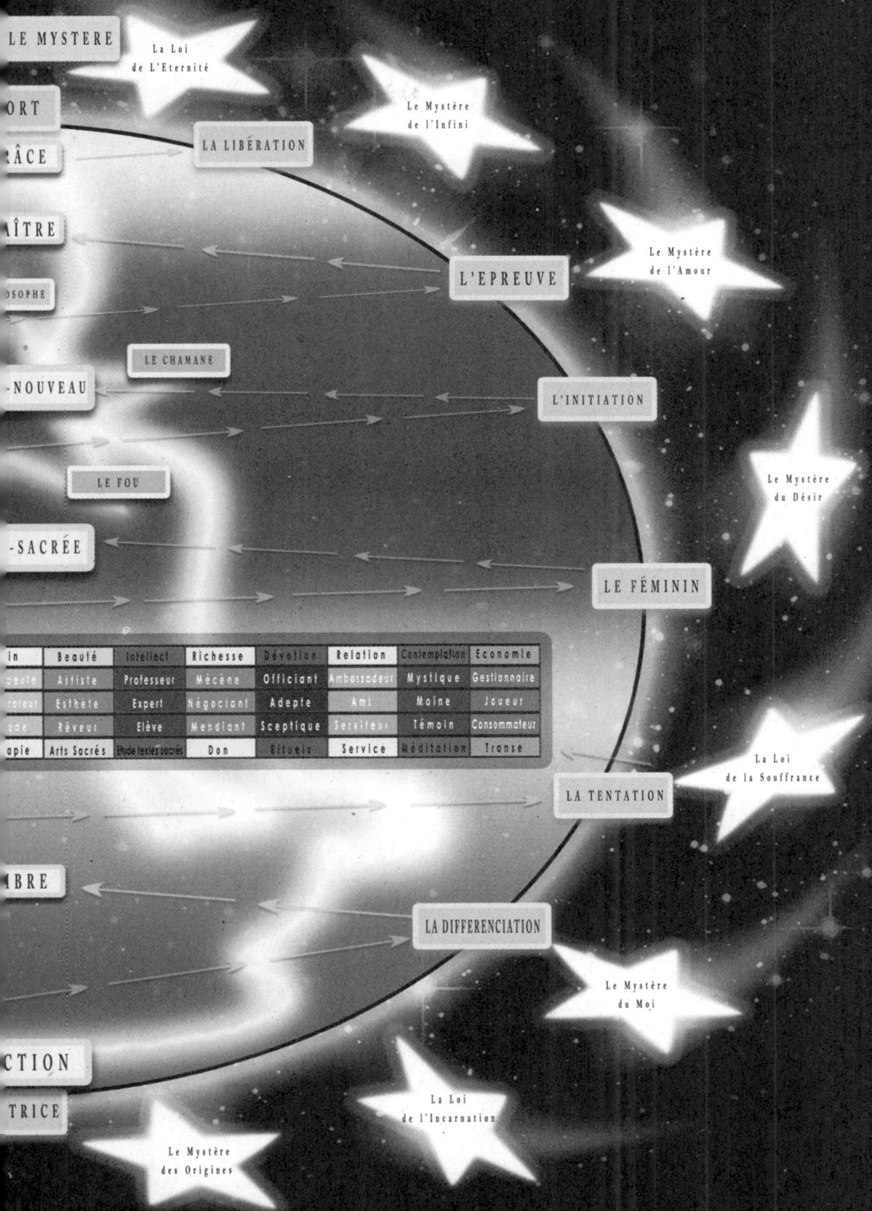

eur
es Lucas

Infographiste
Alex Fuller

Les Cartes de l'HOMME-NOUVEAU

Avertissement

Ce jeu de cartes est accompagné d'un poster mettant en image une structuration qui pourrait paraître à première vue complexe pour un néophyte vierge de toute démarche spirituelle ou de développement personnel. L'illustration (parce que visuelle) simplifie la compréhension de la structure des *Cartes de l'HOMME-NOUVEAU*. Les textes expliquent son ossature et ses articulations et « donnent corps » à une tentative de synthétisation des démarches spirituelles et de développement personnel.

Il n'est nullement nécessaire d'être un fin connaisseur de la théorie des chakras ou d'être déjà engagé sur un chemin spirituel pour l'utiliser. D'ailleurs, le *Tarot de l'HOMME-NOUVEAU* n'a pas la prétention d'être en plein accord avec cette théorie mais il s'en inspire pour transmettre certaines idées de transformation, d'évolution, de progression vers un idéal de réalisation du Soi. Ce dernier constituant la nature profonde de chacun et induisant l'harmonie dans l'existence et la paix du cœur.

Les néophytes qui consulteront les *Cartes de l'HOMME-NOUVEAU*, trouveront dans cet ouvrage matière à s'initier. Et ceux qui sont déjà en chemin comprendront aisément la démarche et la progression. Pour les premiers, les tirages n'auront pas tout à fait la même portée puisqu'il est souvent proposé une attitude ou une position de vie qui engage dans la démarche personnelle. Ils découvriront, cependant, des « points de vue » parfois empreints de sagesse, souvent porteurs de remise en question et ils seront peut-être mis en appétit. Je le souhaite. Ce Tarot s'appuie sur l'idée que le bonheur inclut la spiritualité ou la démarche personnelle.

Parfois, les pratiquants de Voies traditionnelles retrouveront des éléments de leurs pratiques, de leurs expériences et croyances mais présentés dans un langage laïc. S'ils reconnaissent leur route, tant mieux, cela confirmera qu'un vrai travail spirituel guide les consciences dans un axe commun, universel. Parfois cependant, ils trouveront matière à polémique, s'ils le veulent. La prétention des *Cartes de l'Homme-Nouveau*, n'est pas d'avoir raison, de posséder le vocabulaire exact ou de détenir la solution ou la vérité absolue. Il n'est pas utile de rentrer dans un débat d'idées, d'être d'accord ou pas. Le Jeu propose des perspectives expérientielles du chemin vers *Soi*, des réflexions, des ouvertures comportementales et une compréhension « relative à l'auteur », c'est tout.

Le texte de présentation du jeu pourra être lu dans un second temps pour ceux qui comprennent d'emblée la structure du jeu. Par contre, lors d'un tirage, le texte de présentation de chacune des cartes est particulièrement important. Il est à lire à chaque tirage et pour chaque carte. Ceci facilite la pleine compréhension des tirages et provoque les réflexions personnelles du consultant. L'intention du jeu n'est pas d'imposer une « manière » de voir la vie ou les relations mais de poser le consultant face à lui-même et de susciter une démarche d'élargissement de son champ de conscience.

Plusieurs grilles de progression ou d'évolution de la personnalité se superposent dans une cohérence et une unité... magiques :

- Des figures archétypales ; des personnages en sont les vecteurs. La réalité et l'objectivité comportementales, fonctionnelles, de certains personnages : le PROFESSEUR, le THÉRAPEUTE, l'ARTISAN par exemple, ne font pas l'objet du jeu. Ces figures le servent en tant que supports des intentions de l'auteur dans une cohésion qui lui appartient. La compréhension de leur aspect symbolique concernera chacun, peu importe son intention.

- La théorie des Chakras et la structuration psychique (l'auteur est psychothérapeute et animateur de stages de Tantra), certaines théories spirituelles ancestrales et modernes, d'autres ésotériques, toutes s'articulent autour des figures animant les *Cartes de l'HOMME-NOUVEAU.* Les tirages seront donc riches en informations concernant des axes de travail tant spirituels que psychologiques et philosophiques.

Les voyants et médiums qui le souhaiteraient pourront également trouver des indices propices à leurs intuitions et projections lors de tirages prédictifs.

D'autre part, ce Jeu ne s'adresse pas uniquement aux hommes, même si la base du jeu repose sur le « masculin » : la dominante des hommes. Les femmes aussi sont animées par des aspects de la personnalité masculine, comme les hommes le sont par des aspects féminins.

Précisons que l'auteur n'est pas un MAÎTRE spirituel. Il parle par expérience mais aussi en rapportant des propos tenus par des MAÎTRES vivants ou non, et expose des techniques qu'il n'a pas toujours explorées à fond (au moins pour certaines d'entre elles).

Tous les consultants adultes se reconnaîtront dans l'une ou l'autre des figures des *Voies*. Ces *Voies* correspondent au 3e chakra : le centre énergétique qui concerne l'affirmation de soi et l'expression sociale. Tirer une de ces cartes n'élimine pas un travail d'assainissement des 1er et 2e chakras. L'OMBRE (lame représentant certaines caractéristiques du 2e chakra) n'est jamais totalement épurée ou maîtrisée et il reste toujours des zones de soi à éclairer. L'énergie de l'ÉRECTION, lame représentant le 1er chakra, doit parfois être réamorcée pour continuer à avancer sur le chemin de l'HOMME-NOUVEAU. Elle n'est pas un encouragement à axer sa vie sur la sexualité mais une invitation à exploiter ces énergies en vue d'une émergence d'une spiritualité complète. La sexualité ou les énergies sexuelles ont autant d'importance que les sentiments, les relations humaines et le travail intellectuel dans la vie de l'HOMME-NOUVEAU. Nous avons tous été conçus à la suite d'une relation sexuelle et sommes animés d'une énergie de vie emprunte de libido et de désirs. D'ailleurs la manière dont nous gérons nos désirs non sexuels se calque sur la façon dont nous gérons nos énergies sexuelles.

D'autre part, il est tout à fait possible, probable même, d'exercer un métier représenté dans la gamme des *Voies* et de ne pas tirer cette lame lors d'une consultation. Les qualités, les questionnements, les comportements, etc., proposés par les personnages que le consultant aura tirés, lui seront plus utiles dans l'instant, dans le cadre de son évolution personnelle que ceux du personnage dans lequel il se reconnaît socialement.

Explication du Poster

Le poster des *Cartes de l'HOMME-NOUVEAU* représente l'être humain dans le cosmos. Le cercle qui l'entoure symbolise « son » monde, l'univers dans lequel il évolue. L'homme se sent séparé du « Grand-Tout ». Le cercle souligne ce manque de « reliance ». Il marque également les limites de la connaissance des MYSTÈRES qui l'entourent. Pourtant ceux-ci structurent son existence. À l'image de l'opacité de la nuit et de l'univers, l'extérieur du cercle baigne dans l'obscurité d'où jaillissent les MYSTÈRES qui interpellent l'être humain.

L'homme est assis, dans la position du lotus, en méditation, parce que nous pensons que son désir ultime, son aspiration profonde est de se connecter au « *Grand-Tout* ». Les *Cartes de l'Homme-Nouveau* prétendent décrire les étapes de la structuration de la psyché humaine ainsi que l'évolution et la maturation que chacun doit suivre ou développer pour accéder à l'expérience du *Soi* universel. Ce dernier constitue l'essence de chacun. Il est commun à chacun et à toute chose. L'*Être* est l'essence de l'univers. Certains le nomment *Soi, Dieu*, le Créateur, Brahman, Yahvé, Allah, la Source, etc.

L'Homme-Nouveau est en quête. Il cherche à connaître la nature du Soi et aspire à s'immerger en lui.

De la naissance à la mort, chacun réalise (pratiquement) une œuvre qui est plus ou moins teintée de la conscience du Soi. La démarche de l'Homme-Nouveau vise à être en accord avec l'*Être*, en lui-même, petite partie du « *Grand-Tout* ». Son souhait profond est de vivre en harmonie avec l'essence de l'univers. Aussi cherche-t-il à réaliser une œuvre dénuée d'aspirations égotiques et qui ne soit pas en opposition avec la qualité de l'*Être*. Par exemple, il se méfie de la soif de pouvoir ou d'avoir toujours plus, de l'égoïsme, etc.

Ce Jeu de cartes donne des indications pour élargir la conscience et éviter des ornières qui éloignent de cette démarche. Les *Cartes de l'Homme-Nouveau* cherchent à motiver chacun à inclure la dimension spirituelle dans son existence, au quotidien.

Donc de la naissance à la mort, chacun passe de l'immersion dans la matrice maternelle (l'utérus) à... l'émancipation de la matrice corporelle (la mort). Entre ces deux mystères de l'avant et après vie, de nombreuses expériences modifient la conscience. Nous sommes ou avons tous été confrontés aux mystères de la matière ou de l'incarnation, de la nature, de notre propre identité, de la place de l'autre, de l'amour et du désir, de l'esprit, de l'infini perceptible dans la voie lactée, de *Dieu* et du Sens de la vie ; de la *Conscience*. Nous en avons plus ou moins bien intégré les lois et nous gérons nos existences souvent par habitude, sans remettre en question nos fonctionnements formatés par l'éducation, nos peurs et nos croyances. Par exemple, notre conscience de la vie est limitée par notre peur de la mort, nos relations bridées par la peur de l'autre et nos amours parfois frelatées par la possessivité et l'attachement. Si l'assimilation de « La Loi » qui régit chacun de ces mystères n'est pas parfaitement intégrée, l'évolution, la maturation et l'épanouissement de l'*Être en Soi* sont freinés ou empêchés.

La vie fonctionne par cycles. Les étapes mal gérées se représentent sur le chemin. Les *Cartes de l'Homme-Nouveau* proposent un plan et des repères qui facilitent le voyage. Ce Jeu de cartes prétend aider le consultant à trouver des solutions pour faciliter ou accélérer son avancement spirituel.

Sur le poster, en dehors du cercle entourant l'homme, venant de l'univers, arrivent ces mystères auxquels sera confronté l'être humain. Mais dans le Tarot, il n'y a qu'une carte représentant le Mystère et une autre représentant la Loi (les deux *lames Hors-Cadre*). Un certain nombre de mystères sont mentionnés dans le sillage des étoiles filantes qui émergent de la voie lactée.

Il n'y a que deux « *lames Hors-Cadre* » parce qu'il n'y a au fond qu'un seul vrai mystère : celui de la nature de la conscience. Globalement, pour la plupart d'entre nous, nous fuyons la confrontation à ces mystères parce qu'ils procurent peur et angoisse. Les réponses sont difficiles à obtenir parce qu'elles ne sont pas de l'ordre de l'avoir (le « ça-avoir ») mais de l'*Être*. C'est la raison pour laquelle les *Cartes de l'Homme-Nouveau* pourraient aussi se nommer le « *Tarot de l'Être* » ; parce qu'il convie chacun à laisser émerger l'*Être* en soi.

Sur la paroi du cercle, les étapes ponctuant l'évolution sont des indications, des éléments que l'Être en demande d'évolution et de transformation aura à intégrer. Chacune de ces étapes se trouve dans les cartes du jeu : ce sont les 14 « *lames de Mutation* ».

L'homme dans le cercle baigne dans les sept couleurs des chakras : du rouge au blanc. Les sept chakras sont eux aussi des étapes de l'évolution mais dans les traditions spirituelles orientales. Cette grille de lecture se superpose et complète le voyage proposé par les *lames de Mutation*. Chacun de ces chakras est figuré par une carte : les *lames Talismans*, sauf le 3e qui est représenté par 45 facettes de l'incarnation, parce que ce 3e chakra parle de l'affirmation de soi. C'est donc souvent dans le social, ou au moins dans la relation au monde ou à l'autre, que se posent l'intégration des qualités humaines et l'ancrage de la démarche spirituelle ou de développement personnel. Et puis, nous vivons dans un monde qui a surinvesti le confort, la réussite et l'activité.

Les 45 *lames des Voies* représentant le 3e chakra, sont regroupées en 15 petits groupes de trois cartes (les *Voies*) : un apprenti, un compagnon et un maître par famille. Les 45 cartes des *Voies* se différencient visuellement des autres lames : leurs deux coins inférieurs sont blancs. Il n'y a pas de hiérarchie dans les Voies même si apparemment le maître semblerait plus « abouti » ou réalisé que l'apprenti. Ces lames, en fait, parlent de la dépendance pour l'apprenti, de la relation à l'autre pour le compagnon et du « pouvoir » exercé sur les autres pour le maître. Elles parlent de la place occupée dans la société et des challenges personnels qui laisseront émerger *l'Homme-Nouveau* qui attend au fond de chacun. Il s'agit de transformer les difficultés quotidiennes mais aussi les réussites en défis et en réalisations spirituelles. Le but est d'intégrer les qualités des personnages représentés par chaque lame et d'éviter leurs écueils pour progresser dans la conscience du Soi, vers le statut de *l'Homme-Nouveau*.

L'Homme-Nouveau est un être en mouvement. Il quête l'intégration du Soi et cherche l'immersion dans le « *Grand-Tout* ». Sa priorité est sa démarche spirituelle. Il a vécu l'expérience, au moins ponctuelle, du plein contact de l'*Être*. Souvent, c'est un homme ordinaire qui vit parmi nous sans se faire remarquer. Mais son intention et son but sont axés sur la présence au Soi. Cependant, certaines personnalités sont remarquables par leur engagement spirituel. Quelquefois, elles exercent une fonction ou une profession qui les distingue. Ce sont les 5 « *Gardiens de Sagesse* » qui sont cinq expressions archétypiques de la réalisation du Soi. Ces figures s'articulent autour de celle de l'*Homme-Nouveau* au niveau du 5e chakra.

La conscience s'est parfois immobilisée à une étape particulière de son expansion ; ce Tarot pointe à chacun ses blocages et propose des solutions adaptées. Les *Cartes de l'Homme-Nouveau* signalent les obstacles et les erreurs à éviter. Sur le plan psychique, le cheminement logique est donc souligné par les flèches qui passent d'un point à l'autre du cercle : de la sortie de la Matrice jusqu'à la Mort. Évidemment, celui qui tirerait cette dernière lame ne reçoit pas le présage de sa mort prochaine. Ni celui qui tirerait la Matrice, un avis de naissance ou de grossesse ! Chacun, par exemple lors de la mise en place de projet, circule d'une conception à une échéance de réalisation. Et le processus d'incarnation mais aussi les énergies mobilisées ainsi que les enjeux émotionnels lors d'une réalisation matérielle, affective ou spirituelle, se déroulent selon le même schéma. Le Yogi, en quête du « Nirvana », trouvera dans la hiérarchie des chakras (*lames Talismans*) des repères connus. Ces deux grilles (*lames Talismans* et *lames de Mutation*) se superposent vers un même but : la réalisation du Soi. C'est ce schéma que décrit le poster qui accompagne les *Cartes de l'Homme-Nouveau*.

Les *Cartes de l'Homme-Nouveau* proposent donc l'idée qu'il est possible, par une démarche personnelle engagée, de vivre en Conscience les secrets de l'*Être* sans être tenu de s'impliquer dans une des traditions spirituelles. Cela ne veut pas dire que ces dernières sont inutiles, loin de là. Nous proposons d'ailleurs à travers les *Voies*, quinze pratiques spirituelles dont certaines sont liées à des traditions séculaires. Elles sont très utiles pour progresser. Mais à l'aube de ce

XXIe siècle, les communications et la circulation rapide des informations favorisent l'approche de techniques autrefois inconnues qui peuvent accélérer le processus de maturation par complémentarité.

Résumé de la structuration des Cartes de l'HOMME-NOUVEAU

Ce jeu de 72 cartes est structuré en 5 familles.

1. Les lames de *Voies*. Sur l'axe horizontal et au nombre de 45. Ces cartes appartiennent aux 15 *Voies* de réalisation de l'homme, du masculin. Chaque *Voie* porte un nom (*Voie* de l'Aventure, *Voie* de l'Équité, etc.) et comprend 3 cartes organisées autour d'une progression de type apprenti, compagnon, maître, caractéristique des voies initiatiques. Ces 45 lames incarnent la plupart des nuances du 3e chakra. Les cartes des *Voies* se différencient visuellement des autres lames : leurs deux coins inférieurs sont blancs.

2. Les 14 cartes de *Mutation*. L'homme doit assumer ou franchir différentes marches pour aller vers son être profond. Ces lames correspondent à ces étapes sur le chemin de développement personnel et/ou spirituel. Même si le contenu de ces lames peut parfois paraître lourd, pénible à vivre, ce sont à chaque fois des opportunités d'élévation, des pas supplémentaires à parcourir pour intégrer la dimension de l'HOMME-NOUVEAU.

3. Les 6 *Talismans* (l'ÉRECTION, l'OMBRE, l'HOMME-NOUVEAU, l'UNION SACRÉE, le MAÎTRE, la GRÂCE) marquent les étapes d'évolution sur un plan énergétique. Chacune incarne un chakra. (Le 3e chakra étant représenté par la totalité des 45 lames des *Voies*.) Pour goûter ou exprimer leur énergie, il est indispensable de passer par l'intégration des messages des *lames de Mutation*.

4. Les 5 *Gardiens de Sagesse* (Le ROI, le HIÉROPHANTE, le PHILOSOPHE, le FOU, le CHAMANE) correspondent à cinq essences fondamentales de l'HOMME-NOUVEAU. Elles sont les 5 manifestations de l'homme en quête, investi dans la quête du *Soi*. Elles incarnent 5 aspects de l'HOMME-NOUVEAU qui intègre sa quête spirituelle dans son engagement social.

5. Les 2 cartes « *Hors-Cadre* ». Le MYSTÈRE et La LOI sont toutes deux omniprésentes à chaque instant de la vie. Mais pour éviter les peurs et angoisses que le MYSTÈRE induit, nous dispersons notre conscience vers des buts et plaisirs présentant peu d'intérêt spirituel. Leur présence dans le jeu souligne l'importance du sens que nous donnons à l'existence. Elles interrogent sur l'éventualité d'un sens commun : la vie aurait-elle un sens et y aurait-il certaines règles (La LOI) à respecter pour accéder au Sens et percer le MYSTÈRE ?

Introduction

En ce début de 3e millénaire, nous assistons à une véritable révolution des valeurs, des places et des perspectives sociétales. Les hommes ne peuvent plus se conformer aux modes de vie et de pensée de leur père et encore moins de leurs grands-pères. La renommée ou la fortune ne signent plus, exclusivement, la réalisation d'un homme. Et les familles recomposées interrogent sérieusement chacun sur la fonction paternelle. Si bien que beaucoup d'hommes ont du mal à trouver leurs marques dans ce monde en pleine mutation.

La vie est un mystère et le garçon, dès l'enfance, est en quête ; en quête d'amour, de connaissance, d'autonomie, de plaisir, de vérité, d'absolu, etc. Pour trouver le bonheur, l'adulte a soif de réalisation autant à l'extérieur : le monde social et professionnel, qu'à l'intérieur : amour, spiritualité et contact du Soi. Naturellement plus analytique et pratique qu'intuitif (l'inverse de la femme, dans son féminin), il aime façonner, démonter, créer et réparer. L'homme prend plaisir à monter et faire aboutir des projets, à explorer des mondes inconnus et à comprendre ce qui l'entoure. Il aime les méthodes et les degrés de progression qui lui permettent d'avoir prise sur sa vie. Et par-dessus tout il ressent la Vie au travers d'une tension magnifique dans son bas-ventre qui le pousse à avancer, à pénétrer, voire à prendre. L'homme *érecte*, pourrait-on dire.

À l'origine, l'appartenance sexuelle a dicté la conduite de chacun. Le sexe de l'homme est à l'extérieur : il agira à l'extérieur, dans le monde. Le sexe de la femme est à l'intérieur : elle agira à l'intérieur, à la maison. Pendant des millénaires, cette façon de voir l'humanité s'est imposée à nos Ancêtres. Cependant, même si l'homme est naturellement plus masculin et la femme plus féminine, ces deux polarités cohabitent chez l'un et l'autre dans des proportions variées.

Ces places conventionnelles répondaient également à la nécessité pour l'homme de garantir sa paternité sur sa descendance (En effet la mère ne doute pas de sa maternité quand elle accouche alors que le père, lui, peut douter de la validité de sa paternité si sa femme côtoie intimement d'autres hommes...). Le mari, pour se rassurer, condamnait donc sa femme à rester au logis pour s'occuper des enfants. L'intérêt et le genre sexuel se trouvaient en accord.

C'est souvent le masculin qui a façonné la terre par la technologie, qui a développé les techniques médicales et amélioré constamment le confort. Dans notre monde moderne occidental, nous n'avons plus à lutter contre les intempéries, contre la faim et la soif. Nous nous déplaçons rapidement pour aller d'un point à l'autre de la terre, grâce aux progrès souvent concrétisés par le masculin. Mais en même temps, c'est aussi ce masculin qui exploite l'être humain, qui épuise les ressources de la terre, qui bétonne les prairies et violente les femmes. En d'autres termes, le masculin recèle des richesses merveilleuses mais aussi des aspects obscurs et noirs.

À la faveur de l'évolution et des circonstances sociétales (le droit à la contraception et à l'avortement ont largement participé à cette émancipation), la femme a remis en question la répartition des rôles transmise par nos Ancêtres. De nos jours, toutes les jeunes femmes aspirent à travailler et à se réaliser socialement : à épanouir leur part masculine. Et elles assument de plus en plus le droit d'aimer à leur guise.

Dans un premier temps, l'homme s'est gaussé de cette « suffragette », de cette femme qui voulait tout simplement avoir une place sociale égale à la sienne. Puis les hommes qui subissaient cette « révolution », se sont trouvés désarmés, dans leur propre foyer, devant des femmes qu'ils espéraient à tort aussi soumises que l'était leur mère face à leur père. Travaillant, gagnant leur argent et ayant accédé à la liberté de concevoir quand elles le voulaient, les femmes échappaient à la tutelle de leur père mais aussi de leur mari. Elles épanouissaient leur féminité mais aussi leur « masculinité » en rivalisant avec les hommes sur le terrain socioprofessionnel qui était jusqu'alors leur domaine exclusif de réalisation autant que de « mise en valeur ».

À partir des années mille neuf cent soixante-dix, beaucoup d'hommes ont commencé à intégrer leur part de féminin. Certains avaient pris conscience de l'histoire de la profanation du féminin sacré et du déni des valeurs féminines que leurs pairs et Ancêtres imposaient aux femmes depuis l'aube du monde. Des femmes dans le monde vivaient toujours enfermées, d'autres avaient leurs pieds emmaillotés pour les empêcher de sortir et d'autres encore étaient excisées ! Beaucoup de femmes étaient maltraitées, partout dans le monde. Cela, pour contrôler leur libido et maîtriser la filiation mais aussi pour exercer le pouvoir de façon inique : « le père est le chef de famille » !

En s'ouvrant au féminin, ces hommes ont réalisé l'importance de la blessure infligée à la moitié de l'humanité et compris que c'était aussi une atteinte à la moitié d'eux-mêmes. Ceux qui asservissent les femmes maltraitent simultanément leur propre « *FÉMININ intérieur* ». Certains en ont rejeté leur masculinité au point de devenir « efféminés ».

Les *Cartes de l'HOMME-NOUVEAU* proposent aux hommes en quête, des repères pour se transformer sans altérer leur virilité. Quand l'homme, le masculin, est conscient de son agressivité (agresser étymologiquement, signifie : « aller vers ») et qu'il travaille pour la canaliser, il la transforme en puissance et en réalisation. Cette démarche l'enrichit d'une nouvelle dimension humaine qui sollicite l'ouverture à la dimension spirituelle incarnée dans le social, le relationnel et l'action. Il produit alors le vrai progrès ou s'intéresse à la réalisation du Soi. En effet, l'alliance du masculin (aller vers) au « *FÉMININ intérieur* » (réceptivité) conduit naturellement à la contemplation d'une union intérieure, véritable alchimie « socio-psycho-spirituelle ».

L'UNION SACRÉE est une lame des *Cartes de l'HOMME-NOUVEAU* qui parle aussi bien de perspectives sociales et spirituelles que de sexualité. C'est par l'union de l'homme et de la femme que le miracle de la création s'incarne. L'amour, l'enfant, en sont les preuves. En *Soi*, il en va de même : l'osmose du Masculin et du Féminin ouvre à l'amour, au miracle de la Vie et à la réalisation de l'*Être* en soi.

L'homme, petit à petit, refait son retard et nous l'espérons, ensemble, hommes et femmes créeront un nouveau paradigme, une nouvelle manière de gérer les relations afin d'axer l'évolution de l'humanité dans une perspective de collaboration vers le progrès empreint de spiritualité. C'est le défi de « *l'Homme-Nouveau* » : contribuer à la réalisation d'une humanité nouvelle, unifiée (en *Soi*, entre hommes, entre hommes et femmes, entre races, entre cultures). Nous souhaitons qu'elle soit fondée sur une spiritualité pleinement incarnée, intégrant les exigences de la chair sans négliger l'univers social. Cette société poserait des valeurs qui ne seraient plus exclusivement basées sur la performance et l'efficacité mais qui incluraient le partage, la collaboration et le *Cœur*.

But des Cartes de l'Homme-Nouveau

Résumé de la structuration des *Cartes de l'Homme-Nouveau* :

Ce jeu de 72 cartes est structuré en 5 familles.

1. **Les lames de *Voies*.**
2. **Les 14 cartes de *Mutation*.**
3. **Les 6 *Talismans*.**
4. **Les 5 *Gardiens de Sagesse*.**
5. **Les 2 cartes « *Hors-Cadre* ».**

Les *Cartes de l'Homme-Nouveau* posent des repères et des indications de travail personnel à partir d'une « grille d'évolution », intégrant tous les aspects de la personnalité : relationnel, socio-professionnel et spirituel. Le jeu pourra donc être compris à ces différents niveaux selon les demandes et degrés de conscience des consultants. Son ambition étant d'initier la démarche du néophyte mais aussi d'accompagner le quêteur averti.

Un homme ne possède pas une identité statique. Il n'est pas déterminé par sa famille, son métier, ses passions et ses relations. Il n'est pas caractérisé non plus par les rôles qu'il joue dans sa vie, ou les capacités qu'il possède. Pour le définir, il est beaucoup plus juste de le décrire dans son mouvement, dans son élan de vie.

Le chemin de Vie de tout homme en quête de transformation consiste dans un premier temps à prendre conscience de tout ce qui le constitue. Nous sommes tous issus et influencés par des déterminismes familiaux et nationaux, culturels. Nous devons, pour être libres, les considérer et les remettre en question pour ne plus être leur esclave, sans les rejeter. L'homme se développe à partir du terreau de l'inconscient familial puis collectif. Il gagne en individuation en se différenciant. Et en avançant sur son chemin, en étant de plus en plus « lui-même », il intègre une qualité d'être qui le rapproche de celle du *Soi*.

Le jeu est ainsi structuré autour d'un schéma d'évolution qui intègre en un tout cohérent un certain nombre d'influences issues de la psychothérapie, du symbolisme, des spiritualités orientales (hindouisme, bouddhisme et surtout Tantra), des ésotérismes occidentaux et moyen-orientaux (franc-maçonnerie, alchimie, kabbale) et du chamanisme. Il est le résultat de la synthèse d'expériences spirituelles, d'initiations, de références dans le domaine de la psychothérapie et de la science, de l'étude de certaines traditions spirituelles, mais surtout de l'ouverture au MYSTÈRE de la vie.

Globalement, ce jeu est un outil « psycho-magique » permettant de mettre en résonance le contenu des cartes et la psyché du consultant. Il peut être utilisé de manières différentes. Bien sûr, à l'image des Tarots initiatiques, il sera consulté dans un acte que l'on qualifie parfois de « divinatoire ». Souvent, en réalité il ne s'agit pas de prédire l'avenir, mais de révéler les obstacles, les opportunités et les ressources de l'instant présent, en utilisant le Jeu comme un amplificateur des structures inconscientes et des événements de vie qui apparaissent par synchronicité au cours d'un tirage.

La prétention des *Cartes de l'HOMME-NOUVEAU* est d'établir une intime communication de l'*Être* au *Soi*, du cosmos à l'individu. Une centration et un recueillement préalable à la consultation sont fortement recommandés ; une méditation de quelques minutes par exemple. L'attitude intérieure influe sur le tirage. La précipitation, l'excitation, le manque de respect perturbent la qualité de présence et parasitent aussi bien le tirage que l'interprétation. Une ambiance calme et la tranquillité intérieure sont indispensables.

Les *Cartes de l'HOMME-NOUVEAU* invitent à une conversation avec le plus profond de soi-même. Mieux vaut reporter une consultation quand les circonstances sont défavorables. Le moment doit être choisi et propice ; comme si le consultant recevait dans sa maison un personnage très important pour lui.

Les *Cartes de l'HOMME-NOUVEAU* pourront aussi être utilisées comme un mandala qu'on construit en « communiquant » avec les cartes pour progresser dans la connaissance de soi. Les étapes de la maturation psychique se superposent à celle de l'évolution spirituelle. Ce Tarot prétend être un révélateur de notre personnalité, de nos capacités et talents, de nos ressources et perspectives ainsi qu'un reflet-miroir de ce que nous vivons.

Selon l'axe d'utilisation, certaines lames seront retirées du jeu pour que la consultation soit pertinente. Par exemple : un jeune homme qui s'interroge sur son avenir professionnel pourra garder seulement les lames des *Voies* (les cartes dont les deux coins inférieurs sont blancs). Par contre, quelqu'un qui se questionne sur la place de la spiritualité dans sa vie pourra au contraire les retirer dans un premier temps puis les inclure pour recevoir plus d'indications et de détails. Nous exposerons plus loin avec précision différents tirages possibles.

Les *Cartes de l'HOMME-NOUVEAU* sont destinées à aider ceux qui s'interrogent sur leur existence et sur le Sens de la Vie. Lorsque le doute ou l'absence d'idées dans les domaines personnels, professionnels, familiaux, affectifs ou spirituels se présentent, le consultant peut s'inspirer, trouver conseil. Un tirage révèle des enjeux inconscients. Une contemplation globale des arcanes apporte également des éclairages en écoutant ce qu'ils font résonner en soi.

Les *Cartes* proposent également une perspective de sens à la vie. Il y aurait un but à l'existence, à la conscience : atteindre le statut d'HOMME-NOUVEAU. Ce dernier est en contact avec les MYSTÈRES de la vie et il accomplit une Œuvre qui s'accorde au plan divin. Il vibre à l'unisson de l'univers et perçoit la majesté de la Création. L'HOMME-NOUVEAU perçoit et comprend ce qu'il est profondément, par essence : un être conscient, libre et uni au « *Grand-Tout* ».

Le chemin de la conscience paraît infini et présente de nombreux écueils ; les *Cartes de l'HOMME-NOUVEAU* proposent une « carte d'orientation » de l'évolution : de l'humain vers le divin, et souligne les impasses, les erreurs à éviter. Un disciple se réfère à son MAÎTRE, lui demande des orientations, des conseils, etc. Il reçoit des enseignements qui guident sa pratique.

Mais quand on n'a pas de MAÎTRE ? Un oracle peut servir d'intermédiaire et s'exprimer en son nom comme un médium. Les *Cartes de l'HOMME-NOUVEAU* proposent justement de jouer le rôle de l'oracle, du médium.

Nous invitons chaque consultant à considérer chacune des lames qu'il tirera comme une opportunité de métamorphose et comme un message de l'oracle qui lui susurrerait à l'oreille des conseils, des indications et instructions pour trouver, au plus vite, bonheur et joie mais surtout réalisation du *Soi*.

Les lames des *Voies* sont représentées par des personnages, des professions. Le but des *Cartes de l'HOMME-NOUVEAU* n'est pas de valoriser telle ou telle profession ou place sociale mais de mettre en avant des caractéristiques, des valeurs et des qualités qu'on acquiert en s'impliquant dans un chemin de transformation. Les places de maître, de compagnon et d'apprenti sont mises en relief pour souligner ces caractéristiques, valeurs et qualités. Ce sont des prétextes pour éclairer les nuances de la complexité et de l'immensité du champ de la conscience humaine. L'objectif pour chacun est d'intégrer les qualités des figures pour enrichir son humanité.

Le tirage d'une lame d'apprenti véhicule parfois un message spirituel bien plus puissant et plus riche (et souvent ouvre plus de perspectives) que celui du maître de la même *Voie* ou même de « *Gardien de Sagesse* » ! Il n'y a pas de hiérarchie ni de valorisation des lames dans ce jeu de cartes. À un moment donné de notre vie, si on le demande, ces *Cartes* nous transmettent des messages, des avertissements ou des conseils. Elles proposent parfois des directions de travail et un regard neuf qu'il est possible de suivre et d'adopter.

Les *Cartes de l'Homme-Nouveau* parlent du chemin qui mène l'homme de la structuration de l'ego à l'épanouissement pour ensuite réaliser l'*Être*. Sa vocation n'est donc pas de flatter ou au contraire de déconsidérer quiconque par le tirage de lames plus ou moins gratifiantes selon des critères personnels influencés par la société, le milieu social, les goûts et les aptitudes. Le tirage de ces cartes incite les consultants à élargir leur champ de conscience et à entreprendre une démarche de développement personnel et de prise de conscience. Cela les mènera sur les routes d'une spiritualité incarnée au quotidien. Chaque *Voie* propose une pratique spirituelle qui a fait ses preuves : de vrais maîtres spirituels ont cheminé sur ces sentiers.

Aujourd'hui, nous vivons un monde qui se transforme vite, très vite, un monde où les communications, les brassages de cultures autorisent l'accès à des techniques qui autrefois n'étaient accessibles qu'à un petit nombre. Les Anciens devaient se contenter de la religion ou des pratiques courantes dans leur environnement immédiat. Les repères, les valeurs changent et s'enrichissent aussi. Mais nous devons nous y adapter sans perdre la finalité : l'accès au statut de « l'Homme-Nouveau ». Par exemple : les techniques de méditation proposées par l'Orient sont maintenant accessibles partout, dans les dojos zen ou les salles de méditation qui se sont installés dans nos villes. Et personne ne parlait des « arts martiaux » au début du XXe siècle. Or la boxe anglaise ou la boxe française sont des sports ou « outils » purement sportifs et guerriers. Alors que le « kung-fu » ou le « taï-chi-chuan » sont présentés à l'origine comme des « Arts du Combat ». Ils se pratiquaient avec une dimension spirituelle : l'ennemi est souvent plus en soi qu'à l'extérieur ! Et ces techniques ont su préserver leurs intentions premières qu'elles transmettent toujours.

Il est vrai qu'il n'est nullement indispensable de connaître ni de maîtriser toutes les pratiques que le Jeu recense. Mais la pratique d'une nouvelle technique peut aider considérablement à un moment donné un chercheur en chemin. Ces pratiques sont des outils qu'il est bon d'utiliser à bon escient, au bon moment. Les *Cartes de l'Homme-Nouveau* signalent parfois qu'il est opportun pour le consultant de s'impliquer, au moins temporairement, dans l'une ou l'autre de ces disciplines ou au moins de s'enrichir de l'apport spirituel de techniques venues d'autres horizons. Et « goûter » à d'autres techniques facilite l'ouverture de la conscience : la Vérité est universelle mais personne ne détient les techniques ou moyens exclusifs de l'aborder ! La tolérance et l'acceptation de l'autre se trouvent renforcées.

Très peu d'ouvrages (et à notre connaissance aucun jeu de cartes) n'a mis en évidence les qualités du masculin, surtout lorsque ce masculin est en relation avec le féminin. C'est aussi ce manque que les *Cartes de l'Homme-Nouveau* cherchent à pallier. Ce Tarot s'adresse aux hommes en quête d'eux-mêmes qui tentent d'épanouir leur masculinité en améliorant leur relation à la femme et au « Féminin ». Pour l'homme, c'est le « *Féminin intérieur* » qui ouvre la porte de « l'Espace Sacré ». Mais il s'adresse aussi aux femmes en mettant en avant cette part qu'on appelle le « Masculin de la femme ». Ce Jeu de cartes a ainsi été conçu dans l'intention d'aider les hommes mais aussi les femmes qui cherchent à développer, harmoniser ou découvrir leur part masculine. Enfin il est, pour les hommes et les femmes, une merveilleuse manière de découvrir les différentes facettes du masculin, qui ont finalement été assez peu analysées et exposées. Ce peut être enfin pour un couple un bon vecteur de découvertes et de compréhension des aspects complémentaires de leurs énergies.

STRUCTURE DU JEU

Résumé de la structuration des Cartes de l'Homme-Nouveau

Ce jeu de 72 cartes est structuré en 5 familles.

1. Les lames de *Voies*. Sur l'axe horizontal et au nombre de 45. Ces cartes appartiennent aux 15 *Voies* de réalisation de l'homme, du masculin. Chaque *Voie* porte un nom (*Voie* de l'Aventure, *Voie* de l'Équité, etc.) et comprend 3 cartes organisées autour d'une progression de type apprenti, compagnon, maître, caractéristique des *Voies* initiatiques. Ces 45 lames incarnent la plupart des nuances du 3e chakra. Les cartes des *Voies* se différencient visuellement des autres lames : leurs deux coins inférieurs sont blancs.

2. Les 14 cartes de *Mutation*. L'homme doit assumer ou franchir différentes marches pour aller vers son être profond. Ces lames correspondent à ces étapes sur le chemin de développement personnel et/ou spirituel. Même si le contenu de ces lames peut parfois paraître lourd, pénible à vivre, ce sont à chaque fois des opportunités d'élévation, des pas supplémentaires à parcourir pour intégrer la dimension de l'Homme-Nouveau.

3. Les 6 *Talismans* (l'Érection, l'Ombre, l'Homme-Nouveau, l'Union Sacrée, le Maître, la Grâce) marquent les étapes d'évolution sur un plan énergétique. Chacune incarne un chakra. (Le 3e chakra étant représenté par la totalité des 45 lames des *Voies*.) Pour goûter ou exprimer leur énergie, il est indispensable de passer par l'intégration des messages des *lames de Mutation*.

4. Les 5 *Gardiens de Sagesse* (Le Roi, le Hiérophante, le Philosophe, le Fou, le Chamane) correspondent à cinq essences fondamentales de l'Homme-Nouveau. Elles sont les 5 manifestations de l'homme en quête, investi dans la quête du Soi. Elles incarnent 5 aspects de l'Homme-Nouveau qui intègre sa quête spirituelle dans son engagement social.

5. Les 2 cartes « *Hors-Cadre* ». Le Mystère et La Loi sont toutes deux omniprésentes à chaque instant de la vie. Mais pour éviter les peurs et angoisses que le Mystère induit, nous dispersons notre conscience vers des buts et plaisirs présentant peu d'intérêt spirituel. Leur présence dans le jeu souligne l'importance du sens que nous donnons à l'existence. Elles interrogent sur l'éventualité d'un sens commun : La vie aurait-elle un sens et y aurait-il certaines règles (La Loi) à respecter pour accéder au Sens et percer le Mystère ?

Ce Jeu est construit dans une hiérarchie inspirée de la théorie des chakras. Les chakras sont des centres énergétiques qui se répartissent dans le corps, le long de la colonne vertébrale du périnée (base de la colonne vertébrale) au sommet du crâne. Dans le jeu, les 7 chakras sont représentés par les lames « *Talismans* », dans un axe vertical. De l'Érection, en bas : 1er chakra ; vers la Grâce, en haut : 7e chakra. Cette chaîne de chakras marque une élévation de la conscience et passe successivement par : l'Ombre (2e chakra) ; les 15 Voies (45 personnages ou figures qui représentent le 3e chakra) ; l'Union Sacrée (4e chakra), l'Homme-Nouveau (5e chakra) et le Maître (6e chakra). Nous détaillerons plus loin leur signification.

Au centre, à la place du 3e chakra en partant du bas (de l'Érection), on trouve l'homme social avec ses enjeux de développement et d'évolution représentés sous 45 facettes ou nuances. Ce sont les cartes des *Voies*.

Ces *Voies*, au nombre de 15, comptent 45 cartes qui sont placées dans l'axe horizontal et forment une croix avec l'axe vertical des *lames Talismans*. C'est la croix de l'incarnation. Les cartes des *Voies* se différencient visuellement des autres : leurs deux coins inférieurs sont blancs.

L'intégration des valeurs et qualités du 4e chakra : l'Union Sacrée dans le Jeu (le chakra du cœur dans les traditions ésotériques) autorise l'accès au 5e chakra : l'Homme-Nouveau dans le Jeu (le chakra de la gorge et de l'expression dans les traditions ésotériques).

Le Jeu s'appuie sur un postulat : l'être humain porte en lui un potentiel d'immersion dans la conscience divine du « *Grand-Tout* », de la Source, de la Conscience. Cette perspective n'est pas réservée aux ascètes ni

aux Mystiques ni aux Saints. La carte de l'Homme-Nouveau est la figure du jeu qui représente le désir et le choix de cette réalisation. Cet homme est en quête, il cherche intensément à franchir toutes les étapes d'évolution. Il vit et exprime les valeurs spirituelles nées de son expérience des Mystères et des Lois de la vie. Il s'est transformé au point de considérer que l'ultime finalité de la destinée est spirituelle. Les 5 *Gardiens de Sagesse* expriment 5 figures sociales de l'Homme-Nouveau.

Les chakras : selon de nombreuses théories orientales, les chakras sont des centres énergétiques échelonnés le long de la colonne vertébrale. Au nombre de 7, ils ont des correspondances comportementales et/ou émotionnelles. Les yogis font progresser leur énergie à travers la *Kundalini* (chaîne énergétique) sur laquelle s'articulent ces 7 chakras. Leur but est d'atteindre la Libération des contraintes existentielles.

En chacun de nous, ces centres énergétiques fonctionnent plus ou moins bien, plus ou moins harmonieusement, à des fréquences plus ou moins élevées selon notre degré de conscience et les circonstances. Par exemple, le 2e chakra est stimulé dans des situations générant de la peur mais chez une personne de nature inquiète, il devrait être « ralenti » pour assumer les situations risquées avec recul et pondération. Alors que pour un homme trop « cérébral », ce même chakra sera « paresseux ». Il devrait donc être stimulé pour réagir efficacement en cas de danger. Un autre exemple : le 7e chakra concerne les pensées, les croyances. Une réflexion sur un problème scientifique neutre ne stimulera pas autant ce 7e chakra qu'une profonde interrogation sur les Mystères de l'existence. Et les incidences sur les autres chakras ne seront pas les mêmes.

Voici, très condensées, des explications sur chacun des chakras et leur correspondance dans les *Cartes de l'Homme-Nouveau* :

- Le 1er chakra est situé au niveau du périnée, au plancher pelvien et il concerne l'instinct, la pulsion de vie ou l'élan primaire. Dans les *Cartes de l'Homme-Nouveau*, c'est l'Érection.

- Le 2e chakra est situé à deux doigts sous le nombril. Il parle de la gestion de la survie, des sentiments viscéraux : la peur, la colère, la jalousie, etc. Dans le Jeu, c'est l'Ombre.

- Le 3e chakra est situé au plexus solaire. Il concerne l'affirmation de soi et l'équilibre du masculin et du féminin en soi. Dans les *Cartes de l'Homme-Nouveau*, ce sont les 45 cartes des 15 *Voies* qui déroulent 45 façons de s'affirmer et de « faire ». En croisant l'axe vertical, ces cartes constituent la croix de l'incarnation.

- Le 4e chakra se place au milieu de la cage thoracique. Il parle d'amour vrai, du cœur, de l'ouverture à l'Autre, au différent. Nous le nommons : l'Union Sacrée.

- Le 5e chakra se situe au niveau de la gorge. Il concerne l'expression de l'*Être*. Dans les *Cartes de l'Homme-Nouveau*, c'est la lame de l'Homme-Nouveau qui, en outre, présente 5 facettes incarnées par les 5 *Gardiens de Sagesse*. Ce sont donc en tout 6 lames qui expriment les qualités du 5e chakra ou de l'homme en quête sincère, profonde et impliquée.

- Le 6e chakra est placé entre les sourcils, au « 3e œil ». Il nous parle de clairvoyance, de vision des qualités de l'*Être* et de discernement, d'inspiration. Dans le Tarot, le Maître incarne ce chakra.

- Le 7e chakra est situé en haut du crâne. Il représente la libération des croyances et dans les *Cartes de l'Homme-Nouveau*, on l'appelle la Grâce.

Venant du Cosmos, au-dessus de l'ensemble des cartes mais aussi au-dessous et colorant la totalité des *Cartes de l'Homme-Nouveau*, se trouvent 2 lames très spéciales : la Loi et le Mystère (les lames *Hors-Cadre*). La nature de ces deux lames imprègnent l'être humain vigilant. Comment être pleinement conscient sans percevoir le Mystère de l'existence ?

Comment vivre en paix en société sans obéir aux lois : les lois sociales et humaines ? Mais comment être pleinement conscient et heureux sans se soumettre à la Loi ? Il ne peut y avoir d'humanité ni de vie sans elle... rien.

Mais il n'y qu'une seule lame représentant tous les Mystères, et une autre pour La Loi qui les régit, car peu d'entre nous recherchons à être confrontés à la peur et à l'angoisse que le Mystère inspire. Beaucoup fuient la conscience de leur propre Mort. Pourtant, il semblerait que cette Épreuve soit porteuse de transformation et d'enrichissement. Mais cela exige du courage, de la volonté et la Foi en la possibilité pour l'homme (pour soi en particulier), de percer le Mystère. C'est la quête spirituelle et la réalisation du *Soi*, de ce qui ne mourra jamais en nous. Le Mystère représente donc tous les mystères de la vie et la Loi recouvre toutes les lois auxquelles nous sommes confrontés.

Hormis les lames *Talismans*, les 45 cartes des 15 Voies de réalisation et les deux lames *Hors-Cadre*, nous trouvons 14 cartes dites de *Mutation*. Ces lames de *Mutation* sont des catalyseurs de transformations. Souvent ce sont des événements extérieurs qui incitent à l'évolution par une confrontation à l'un des aspects du Mystère. Mais parfois, c'est aussi un mouvement intérieur inspiré directement par le *Soi* qui pousse l'*Être* à s'éveiller. Ces *lames de Mutation* décrivent dans une spirale cohérente et en phase avec les autres lames du jeu (en particulier les *Talismans*), la progression de l'évolution spirituelle.

Il y a aussi les 5 *Gardiens de Sagesse* qui sont les 5 expressions de l'Homme-Nouveau. Ce sont 5 figures sociales de l'homme profondément engagé dans la quête du *Soi*. Ce sont 5 aspects du 5e chakra. Apparemment, il est plus facile d'accéder à ce « statut » :

- en s'engageant socialement (le ROI),

- en s'impliquant dans une tradition spirituelle (le HIÉROPHANTE),

- en cultivant la réflexion et la sagesse (le PHILOSOPHE),

- en s'imprégnant du plein contact avec la Nature (le CHAMANE),

- en respectant l'intégrité naturelle du *Soi* (le FOU).

Mais chacun peut devenir un HOMME-NOUVEAU sans exercer une fonction sociale directement impliquée dans la quête de réalisation.

Ces 5 cartes (comme celle de l'HOMME-NOUVEAU) sont puissantes et parlent d'une grande réalisation spirituelle.

Résumé de la structuration des *Cartes de l'HOMME-NOUVEAU* :

Ce jeu de 72 cartes est structuré en 5 familles.

1. Les 45 lames de *Voies*.

2. Les 14 cartes de *Mutation*.

3. Les 6 *Talismans*.

4. Les 5 *Gardiens de Sagesse*.

5. Les 2 cartes « *Hors-Cadre* ».

Tableau des Voies

La Voie du Combat Conflit	***La Voie de la Famille*** Exemple	***La Voie de la Technique*** Outil	***La Voie de l'Aventure*** Quête	***La Voie de l'Équité*** La Loi	***La Voie de la Nature*** Ressourcement	***La Voie de la Contemplation*** Vacuité	***La Voie de l'Économie*** Équilibre
Le Stratège Planification	**Le Grand-père** Lignée	**Le Bâtisseur** Construction	**Le Guide** Direction	**Le Juge** Impartialité	**Le Paysagiste** Cadre de vie	**Le Mystique** Reliance	**Le Gestionnaire** Gestion
Le Guerrier Affrontement	**Le Père** Protection	**L'Artisan** Compétence	**Le Nomade** Détachement	**Le Rebelle** Réparation	**Le Jardinier** Accompagnement	**Le Moine** Retraite	**Le Joueur** Obstination
Le Chasseur Capture	**Le Fils** Appartenance	**Le Commis** Tâche	**L'Explorateur** Découverte	**La Victime** Dolénace	**Le Sauvage** Fusion	**Le Témoin** Observation	**Le Consommateur** Besoins
Courage, agressivité, risque	Sécurité, racines, reproduction	Savoir-faire, réalisation, transformation	Curiosité, ancrage, expérience	Ordre, justice, paix	Enracinement, naturel, environnement	Intériorité, conscience, réceptivité	Envie, confort, adaptation
Pratique Arts martiaux	*Pratique* Culte des Ancêtres	*Pratique* Œuvre, Alchimie	*Pratique* Satsang, Discours spirituels	*Pratique* Observance des règles	*Pratique* Écologie	*Pratique* Méditation, Yoga	*Pratique* Transe
Rouge	Bleu-vert	Bleu	Ocre-Jaune	Gris	Vert	Violet	Rouge orangé

Chaque *Voie* propose une pratique spirituelle ainsi qu'un mot directeur. Chaque personnage est soutenu par une qualité originale. Trois mots porteurs de trois qualités ou de trois spécificités sont à travailler dans chaque *Voie*.

La Voie de la Sexualité Union	***La Voie du Soin*** Guérison	***La Voie de la Beauté*** Expression	***La Voie de l'Intellect*** Connaissance	***La Voie Richesse*** Partage	***La Voie de la Dévotion*** Foi	***La Voie de la Relation*** Fraternité
L'Époux Engagement	**Le Thérapeute** Unité	**L'Artiste** Inspiration	**Le Professeur** Enseignement	**Le Mécène** Générosité	**L'Officiant** Sacerdoce	**L'Ambassadeur** Diplomatie
L'Amant Plaisir	**Le Restaurateur** Nourrissement	**L'Esthète** Esthétique	**L'Expert** Savoir	**Le Négociant** Commerce	**L'Adepte** Croyance	**L'Ami** Empathie
Le Séducteur Charme	**Le Malade** Trouble	**Le Rêveur** Imagination	**L'Élève** Étude	**Le Mendiant** Manque	**Le Sceptique** Résistance	**Le Serviteur** Aide
Sensualité, désir, virilité	Santé, bien-être, vitalité	Perception, image, impression	Réflexion, pensée, abstraction	Pouvoir, besoin, valeur	Prière, pardon, connexion	Contact, coopération, humanité
Pratique Tantra	*Pratique* Thérapie	*Pratique* Art sacré	*Pratique* Étude des textes sacrés	*Pratique* Don	*Pratique* Rituels	*Pratique* Service
Orange	Bleu clair	Rose	Grenat	Argent	Indigo	Jaune d'or

Les cartes des « *Voies* » brièvement expliquées :

Résumé de la structuration des *Cartes de l'Homme-Nouveau*

Ce jeu de 72 cartes est structuré en 5 familles.

1. Les 45 lames de *Voies*. Sur l'axe horizontal et au nombre de 45. Ces cartes appartiennent aux 15 Voies de réalisation de l'homme, du masculin. Chaque *Voie* porte un nom (*Voie de l'Aventure, Voie de l'Équité*, etc.) et comprend 3 cartes organisées autour d'une progression de type apprenti, compagnon, maître, caractéristique des voies initiatiques. Ces 45 lames incarnent la plupart des nuances du 3e chakra. Les cartes des *Voies* se différencient visuellement des autres lames : leurs deux coins inférieurs sont blancs.

2. Les 14 cartes de *Mutation*.

3. Les 6 *Talismans*.

4. Les 5 *Gardiens de Sagesse*.

5. Les 2 cartes « *Hors-Cadre* ».

Les cartes de *Voies* correspondent à des caractéristiques profondes de l'être, ce qu'on appelle depuis Carl Jung, des « archétypes » : des « moules » ou « formes » psychiques qui organisent la vie instinctive, conceptuelle et spirituelle. Ils structurent les images mentales (pensées, fantasmes, rêves...). Bien que dans les *Cartes de l'Homme-Nouveau* ces cartes correspondent souvent à des métiers, ce ne sont pas les professions qui sont impliquées, mais l'aspect symbolique de l'homme, dans sa fonction, qui est soulignée. Par exemple, le Guerrier, le Juge, le Bâtisseur, correspondent à des aspects différents de l'individu : la lutte, la justice, la capacité à construire etc. D'ailleurs, parfois, certaines personnes exerçant un de ces métiers ne se retrouveront pas totalement dans leur fonction. Mais ils reconnaîtront certaines caractéristiques de leur personnalité, quelquefois commune à la plupart des êtres.

Afin de structurer l'ensemble de ces aspects du masculin, nous nous sommes inspirés de la graduation des Ordres Initiatiques tels la Franc-Maçonnerie, les Rose-Croix ou les ordres de compagnonnage. Trois degrés sont mis en avant : l'apprenti, le compagnon et le maître. Ces degrés correspondent parfois à un progrès d'acquisition de compétences ou une maturation de l'être. Mais ce n'est, en aucun cas, la valorisation d'une profession ou d'un statut particulier. Sur le chemin de la conscience, le message d'un apprenti peut être plus riche que celui du maître. L'apprenti recentre le progrès ou la problématique sur soi alors que le compagnon place le travail spirituel à faire dans la relation à l'autre et le maître, lui, le situe dans son rapport à la société, aux autres. Dans chacune des 15 *Voies*, se trouvent 3 personnages : un apprenti, un compagnon et un maître. Les cartes des *Voies* comptent donc 45 cartes ou figures qui correspondent aux différents aspects de « l'affirmation du masculin » dans le monde. Ces cartes sont des facettes qui manifestent le 3e chakra. Elles se différencient visuellement des autres lames : leurs deux coins inférieurs sont blancs.

1. **L'apprenti** est débutant, et commence le chemin de réalisation du Soi. Il exprime certaines des qualités de la *Voie* qui correspondent à des énergies juvéniles, à une grande vitalité. Ceci ne veut pas dire que la personne est jeune ou immature ni qu'elle se soit trompée sur ses orientations passées ou présentes. Simplement l'oracle indique au consultant des orientations, des qualités qu'il devra intégrer pour se parfaire. On peut être maître d'une *Voie* et en même temps avoir besoin de développer les qualités « apprenti » ou « compagnon » d'une autre *Voie*. Prenons l'exemple d'un médecin qui consulte les *Cartes de l'Homme-Nouveau*. Un médecin peut se reconnaître dans le maître de la *Voie* du soin. Il tire le Grand-Père (carte du maître de la *Voie de la Famille*) et la Victime (carte de l'apprenti de la *Voie de l'Équité*). Il est probable

que les lames tirées parlent de sa manière de structurer sa vie (professionnelle, familiale...) ; en tout cas, il devra s'interroger sur ses propres insatisfactions, sur la manière dont il gère les plaintes de ses patients ou encore sur les frustrations qu'il pourrait causer dans sa famille si son travail l'absorbe trop : la VICTIME (la plainte) exprimant alors une ambiance de souffrance légitime. Mais il serait intéressant qu'il s'interroge également sur le regard qu'il porte sur sa profession. Comment vit-il les plaintes des malades ?

2. **Le compagnon** a acquis un degré de compétence dans son domaine qui lui permet d'être autonome autant que performant. Souvent, il est de bon conseil pour les apprentis et reconnu dans sa valeur par le maître de sa *Voie*. C'est un spécialiste : le PÈRE, l'ARTISAN, le NOMADE, l'AMANT, etc. Sa place et son efficacité ne sont plus à prouver. Bien sûr, il est possible de tirer une carte de « compagnon » totalement différente de la *Voie* empruntée dans le réel par la personne qui consulte le jeu puisqu'il s'agit de maturation psychique et humaine et non pas de compétence professionnelle. Le compagnon exprime les qualités de sa *Voie* dans la relation aux éléments de la nature et aux autres.

3. **La maîtrise** paraît être un aboutissement. L'homme passé maître dans son corps de métier est quelqu'un dont la compétence est évidente. Souvent ! Mais, dans les *Cartes de l'HOMME-NOUVEAU*, certaines qualités humaines restent à intégrer. Le maître transmet ses savoirs, son savoir-faire, son expérience, ses connaissances. Il s'occupe des autres après avoir traversé des épreuves, des difficultés et acquis des compétences humaines nécessaires à la maîtrise. Le maître paraît peut-être plus « avancé » sur le plan professionnel mais ce n'est pas une évidence sur le plan spirituel. Un PROFESSEUR qui a une bonne dizaine d'années d'expérience d'enseignement pourra aisément se

considérer comme un « maître » sur la *Voie de l'Intellect*. Mais il serait dans l'illusion s'il croyait qu'il est pour autant une référence intellectuelle ou spirituelle. Et puis, la route est longue sur le chemin de la réalisation du *Soi*. Des écueils se présentent ou se présenteront. Des qualités complémentaires devront être développées et l'implication dans des pratiques spirituelles sera nécessaire. Même si les cartes de maître correspondent à des maîtrises de compétences, elles ne sont pas garantes d'humanité et de richesse intérieure. La sagesse n'est jamais acquise. Tous les jours, « l'HOMME-NOUVEAU » cherche à intégrer plus de sagesse et de nouvelles compétences et qualités.

Il n'y a donc pas de hiérarchie ni de valeur entre les différents degrés. L'apprenti n'est pas inférieur au compagnon qui n'est pas lui-même inférieur au maître. Nous sommes tous des apprentis de la vie, en chemin vers l'accomplissement de toutes nos potentialités. Nous sommes tous des maîtres ayant développé des spécificités dont nous pouvons être fiers mais ce ne sont pas pour autant des preuves de réalisation du *Soi*. On pourrait dire que l'apprenti représente les potentialités, le compagnon la réalisation des potentialités, et le maître la mise de ces potentialités au service de la collectivité. Chaque fois que nous abordons un nouvel aspect de la vie, nous sommes apprenti d'une *Voie* de réalisation du masculin. Chaque fois que nous parvenons à bien connaître ses particularités, nous en devenons compagnon et lorsque ce domaine nous devient naturel, c'est le maître en nous qui s'exprime.

Le tirage des « métiers » et statuts : apprentis, compagnons et maître, doit donc être appréhendé de manière symbolique. Par exemple, le SAUVAGE n'est pas inférieur au PAYSAGISTE, ni l'AMANT à l'ÉPOUX. Chacun correspond symboliquement à une fonction différente, à des potentialités différentes d'une même *Voie*. Ce Jeu de cartes ne reprend pas les mêmes mises en valeur que la société. Il n'y a rien à gagner ou à perdre : ni gagnants, ni perdants. Il ne s'agit pas non plus de tirer les plus belles cartes du Jeu. Elles délivrent toutes des indications sur différents moyens de grandir en conscience et d'exploiter ses potentiels humains et spirituels. Mais elles pointent également des écueils et des risques spécifiques ! Il est toujours possible de se perdre sur la route de l'HOMME-NOUVEAU. Le Jeu est là aussi pour mettre en garde l'homme en quête.

Chaque lame reflète des éléments présents en chacun. Les *Cartes de l'HOMME-NOUVEAU* indiquent des efforts et transformations à mener en vue d'une expansion de conscience et d'une réalisation de soi-même. L'apprenti d'une *Voie* a tout autant de chances d'accéder à l'HOMME-NOUVEAU que les compagnons ou les maîtres des *Voies*, mais l'objet de son travail et de son développement n'est pas le même car il correspond à des étapes de maturation différentes.

Ces *Voies* regroupent en fait la quasi-totalité des possibilités d'expansion, d'accomplissement du « masculin » dans le monde. Cette grille ne peut naturellement pas parler de toutes les professions, de toutes les qualités ou spécificités que la nature et l'humanité présentent. Par contre, il sera possible de se reconnaître à travers deux voire trois *Voies* référencées. Tous les métiers, toutes les activités peuvent être analysés, calqués, superposés à partir de cette grille.

Pour s'accomplir, un homme doit acquérir ou développer des qualités particulières. Certaines *Voies* et lames proposent des qualités spécifiques et originales. D'autres sont plus générales et concernent tous les êtres humains. Mais ces qualités sont utiles pour avancer sur le chemin de découverte du *Soi*.

Chaque *Voie* renvoie à une pratique spirituelle spécifique mais non exclusive. Ces pratiques seront des atouts supplémentaires, des outils complémentaires pour celui qui attache de l'importance à son devenir spirituel. Voilà des moyens pratiques et inspirants qui facilitent l'accès à l'expérience ultime : l'immersion dans le « *Grand-Tout* » ou le contact avec *Dieu*. Cette expérience est accessible à tous. Il est possible que la conscience s'élargisse au point de percer les Mystères de la vie !

Que ce soit par une communion avec la Nature ou par une ascèse particulière, ces pratiques interpellent le consultant sur une ouverture à un autrement, un complément de ce qu'il connaît déjà ou la confirmation d'une démarche qu'il a déjà entreprise. La finalité et les étapes rencontrées sont les mêmes quelles que soient les *Voies* empruntées : lâcher l'ego, maîtriser le mental, contrôler les pulsions, transcender la souffrance, respecter les lois de l'univers et surtout ouvrir son cœur.

Les 5 lames des « *Gardiens de Sagesse* » brièvement expliquées :

Résumé de la structuration des Cartes de l'Homme-Nouveau

Ce jeu de 72 cartes est structuré en 5 familles.

1. Les 45 lames des 15 *Voies*.

2. Les 14 cartes de *Mutation*.

3. Les 6 *Talismans*.

4. Les 5 *Gardiens de Sagesse*. (Le Roi, le Hiérophante, le Philosophe, le Fou, le Chamane) correspondent à cinq essences fondamentales de l'Homme-Nouveau. Elles sont les 5 manifestations de l'homme en quête, investi dans la quête du Soi. Elles incarnent 5 aspects de l'Homme-Nouveau qui intègre sa quête spirituelle dans son engagement social.

5. Les 2 cartes « *Hors-Cadre* ».

Les 5 « *Gardiens de Sagesse* » correspondent à des archétypes ou des idéaux de réalisation du Soi. En effet, très peu d'entre nous sommes ou serons Roi, Chamane, Philosophe, Hiérophante ou Fou. Mais chacun est animé par ces exemples de réussite, de sagesse ou de liberté. Leurs potentiels existent en chacun ; l'imaginaire stimule les motivations et l'image qu'ils renvoient permet d'évoluer. Mais ils sont aussi porteurs de risques, car leur puissance, quand elle est récupérée par l'ego, développe les aspects noirs de ces figures : le tyran pour le ROI, le mage noir pour le CHAMANE, le « cérébral » pour le PHILOSOPHE, le gourou manipulateur pour le HIÉROPHANTE ou encore le délirant pour le FOU. Et ce sont des pièges dans lesquels l'HOMME-NOUVEAU pourrait tomber, s'il n'y prend pas garde.

L'homme en quête, conscient des atouts que lui confère son avancement spirituel, observera les deux aspects de ces figures se profiler dans son psychisme. La face lumineuse aide et stimule sur le chemin. La face sombre enchaîne et sépare de la Vie et des autres. Il ne s'agit pas de rejeter cette ombre, mais au contraire de la reconnaître car elle aide aussi à grandir quand on l'éclaire. Les « *Gardiens de Sagesse* » manifestent cinq expressions de l'HOMME-NOUVEAU. Ce ne sont pas les seules ; elles sont seulement des images parlantes du **5e chakra**.

L'HOMME-NOUVEAU, lui aussi est une expression du **5e chakra**. Mais il se présente dans la vie comme un personnage ordinaire qui peut, à certaines occasions, manifester les traits des « *Gardiens de Sagesse* ». Car même s'il appartient à la famille des « *lames Talismans* », dans son psychisme cohabitent les figures des « *Gardiens de Sagesse* ». Ces derniers sont, en quelque sorte, des « professionnels » d'un des aspects spécifiques de l'HOMME-NOUVEAU, qui, lui, cumule chacune de leurs caractéristiques sans être socialement reconnu dans une fonction particulière.

1. **Le ROI** : l'autorité, la puissance. Son pouvoir temporel s'exprime avec beaucoup de magnificence, de noblesse et de justesse.

2. **Le Philosophe** : la sagesse. La *Connaissance* et l'expérience lui confèrent une place très particulière dans toutes les sociétés.
3. **Le Chamane** : les pouvoirs magiques et spirituels. Ce personnage a développé sa puissance psychique. Il vit en osmose avec la Nature.
4. **Le Fou** : le cœur pur, la relativité des choses et la dérision. Son degré de liberté est tel que chacun pense qu'il pourrait tout se permettre.
5. **Le Hiérophante** : le pouvoir émotionnel. Il a de l'audience. Charismatique, il transmet des enseignements ; les prédicateurs et les animateurs de stages.

Les 14 lames de Mutation brièvement expliquées

Résumé de la structuration des Cartes de l'Homme-Nouveau

Ce jeu de 72 cartes est structuré en 5 familles.

1. Les 45 lames des 15 *Voies*.

2. Les 14 cartes de *Mutation*. L'homme doit assumer ou franchir différentes marches pour aller vers son être profond. Ces lames correspondent à ces étapes sur le chemin de développement personnel et/ou spirituel. Même si le contenu de ces lames peut parfois paraître lourd, pénible à vivre, ce sont à chaque fois des opportunités d'élévation, des pas supplémentaires à parcourir pour intégrer la dimension de l'Homme-Nouveau.

3. Les 6 *Talismans*.

4. Les 5 *Gardiens de Sagesse*.

5. Les 2 cartes « *Hors-Cadre* ».

Nous appelons lames de *Mutation*, des cartes très spécifiques. Elles sont porteuses de symboles puissants. Elles évoquent des facteurs de transformation ou des étapes fondamentales de l'évolution psychique et spirituelle. Elles correspondent à des événements ou des émergences de la conscience qui profitent à l'évolution de l'individu. Ces lames décrivent dans une spirale cohérente, en phase avec les lames *Talismans*, la progression de la maturation individuelle autant que le parcours de l'*Être* en quête de la *Connaissance* ultime. De la MATRICE à la LIBÉRATION, on évolue en boucle et en résonance d'une lame de *Mutation* à l'autre pour procéder à l'individuation puis à l'épanouissement et enfin à la réalisation du *Soi*.

Le processus, quand il est engagé, devient inéluctable. Le bébé, une fois né, grandit. Il se différencie de sa mère puis découvre le monde. Il est tenté par ce qui l'entoure. On le limite dans ses déplacements et l'empêche de toucher à tout. Il est initié aux interdits. La culpabilité, les peurs, la souffrance et la révolte nourrissent son OMBRE. Il intègre les lois des hommes puis s'implique dans la société pour s'épanouir socialement et affectivement (il s'engage dans une *Voie*). S'il le souhaite, ses aspirations deviendront spirituelles. Et il sera de nouveau confronté aux différents MYSTÈRES de la vie s'il ne les a pas pleinement intégrés. S'il fait face, il deviendra un HOMME-NOUVEAU, un être en quête de vérité, d'absolu, de Sens et de LOI. Il trouvera sur sa route : Sagesse et *Connaissance* et participera à la transformation d'une société et d'un monde, eux-mêmes en *Mutation*.

Le parallèle entre la maturation psychique et la progression spirituelle favorise la lecture des différentes chances d'intégrer les différentes lois qui jalonnent le chemin vers le *Soi*. Et beaucoup d'entre nous avons besoin de plusieurs cycles, de plusieurs confrontations aux limitations imposées par certaines LOIS, pour intégrer l'ensemble du processus du chemin qui mène vers l'*Être*. Les lames de *Mutation* aideront certains consultants qui, en proie à des difficultés, veulent comprendre ce qui leur arrive ou que faire pour avancer plus vite. Ils trouveront l'étape suivante dans la chronologie des lames de mutation. Même si le « ça-avoir » ne se confond pas avec la *Connaissance*, la compréhension soutient la démarche spirituelle. Ces cartes sont en résonance avec les MYSTÈRES et les LOIS de la vie. Quand on intègre ces dernières, la maturation, l'évolution sont en route.

Voici le contenu condensé de chacune des lames de *Mutation* :

1. **La Matrice** : la représentation de la mère qui nourrit mais dont il faut se libérer pour devenir un adulte autonome. Pour en sortir, l'Être a besoin de l'ÉRECTION.
2. **L'Innocence** : l'enfant intérieur ; l'ouverture ; le manque de discernement. La découverte du « moi », de la souffrance, des limites et des MYSTÈRES de la Nature.
3. **La Différenciation** : l'autre émerge à la conscience ; la différence entre moi et Soi ; l'intégration de la LOI de l'Incarnation et perception du MYSTÈRE de l'Autre.
4. **La Tentation** : les envies. Ce qui attire à l'extérieur. Les premiers choix et deuils. L'OMBRE se constitue. La découverte des conséquences.
5. **L'Accusation** : le jugement des autres et la culpabilité. L'intégration de la LOI des Hommes.
6. **La Discipline** : l'ordre et la pratique. Les règles qu'on se fixe à soi-même. Les efforts. La LOI Intérieure.
7. **Le Féminin** : l'acceptation de sa vulnérabilité. La confrontation au MYSTÈRE de l'Amour. Pour l'homme, l'ouverture au « FÉMININ intérieur » favorise l'accès à la dimension Sacrée.
8. **Le Cœur** : aimer est plus fort qu'être aimé... La LOI de l'Engagement.
9. **L'Initiation** : la confrontation aux MYSTÈRES de l'Infini et de l'Être.
10. **La Suffisance** : les récompenses mais aussi le risque de s'arrêter en chemin.

11. **L'Épreuve** : la confrontation à la Loi de la Relativité du bonheur.
12. **Le Renoncement** : l'abandon de toute prétention égotique et l'adhésion au Mystère de l'Être ou de *Dieu*.
13. **La Libération** : c'était le but. Il y en a des petites et une Grande... !
14. **La Mort** : la confrontation au Mystère de l'au-delà et à la Loi de l'éternité. La fin de quelque chose, mais le renouveau possible d'autre chose.

Les 6 lames *Talismans* brièvement expliquées

Résumé de la structuration des Cartes de l'Homme-Nouveau

Ce jeu de 72 cartes est structuré en 5 familles.

1. Les 45 lames des 15 *Voies*.

2. Les 14 cartes de *Mutation*.

3. Les 6 *Talismans* (l'Érection, l'Ombre, l'Homme-Nouveau, l'Union Sacrée, le Maître, la Grâce) marquent les étapes d'évolution sur un plan énergétique. Chacune incarne un chakra. (le 3e chakra étant représenté par la totalité des 45 lames des *Voies*.) Pour goûter ou exprimer leur énergie, il est indispensable de passer par l'intégration des messages des lames de *Mutation*.

4. Les 5 *Gardiens de Sagesse*.

5. Les 2 cartes « *Hors-Cadre* ».

Au nombre de six, les lames « *Talismans* » sont la quintessence de la démarche de l'Homme-Nouveau : l'Érection, l'Ombre, l'Union Sacrée, l'Homme-nouveau, le Maître et la Grâce. Elles ponctuent les 7 chakras (à l'exception du 3e qui est représenté par les 45 cartes des 15 *Voies*). Ces lames soulignent l'évolution énergétique de l'être humain.

L'intégration harmonieuse de leurs qualités autorise la pleine circulation de l'énergie vitale. Les yogis considèrent que l'éveil de la Kundalini (chaîne des chakras) marque la réalisation de l'être. Des énergies de survie animale vers la libération des croyances et des limitations égotiques, ces 6 lames indiquent au consultant ses blocages, ses objectifs ou ses points forts.

Voici, résumées, leurs significations :

1. **L'Érection** : l'énergie dynamique qui précède l'humanité ; la force de vie elle-même. Elle caractérise le masculin dans son « agressivité » première et dans l'expression de son désir. C'est aussi le point de départ de l'élévation (*homo erectus*), de la transformation intérieure et de l'évolution. **1er chakra**
2. **L'Ombre** : les sentiments obscurs dont on se défend : colère, haine, peur, jalousie, honte, etc. Mais aussi, les souffrances refoulées. **2e chakra**
3. **L'Union Sacrée** : l'union du masculin et du féminin (représentée par un *yab-yum*, couple tantrique, la femme assise sur les genoux de l'homme qui se tient dans la position du Lotus). Union entre l'homme et la femme mais aussi union intérieure entre les parties féminine et masculine qui cohabitent en chacun. Cette union s'accompagne de l'ouverture du Cœur à l'Amour vrai. **4e chakra**
4. **L'Homme-Nouveau** : l'intégration des qualités masculines (puissance, courage, etc.) et expression de ces qualités en relation avec le Féminin intérieur (accueil, transmission, etc.). L'homme en quête sincère et engagée. Sa démarche est profondément motivée par l'expérience de la plénitude du *Soi*. **5e chakra**. (Les cinq *Gardiens de Sagesse* sont aussi des personnages qui expriment les qualités du 5e chakra.)
5. **Le Maître** : le guide spirituel. Ce peut-être aussi le « *Maître intérieur* » ; la petite voix en Soi qui donne des

conseils sages et judicieux. Le MAÎTRE, dans les *Cartes de l'HOMME-NOUVEAU*, est une lame très particulière : à la fois personnage archétypal comme le FOU, le HIÉROPHANTE, etc., et en même temps une figure vivante. La rencontre d'un MAÎTRE vivant, et l'implication à suivre ses enseignements aident l'homme en quête à devenir HOMME-NOUVEAU. **6e chakra**

6. **La GRÂCE** : L'intelligence qui vient du Ciel inspirée du MYSTÈRE. La sentir reste inoubliable. Elle transforme et donne Sens à la Conscience et à la vie. **7e chakra**

Les 2 lames « hors-cadre » brièvement expliquées

Résumé de la structuration des Cartes de l'HOMME-NOUVEAU
Ce jeu de 72 cartes est structuré en 5 familles.

1. **Les 45 lames des 15 *Voies*.**
2. **Les 14 cartes de *Mutation*.**
3. **Les 6 *Talismans*.**
4. **Les 5 *Gardiens de Sagesse*.**
5. **Les 2 cartes « *Hors-Cadre* »**. Le MYSTÈRE et la LOI sont toutes deux omniprésentes à chaque instant de la vie. Mais pour éviter les peurs et angoisses que le MYSTÈRE induit, nous dispersons notre conscience vers des buts et plaisirs présentant peu d'intérêt spirituel. Leur présence dans le jeu souligne l'importance du sens que nous donnons à l'existence. Elles interrogent sur l'éventualité d'un sens commun : La vie aurait-elle un sens et y aurait-il certaines règles (La LOI) à respecter pour accéder au Sens et percer le MYSTÈRE ?

Le MYSTÈRE et la LOI ! Ces lames sont nommées « *Hors-Cadre* » car l'homme comme l'univers et la Création entière baignent dans son ambiance. Dans les *Cartes de l'HOMME-NOUVEAU*, il n'y a qu'une lame représentant le MYSTÈRE et une autre représentant la Loi parce qu'il n'y a qu'un seul grand Mystère et qu'une seule Loi qui couvrent tous les petits mystères et lois qui infusent nos vies au quotidien. Ces deux lames incarnent les deux fondements de l'humanité. Sur le poster, nous les avons placées au-dessus et aussi au-dessous de la structure du jeu et des étoiles filantes expriment les mystères et les lois secondaires qui structurent l'évolution humaine et spirituelle. Cela pour rappeler la complexité mais aussi l'unicité de ces 2 arcanes. Le Mystère comme la Loi posent la question du Sens (de la cause, de la raison, de l'utilité mais aussi de la manière, du processus et du but).

Ces lames véhiculent des énergies complexes qui, comme le feraient deux moteurs, entraînent et stimulent la quête spirituelle. Elles sont aussi les deux « piliers » sur lesquels l'humanité repose et évolue. Au quotidien, chacun est mû, souvent inconsciemment, par ces deux arcanes. Elles imprègnent donc chacune des lames du jeu.

Ces deux cartes impriment et pondèrent le mouvement dans la vie du consultant. Le Mystère est au cœur de la quête spirituelle : savoir ; ça-voir ; ça-avoir ! L'expérience et la démarche nourrissent la *Connaissance* de l'*Être* mais son essence échappe au savoir.

Le Mystère génère parfois une fascination (la quête de l'origine pour la sexualité) mais est aussi souvent la cause de grandes souffrances (l'angoisse de la mort). La quête spirituelle, la sexualité, la science mais aussi la vie quotidienne obéissent à des lois. La Loi décrit la structure du Mystère et donne *Sens* à ses fonctionnements. Mais on ne peut posséder ni le Mystère ni la Loi.

Le Mystère et la Loi sont indissociables et nous échapperont toujours. Quel que soit notre degré de savoir, de sagesse, de *Connaissance*. Le Mystère recule à la lumière de notre compréhension qui repousse ses limites. Même en maîtrisant ses Lois, il restera un Mystère car : Il EST !

Les tirages

Résumé de la structuration des Cartes de l'Homme-Nouveau

Ce jeu de 72 cartes est structuré en 5 familles.

1. Les lames de *Voies*. Sur l'axe horizontal et au nombre de 45. Ces cartes appartiennent aux 15 *Voies* de réalisation de l'homme, du masculin. Chaque *Voie* porte un nom (*Voie de l'Aventure*, *Voie de l'Équité*, etc.) et comprend 3 cartes organisées autour d'une progression de type apprenti, compagnon, maître, caractéristique des *Voies* initiatiques. Ces 45 lames incarnent la plupart des nuances du 3e chakra. Les cartes des *Voies* se différencient visuellement des autres lames : leurs deux coins inférieurs sont blancs.

2. Les 14 cartes de *Mutation*. L'homme doit assumer ou franchir différentes marches pour aller vers son être profond. Ces lames correspondent à ces étapes sur le chemin de développement personnel et/ou spirituel. Même si le contenu de ces lames peut parfois paraître lourd, pénible à vivre, ce sont à chaque fois des opportunités d'élévation, des pas supplémentaires à parcourir pour intégrer la dimension de l'Homme-Nouveau.

3. Les 6 *Talismans* (l'Érection, l'Ombre, l'Homme-Nouveau, l'Union Sacrée, le Maître, la Grâce) marquent les étapes d'évolution sur un plan énergétique. Chacune incarne un chakra. (Le 3e chakra étant représenté par la totalité des 45 lames des *Voies*.) Pour goûter ou exprimer leur énergie, il est indispensable de passer par l'intégration des messages des *lames de Mutation*.

4. Les 5 *Gardiens de Sagesse* (Le Roi, le Hiérophante, le Philosophe, le Fou, le Chamane) correspondent à cinq essences fondamentales de l'Homme-Nouveau. Elles sont les 5 manifestations de l'homme en quête, investi dans la quête du *Soi*. Elles incarnent 5 aspects de l'Homme-Nouveau qui intègre sa quête spirituelle dans son engagement social.

5. Les 2 cartes « *Hors-Cadre* ». Le Mystère et La Loi sont toutes deux omniprésentes à chaque instant de la vie. Mais pour éviter les peurs et angoisses que le Mystère induit, nous dispersons notre conscience vers des buts et plaisirs présentant peu d'intérêt spirituel. Leur présence dans le jeu souligne l'importance du sens que nous donnons à l'existence. Elles interrogent sur l'éventualité d'un sens commun : La vie aurait-elle un sens et y aurait-il certaines règles (La Loi) à respecter pour accéder au Sens et percer le Mystère ?

En préambule à un tirage

La prétention des *Cartes de l'Homme-Nouveau* est d'établir une communication intime de l'« *Être* » avec le « *Soi* », du cosmos à l'individu. Une concentration minimum et un recueillement préalable à la consultation, sont fortement recommandés : une méditation de quelques minutes, par exemple, ou se centrer sur sa respiration. L'attitude intérieure et le contexte de tirage influent sur la consultation. La précipitation, l'excitation, la négligence et le manque de respect perturbent la qualité de présence et parasitent aussi bien le choix intuitif des lames que l'interprétation. Une ambiance calme et la tranquillité intérieure sont indispensables.

Les *Cartes de l'Homme-Nouveau* invitent à une conversation avec le plus profond de soi-même. Mieux vaut reporter une consultation quand les circonstances sont défavorables. Le moment doit être choisi et propice ; comme si le consultant recevait dans sa maison un personnage très important pour lui.

Les consultations seront espacées d'au moins 24 heures et la richesse des messages délivrés exige d'exclure les questions futiles et la frivolité. Les tirages longs, expliqués à la fin de l'ouvrage, seront pratiqués une fois par mois maximum. Cela n'empêchera pas le consultant de poser des questions précises à l'oracle de temps en temps. Le tirage

quotidien d'une carte est conseillé pour ceux qui souhaitent recevoir des orientations de travail sur soi. L'incarnation des messages de l'oracle ainsi que la vigilance et l'observation de soi contribueront à l'évolution spirituelle du consultant par une meilleure connaissance de lui-même. Mais il serait regrettable de ne plus rien entreprendre sans consulter l'oracle.

Des conseils d'efforts spécifiques à porter seront délivrés mais si le consultant ne met pas en acte les recommandations de l'oracle, le travail n'aboutira pas comme il devrait. Et ce serait dommage de réduire les *Cartes de l'HOMME-NOUVEAU* à un rôle de consolateur ou de se satisfaire d'explications, d'espoirs et de perspectives sans lendemain. La transformation vient de Soi et une simple information ne suffit pas pour intégrer les valeurs de l'HOMME-NOUVEAU. Elle exige une réelle implication.

Les textes de présentation des cartes sont importants ; ils dépassent l'image de la figure. Le consultant est convié à lire le texte de chacune des cartes choisies, lors de chaque tirage, le texte « dans un tirage » n'offrant qu'un résumé très succinct du message des lames. Plusieurs lectures, à distance, révèlent des surprises : parfois, on ne veut voir que ce qui arrange. Et la lumière de la conscience a besoin de temps pour éclairer la totalité des zones les plus sombres.

Ce Tarot peut être consulté de différentes manières et avec des motivations diverses : personnelles, relationnelles, professionnelles, spirituelles ou pour tout autre motif. Il s'adresse à tous et toutes sans exception. Les *Cartes de l'HOMME-NOUVEAU* peuvent être contemplées, sans tirage, dans l'organisation que nous proposons. Ce temps peut être vécu comme une méditation. Il est aussi possible de méditer sur l'organisation du « poster » qui accompagne le Jeu. Le consultant ayant ainsi devant lui des repères qui le guideront pour son avancement spirituel. Avec le temps et l'expérience des tirages passés, il pourra également organiser les cartes à sa guise et s'inspirer des textes d'explication des lames pour diriger sa journée ou trouver des explications aux situations qui échappent à sa compréhension.

Tirages avec les figures cachées

Rappel de la structuration des Cartes de l'Homme-Nouveau

Ce jeu de 72 cartes est structuré en 5 familles.

1. Les 45 lames des 15 *Voies*. Sur l'axe horizontal et au nombre de 45. Ces cartes appartiennent aux 15 *Voies* de réalisation de l'homme, du masculin. Chaque *Voie* porte un nom (*Voie* de l'Aventure, *Voie* de l'Équité, etc.) et comprend 3 cartes organisées autour d'une progression de type apprenti, compagnon, maître, caractéristique des voies initiatiques. Ces 45 lames incarnent la plupart des nuances du 3e chakra. Les cartes des *Voies* se différencient visuellement des autres lames : leurs deux coins inférieurs sont blancs.

2. Les 14 cartes de *Mutation*. L'homme doit assumer ou franchir différentes marches pour aller vers son être profond. Ces lames correspondent à ces étapes sur le chemin de développement personnel et/ou spirituel. Même si le contenu de ces lames peut parfois paraître lourd, pénible à vivre, ce sont à chaque fois des opportunités d'élévation, des pas supplémentaires à parcourir pour intégrer la dimension de l'Homme-Nouveau.

3. Les 6 *Talismans* (l'Érection, l'Ombre, l'Homme-Nouveau, l'Union Sacrée, le Maître, la Grâce) marquent les étapes d'évolution sur un plan énergétique. Chacune incarne un chakra. (le 3e chakra étant représenté par la totalité des 45 lames des *Voies*.) Pour goûter ou exprimer leur énergie, il est indispensable de passer par l'intégration des messages des *lames de Mutation*.

4. Les 5 *Gardiens de Sagesse* (Le Roi, le Hiérophante, le Philosophe, le Fou, le Chamane) correspondent à cinq essences fondamentales de l'Homme-Nouveau. Elles sont les 5 manifestations de l'homme en quête, investi dans la quête du *Soi*. Elles incarnent 5 aspects de l'Homme-Nouveau qui intègre sa quête spirituelle dans son engagement social.

5. Les 2 cartes « *Hors-Cadre* ». Le Mystère et La Loi sont toutes deux omniprésentes à chaque instant de la vie. Mais pour éviter les peurs et angoisses que le Mystère induit, nous dispersons notre conscience vers des buts et plaisirs présentant peu d'intérêt spirituel. Leur présence dans le jeu souligne l'importance du sens que nous donnons à l'existence. Elles interrogent sur l'éventualité d'un sens commun : La vie aurait-elle un sens et y aurait-il certaines règles (La Loi) à respecter pour accéder au Sens et percer le Mystère.

Tirage à une carte, sans question

Il est possible d'interroger l'oracle afin qu'il transmette au consultant une tonalité, une intention, un objet de vigilance pour la journée. C'est un vrai programme d'attention à soi-même et d'observation du fonctionnement humain que proposent alors les *Cartes de l'Homme-Nouveau*. La lecture du texte de chaque lame tirée est indispensable pour intégrer l'ensemble des aspects sous-tendus par la figure.

Jour après jour, il aiguisera sa pertinence et son discernement pour ouvrir sa conscience et gagner en sagesse. La transformation vient de Soi et une simple information ne suffit pas pour intégrer les valeurs de l'Homme-Nouveau. Elle exige une réelle implication. Des conseils d'efforts spécifiques à porter seront délivrés mais si le consultant ne met pas en actes les recommandations de l'oracle, le travail n'aboutira pas comme il devrait. Et ce serait dommage de réduire les *Cartes de l'Homme-Nouveau* à un rôle de consolateur ou de se satisfaire d'explications, d'espoirs et de perspectives qui pourraient alors être sans lendemain.

Quelquefois, on est pressé et une décision doit être prise rapidement. Nous n'avons pas le temps de formuler correctement une question. En choisissant une carte, au hasard, l'inconscient, par effet de synchronicité et de résonance, délivre son message et pose des orientations parfois complètement insoupçonnables au moment de la consultation. *A posteriori*, l'intérêt des mises en garde ainsi que les conseils délivrés sont souvent troublants. Mais le but premier de ce Tarot n'est pas de faire de la prédiction, bien qu'il puisse être utilisé avec cette intention.

Son intérêt majeur est d'éveiller la conscience à repérer des pensées, des positions de vie ou des sentiments cachés dans l'OMBRE des inconscients. Il arrive qu'un tirage soit une réelle révélation sur soi-même, sur l'autre ou des enjeux de la relation. Il est donc important de prendre un temps de centration avant le choix de la lame et aussi prendre du temps pour intégrer le message de l'oracle délivré par une lecture de son texte. Il n'est pas intéressant de réaliser après coup que l'oracle avait vu juste ou de tomber dans les écueils relevés dans le texte. Lire le texte, juste après la consultation, permet d'avancer plus vite et de faire moins d'erreurs.

La prétention des *Cartes de l'HOMME-NOUVEAU* est d'établir une communication intime de l'« *Être* » avec le « *Soi* », du cosmos à l'individu. Une concentration minimum et un recueillement préalable à la consultation, sont donc fortement recommandés : une méditation de quelques minutes, par exemple, ou se centrer sur sa respiration. L'attitude intérieure et le contexte de tirage influent sur la consultation. La précipitation, l'excitation, la négligence et le manque de respect perturbent la qualité de présence et parasitent aussi bien le choix intuitif des lames que l'interprétation. Une ambiance calme et la tranquillité intérieure sont indispensables.

Tirage de plusieurs cartes, sans question

Il est toujours intéressant de consulter le Tarot de l'HOMME NOUVEAU. Il a toujours quelque chose à dire qui nous concerne. Il peut être lu comme un recueil de méditations. D'autant que, dans le temps, plusieurs lectures de la même carte apportent souvent des éclairages nouveaux. Des points passés inaperçus jusqu'alors deviennent importants et enrichissent la vie intérieure du consultant.

Il est possible de tirer une première carte comme « toile de fond » de la consultation, puis laisser venir à l'esprit des situations qui sont en résonance et ensuite tirer plusieurs autres cartes qu'on considérera comme des enseignements complémentaires ou des précisions. Les réponses sont personnalisées et adaptées à l'histoire du consultant selon son degré de conscience et du niveau où il interpelle l'oracle : plan événementiel, relationnel ou spirituel. Lorsque le message de l'oracle paraît obscur, il est toujours possible de tirer une ou plusieurs autres cartes supplémentaires.

Par exemple : une femme tira une première carte, l'ÉRECTION. Elle ne vit pas quel enseignement tirer dans son présent de ce tirage et on peut la comprendre ! Elle choisit une autre lame qui se révéla être le REBELLE. Dans son esprit se précisèrent quelques situations conflictuelles récentes. Elle reprit une autre lame : le NOMADE. Là, elle se souvint d'une discussion tendue avec son mari au sujet d'un projet de voyage. Elle décida de prendre une dernière lame : la DIFFÉRENCIATION. Son mari ne voulait pas partir aux dates qu'elle souhaitait. Elle comprit que l'oracle l'engageait à partir malgré l'opposition de son mari. Elle partit seule et ce fut un voyage extrêmement riche ! Elle rencontra des gens très différents de ceux qu'elle fréquentait habituellement. Et à son retour son mari « fragilisé » par son absence fut très heureux de la retrouver.

Tirages à 3 cartes pour une réponse à une question

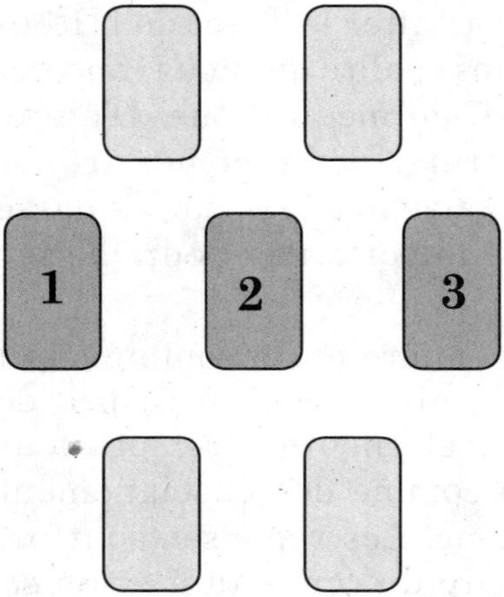

Carte 1 : 1re tirée ; elle représente le passé.
Carte 2 : 2e tirée ; elle représente le présent.
Carte 3 : 3e carte tirée ; elle représente le futur.

Les 4 emplacements non chiffrés, de couleur claire, représentent des cartes qui peuvent être tirées et placées ultérieurement pour donner des informations complémentaires.

Après avoir clairement formulé mentalement ou verbalement une question, il est conseillé de procéder comme suit : la première carte, placée à gauche, représentera le passé, celle du centre le présent et la carte de droite évoquera le devenir ou le challenge futur.

Par exemple : un homme voulait savoir comment se comporter avec son patron avec qui il se sentait de plus en plus en conflit et surtout quelle leçon tirer de ce passage de vie confrontant ? Il a tiré à gauche (le passé) le SERVITEUR (1) ; au centre (le présent) le REBELLE (2) et à droite (le futur) l'HOMME NOUVEAU (3).

Ce tirage est trop facile à interpréter. Car il décrit seulement la situation amenée par le consultant ! Mais il est difficile de l'interpréter avec objectivité ou neutralité. Et de donner une orientation ou un conseil de décision avec ces seules informations. Si la carte de droite (3) avait été le CŒUR ou bien la DIFFÉRENCIATION, cela aurait été plus aisé de déduire une résolution du problème soit par une ouverture à l'autre, soit par une démission.

Les deux premières cartes décrivent le contexte : un homme au service de son entreprise et qui est en conflit avec son patron. La troisième pose le statut de l'HOMME-NOUVEAU comme une issue spirituelle possible. Le problème du consultant dépasse largement le champ limité du conflit de personnes ou d'insuffisance de compétence. Ne connaissant pas cet homme, il était indispensable de l'interroger : ses comportements habituels ; ceux du patron ; l'origine possible du conflit, etc. Le consultant était en crise personnelle, ses relations familiales étaient aussi perturbées. Il avait l'impression permanente de se faire exploiter. Pour obtenir des compléments d'information de l'oracle, deux autres cartes furent alors tirées ; placées au-dessus et au-dessous de la carte centrale : le NÉGOCIANT et le SÉDUCTEUR. Le tirage s'éclairait de ces deux nouveaux éléments. Visiblement, cet homme cherchait à se faire aimer (le SÉDUCTEUR). Mais le NÉGOCIANT l'encourageait à discuter, à se poser et à s'affirmer, à faire entendre ses besoins. Il fut invité à choisir une dernière lame qu'il juxtaposa avec celle de l'HOMME-NOUVEAU, au-dessus. Ce fut : le GUERRIER. Visiblement, prendre le risque de perdre, d'être rejeté, en gardant sa position était une évolution grandissante. Le consultant était invité à se battre, à communiquer ses besoins et demandes, pour se faire respecter. C'était une transformation de ses comportements habituels dont la portée était spirituelle (l'HOMME-NOUVEAU).

Tirage à 5 cartes pour une réponse à une question

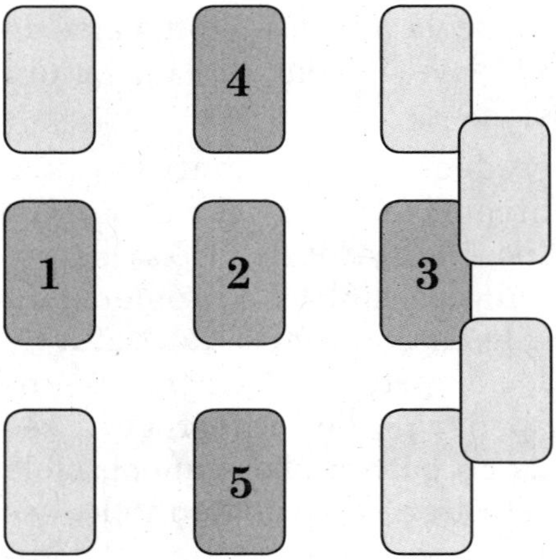

Carte 1 : 1re tirée ; elle représente le passé.
Carte 2 : 2e tirée ; elle représente le présent.
Carte 3 : 3e carte tirée ; elle représente le futur.
Carte 4 : 4e carte tirée ; elle représente les enjeux positifs.
Carte 5 : 5e carte tirée ; elle représente les enjeux négatifs.
Les cartes sans numéro et de couleur claire représentent les 6 emplacements où des cartes supplémentaires peuvent être placées pour donner des informations complémentaires.

On nomme aussi ce tirage : « tirage en croix ». Ce tirage s'inspire du tirage à 3 lames mais 2 autres lames seront ajoutées. Une quatrième au-dessus de la lame centrale qui donnera les éclairages positifs (4) et une cinquième au-dessous de la lame centrale qui parlera des enjeux négatifs (5). Ensuite, si nécessaire, d'autres lames peuvent être juxtaposées ou intercalées pour approfondir. Cependant, il serait inapproprié de tirer trop de cartes après les 5 premières : 4 à 6 maximum.

L'énigme d'une réponse est parfois plus enrichissante qu'une réponse évidente. La vigilance et la curiosité sont aiguisées. L'expérience montre que le consultant vit une véritable révélation quand la situation se présente.

En voici un exemple marquant : Un homme consulte le Tarot sans question précise. Il souhaite juste consulter au sujet de la relation à sa femme. Le tirage se compose de : l'Ami à gauche (1) ; le Mécène au centre (2) ; le Fou à droite (3) ; l'Épreuve au-dessus (4) et l'Accusation au-dessous (5). Le message de l'oracle restant énigmatique, 3 cartes supplémentaires furent tirées. Il fut décidé « d'encadrer » le Fou. Le Serviteur avait été placé au-dessus ; le Témoin au-dessous et le Mendiant juxtaposé au Fou, à sa droite. Aucun éclairage satisfaisant ne fut donné. Le tirage restait une énigme.

Le lendemain, j'ai revu le consultant (c'est un ami). Il m'a dit alors avoir vécu dans la soirée un événement qui donnait sens au message délivré la veille par l'oracle. Dans une situation mi-personnelle, mi-professionnelle (le Mécène), par légèreté, il avait manqué de considération (le Fou) à une femme qui lui est chère (l'Ami). La prise de conscience de son attitude déplacée (l'Épreuve) mit en évidence sa tendance à culpabiliser (l'Accusation). Juste après avoir vécu cette situation, il se souvint du tirage. Il s'appuya sur la richesse du tirage. Il put parler de ce qui venait de se passer avec cette femme. Il reconnut que sa réaction lui avait « échappé » (le Témoin). Il avait présenté ses excuses et proposé de réparer (le Serviteur et le Mendiant). Suite à cette explication franche avec cette amie, la relation avait pris une dimension, une profondeur jamais atteintes auparavant.

Il est à noter, à travers ce tirage, que l'oracle, souvent, ne répond pas à une question floue, mal posée. Il décrit alors une situation à venir importante pour le consultant. S'il est attentif aux réponses fournies lors du tirage, il repèrera la situation lorsqu'elle se présentera, et tirera profit et enrichissement du message de l'oracle. Il pourra même, comme dans l'exemple exposé ci-dessus, en profiter pour s'ouvrir à une dimension nouvelle.

Tirage pour un couple

1. L'homme tire une carte (N°1, en haut à gauche sur le schéma ci-dessous). La Femme tire aussi une carte qu'elle place en face de celle de l'homme (N°1 en haut à droite). Ces deux cartes représentent les raisons cachées des difficultés : ce qui incombe à l'un et à l'autre ; les résistances au bon fonctionnement du couple.
2. Puis l'homme tire une 2e carte (carte N°2, au milieu à gauche) ; la femme place en face sa 2e lame (carte N°2, au milieu à droite). Ces deux lames représentent l'état de la relation. Les effets positifs et négatifs de la situation.
3. Puis chacun choisit une 3e lame. Elle seront placées comme précédemment en face l'une de l'autre (carte N° 3, en bas). Ces deux cartes représentent les solutions, les efforts et les transformations que l'oracle préconise à chacun.

Il est toujours possible de rajouter quelques cartes supplémentaires (maximum 2 ou 3 chacun) pour affiner le tirage. Ces dernières seront toujours placées en lien avec l'une ou l'autre des 3 premières lames tirées. Dans le schéma cidessous, elles n'ont pas de numéro et sont de couleur claire.

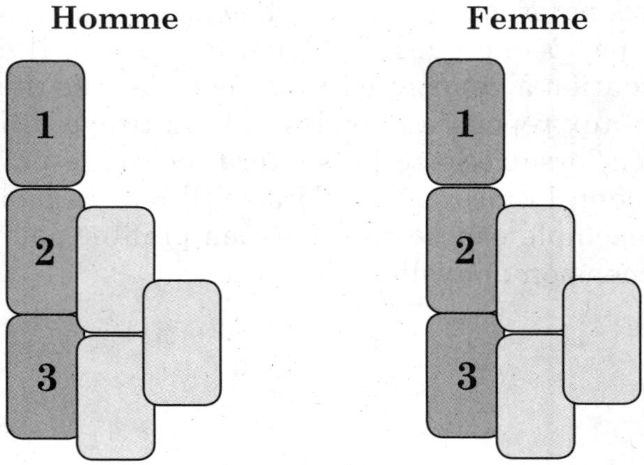

Les tirages concernant le couple sont particulièrement riches. Les éclairages, les enseignements et les aides proposés par l'oracle sont très souvent extrêmement pertinents. Les questions ou raisons de consultation devront être posées en plein accord des deux parties et clairement formulées, par écrit si possible.

Lorsque c'est un tiers qui procède à la lecture et à l'interprétation pour un couple présent, celui-ci s'installera en face de l'interprète. Et quand un couple consulte lui-même l'oracle, dans l'intimité, nous lui préconisons de s'installer côte à côte plutôt que face-à-face. Les conventions de tirage seront établies au préalable. Consulter pour et par soi-même donne parfois des éclairages, à première vue, hermétiques.

C'est pourquoi, nous conseillons aux couples qui consultent par eux-mêmes, lorsque les motivations de consultations impliquent fortement chacun, de noter par écrit la question mais aussi les lames tirées ainsi que leurs dispositions sur la table. Quelquefois, après qu'un peu de temps se soit écoulé, des renseignements pris comme anodins sur le moment de la consultation, prennent de l'importance. Et d'autres perspectives se révèlent car il est souvent difficile de voir d'emblée, en soi et/ou chez l'autre, ce qu'on refuse de regarder en face. Avec un recul de 24 heures, des informations ont déjà fait leur chemin dans l'esprit de chacun. Cela rend plus accessibles les messages de l'oracle.

D'autre part, un temps d'échange alterné (sans que cela soit une discussion : chacun parle à son tour sans être interrompu) facilite l'intégration des informations offertes par les *Cartes de l'Homme-Nouveau*.

Les couples consulteront l'oracle pour mettre à jour les raisons de leurs difficultés mais aussi les points forts à renforcer dans leur relation ; trouver des solutions à des impasses dans la communication ; découvrir de nouveaux horizons de partage, etc.

Prenons l'exemple d'un couple qui traverse un temps de difficulté lié à la sexualité. Tous deux cherchent à trouver une solution satisfaisante ; la femme a perdu son désir. Elle ne comprend pas pourquoi car elle l'aime toujours. Alors que son mari est toujours animé par une libido très juvénile.

L'homme a placé en haut le REBELLE ; au centre : le RÊVEUR et en bas : le FOU. La femme sort en haut : le SÉDUCTEUR ; au centre : le CŒUR et en bas l'ADEPTE. Donc le REBELLE de l'homme fait face au SÉDUCTEUR de la femme ; le RÊVEUR est en face du CŒUR et le FOU en contact avec l'ADEPTE.

Les causes des difficultés de ce couple semblent liées au manque de fantaisie et à l'exigence du consultant. Alors que sa femme paraît avoir besoin qu'on la courtise et la surprenne. Cet homme voudrait-il aller « droit au but », trop rapidement ? Ou bien manquerait-t-il d'attention et d'écoute envers sa femme ?

L'état de la relation mis en avant par le tirage semble montrer que l'homme se réfugie dans ses fantasmes et que sa femme se contente de l'affection partagée. Une solution possible soumise par l'oracle serait que cet homme ose de nouvelles approches, qu'il sorte des schémas sensuels connus et pratiqués pour laisser libre cours à sa fantaisie. Le tirage de l'ADEPTE conseille à son épouse de mettre en place des rituels (l'ADEPTE est le compagnon de la voie de la dévotion qui préconise la pratique des rituels). Ces derniers donnent une autre dimension à la vie sexuelle. Et tous deux trouveront satisfaction par le renouveau des approches et du contenu des rencontres.

Tirage de programme de travail spirituel

Résumé de la structuration des Cartes de l'Homme-Nouveau

Ce jeu de 72 cartes est structuré en 5 familles.

1. Les 45 lames des 15 *Voies*. Sur l'axe horizontal et au nombre de 45. Ces cartes appartiennent aux 15 *Voies* de réalisation de l'homme, du masculin. Chaque *Voie* porte un nom (*Voie de l'Aventure, Voie de l'Équité*, etc.) et comprend 3 cartes organisées autour d'une progression de type apprenti, compagnon, maître, caractéristique des *Voies* initiatiques. Ces 45 lames incarnent la plupart des nuances du 3e chakra. Les cartes des *Voies* se différencient visuellement des autres lames : leurs deux coins inférieurs sont blancs.

2. Les 14 cartes de *Mutation*. L'homme doit assumer ou franchir différentes marches pour aller vers son être profond. Ces lames correspondent à ces étapes sur le chemin de développement personnel et/ou spirituel. Même si le contenu de ces lames peut parfois paraître lourd, pénible à vivre, ce sont à chaque fois des opportunités d'élévation, des pas supplémentaires à parcourir pour intégrer la dimension de l'Homme-Nouveau.

3. Les 6 *Talismans* (l'Érection, l'Ombre, l'Homme-Nouveau, l'Union Sacrée, le Maître, la Grâce) marquent les étapes d'évolution sur un plan énergétique. Chacune incarne un chakra. (Le 3e chakra étant représenté par la totalité des 45 lames des *Voies*.) Pour goûter ou exprimer leur énergie, il est indispensable de passer par l'intégration des messages des *lames de Mutation*.

4. Les 5 *Gardiens de Sagesse* (Le Roi, le Hiérophante, le Philosophe, le Fou, le Chamane) correspondent à cinq essences fondamentales de l'Homme-Nouveau. Elles sont les 5 manifestations de l'homme en quête, investi dans la quête du *Soi*. Elles incarnent 5 aspects de l'Homme-Nouveau qui intègre sa quête spirituelle dans son engagement social.

5. Les 2 cartes « *Hors-Cadre* ». Le Mystère et La Loi sont toutes deux omniprésentes à chaque instant de la vie. Mais pour éviter les peurs et angoisses que le Mystère induit, nous dispersons notre conscience vers des buts et plaisirs présentant peu d'intérêt spirituel. Leur présence dans le jeu souligne l'importance du sens que nous donnons à l'existence. Elles interrogent sur l'éventualité d'un sens commun : La vie aurait-elle un sens et y aurait-il certaines règles (La Loi) à respecter pour accéder au Sens et percer le Mystère ?

Le tirage de « programme de travail spirituel » est plus complexe. Il ne répond pas à une simple question. Il propose de définir une stratégie de travail sur soi. En tout, 14 cartes seront tirées. Le tirage de « programme de travail spirituel » peut être effectué tous les mois avec les *Cartes de l'Homme-Nouveau* mais il peut également donner des perspectives à plus long terme. Des orientations majeures engageant les années à venir sont parfois proposées.

Mais chacun crée sa vie. Ce qui est vrai aujourd'hui ne le sera peut-être plus demain. Les *Cartes de l'Homme-Nouveau* suivent l'évolution du consultant. Deux tirages effectués à quelques mois de distance n'auront donc peut-être aucune continuité apparente. L'important est de vivre pleinement l'instant présent, de profiter de ce qui se présente et de s'ouvrir à de nouvelles perspectives. En recevant les indications données par l'oracle, l'*Être* en soi évoluera et murira par l'expérience et la raison.

Le tirage s'effectuera en deux temps.

1. D'abord, il faudra séparer les 45 lames des *Voies*. Ces 45 cartes sont mises de côté et seront utilisées dans un second temps. Les lames des *Voies* se différencient visuellement des autres lames : leurs deux coins inférieurs sont blancs.

   Les figures des cartes tirées seront cachées, face contre la table. Le consultant choisira au hasard 6 lames de ce groupe de 27 lames qu'il vient de trier. Il les placera de gauche à droite pour figurer la chaîne des chakras. La 1re représente le 1er chakra et la 6e le dernier chakra celui de la couronne, au sommet du crâne. Comme le schéma ci-dessous le montre, on laissera une place vide pour le 3e chakra qui est représenté exclusivement par les 45 lames des *Voies*. Elles seront tirées dans un 2e temps.

2. Dans le 2e temps, le consultant sélectionnera donc 8 cartes dans le groupe des 45 cartes écartées dans le 1er temps (les lames des *Voies*), celles qui ont les coins blancs. Il placera une lame, de ce groupe de cartes préalablement mélangées, sous chacune des lames déjà tirées. Il choisira au hasard ces lames « faces cachées ». Et il placera 2 lames, l'une au-dessus de l'autre, à l'emplacement du 3e chakra.

1er temps : placer les 6 cartes sélectionnées parmi les 27 lames triées au préalable comme le montre le schéma ci-dessous.

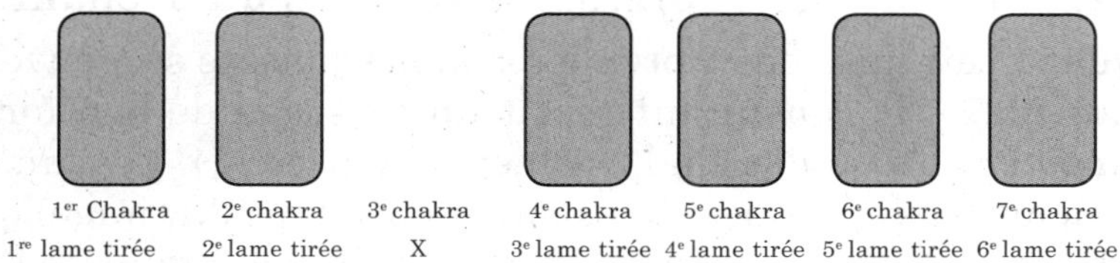

2e temps : placer les 8 nouvelles cartes sélectionnées parmi les 45 cartes des *Voies* (lames aux coins blancs) comme le montre le schéma ci-dessous : sur l'emplacement des cartes de couleur claire.

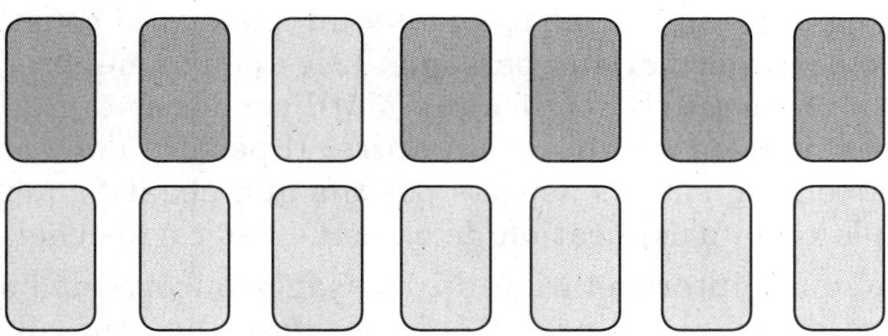

Puis le consultant retourne les lames et l'interprète remarque si les lames placées lors du 1er temps ont été placées à leur juste emplacement. l'ÉRECTION est à sa place au 1er chakra mais le consultant peut l'avoir placée au 4e ou au 7e. Voir les correspondances des chakras et des lames *Talismans* au chapitre : « les 6 lames *Talismans* expliquées brièvement ».

Il est rare que les 6 premières lames tirées (celles du 1er temps de ce tirage) se trouvent toutes à leur place d'origine. La lecture, l'interprétation et l'analyse du jeu se feront à partir de ces correspondances plus ou moins réussies. Et il est également rare qu'aucune ne soit à leur emplacement logique : voir correspondance des chakras et des lames *Talismans* au chapitre : « les 6 lames *Talismans* expliquées brièvement ». **Se souvenir que les lames « *Gardiens de Sagesse* » sont des expressions sociales du 5e chakra.**

Quand certaines des 6 premières lames placées se trouvent à leur place, le consultant reçoit un message de bon fonctionnement du ou des chakras bien « inspectés ». Les lames complémentaires (lames tirées lors du 2e temps du tirage) qui couvrent les cartes placées au bon endroit donnent alors des indications pour entretenir ou parfaire leur bonne santé. Le consultant est invité à porter son attention surtout sur les aspects positifs qu'il lira dans le texte d'accompagnement. L'oracle lui signifie qu'il peut les épanouir encore plus et que c'est peut-être, pour lui, le temps d'investir ses énergies de manière plus ciblée.

Pour les 6 premières lames tirées ; si elles ne se trouvent pas à l'emplacement logique du chakra, le consultant reçoit des informations personnalisées pour améliorer leur fonctionnement. Il s'agit alors d'utiliser les énergies d'un chakra pour en équilibrer un autre. Il portera donc autant son attention sur les aspects positifs que négatifs qu'il lira dans le texte d'explication de chacune des cartes choisies

Lorsque l'interprétation du message concernant l'un ou l'autre des chakras paraît énigmatique, il est possible de procéder à un 3e choix et de rajouter quelques lames qui seront placées au-dessous des deux lames déjà choisies, disposées sous l'emplacement du ou des chakras qui méritent une attention particulière. 7 lames supplémentaires pourront ainsi être réparties. (Au maximum, 21 lames seront donc tirées, pour la totalité du tirage). Il n'est pas nécessaire de procéder systématiquement au choix de 7 lames. Souvent 3 ou 4 suffisent. Le choix de ces dernières lames donnera des indications complémentaires qui se rajouteront à celles des 8 lames tirées lors du 2e choix. Et le consultant aura la possibilité pour ce 3e choix de choisir parmi la totalité des cartes restantes : les cartes du 1er temps du tirage ajoutées à celles du 2e temps soit en tout un choix parmi 64 lames. Le consultant les aura bien mélangées au préalable.

Voici un exemple de tirage et l'interprétation résumée que nous proposons :

Le consultant est un jeune homme de 29 ans qui s'interroge sur l'orientation de sa vie. Il vient de terminer un cycle d'étude universitaire mais ne trouve pas de travail qui corresponde à ses aspirations. Il ne supporte plus de faire « des petits boulots alimentaires ». Célibataire, la solitude lui pèse et il se trouve dans une phase de remise en question profonde. Il cherche sincèrement des indications qui l'aideraient à s'épanouir socialement, affectivement mais aussi spirituellement. Il est en quête de sens, de motivation et de « conseil ».

Chakra 1 : L'OMBRE et le JARDINIER.

L'OMBRE sur le 1er chakra indique que le consultant manque de conscience ou de clarté dans sa sexualité, au sujet de sa vie instinctuelle. Peut-être refoule-t-il des émotions ou des élans. Le JARDINIER lui propose de laisser s'épanouir certains aspects de sa personnalité qu'il laisse en friche. Ces deux lames conjointes sur le 1er chakra engagent le consultant à travailler le terrain de son inconscient. Une promesse de récolte avantageuse (richesse intérieure) mais proportionnelle à son engagement lui est faite.

Chakra 2 : La TENTATION et l'ADEPTE.

Le deuxième chakra recouvert par la TENTATION indique que le consultant est assurément animé par le désir d'éviter la confrontation à son OMBRE. Il semble « aliéné » à des croyances (l'ADEPTE). Cela confirme l'indication de refoulement ou d'inhibition décrite par les cartes choisies pour le 1er chakra. L'ADEPTE annonce une gestion des peurs par une recherche excessive de sécurité.

Chakra 3 : L'ARTISAN et le FILS.

Le 3e chakra doit être recouvert par deux lames des *Voies*. Ce chakra donne le ton de « l'affirmation de soi » sur les plans sociaux et professionnels mais aussi globalement ces cartes indiquent le positionnement du consultant face au monde. La carte de l'ARTISAN décrit une personnalité impliquée, quelquefois excessivement, dans son travail ou une passion. Le FILS pose l'hypothèse d'un manque de maturité ou d'une phase de préparation, de formation. Le consultant a sûrement besoin d'un « PÈRE » qui l'initiera car l'action autonome ou responsable semble différée.

Chakra 4 : Le FÉMININ et l'EXPLORATEUR.

La lame du FÉMININ, lame de *Mutation*, sur le 4e chakra est à une place avantageuse. Le FÉMININ est la porte du CŒUR qui, lui-même, donne accès à l'UNION SACRÉE qui serait à sa place sur ce chakra. L'EXPLORATEUR indique l'élan de la découverte. L'oracle semble conseiller au consultant d'oser, d'aller à la découverte de son FÉMININ intérieur. En inscrivant la lecture de ces deux cartes dans l'ensemble du tirage, ces deux lames invitent le consultant à découvrir sa sensibilité, sans doute cachée sous son OMBRE placée à l'emplacement du 1er chakra.

Chakra 5 : Le ROI et la VICTIME.

Le ROI est un *Gardien de Sagesse*, une des 5 expressions de l'HOMME-NOUVEAU. Il est à sa place de prédilection. Voilà le signe que le consultant est déjà engagé dans une démarche spirituelle ou bien qu'il a la possibilité d'accéder au statut intérieur du ROI. La caractéristique du ROI est son engagement dans le social. Le 5e chakra concerne l'expression de soi. L'oracle semble indiquer au consultant sa voie de réalisation spirituelle : un engagement dans la matière et la relation. La VICTIME exprime un manque de responsabilité. Est-ce l'attitude du consultant dans sa vie ? Dans ce cas, les *Cartes de l'HOMME-NOUVEAU* conseillent au consultant de sortir de cette place qui le diminue et il accèdera au statut de l'HOMME-NOUVEAU. Ou bien c'est une indication de l'oracle qui préconiserait au consultant de s'intéresser aux victimes ? Après avoir lu la totalité des 14 premières lames, le tirage d'une 3e carte donnera plus de précisions : l'ÉLEVE qui confirme le nécessaire travail de responsabilisation.

Si cela avait été le REBELLE, cela aurait orienté l'interprétation sur un investissement social, familial peut-être, de défense des opprimés. Devenir un redresseur de torts dans la légalité d'une organisation ou d'une association. Si cela avait été l'ESTHÈTE : de soigner son image. Le GUERRIER : de se battre...

Chakra 6 : L'ÉRECTION et le MÉCÈNE.

Le 6e chakra concerne la clairvoyance, le discernement, la prise de conscience. Le MÉCÈNE évoque l'opulence. L'ÉRECTION : c'est l'impulse, le départ, le désir, le besoin d'aller vers de nouveaux horizons. Des perspectives, puissantes, d'évolution ou d'élargissement de la conscience se profilent. Doivent-elles précéder, accompagner ou suivre le travail évoqué ci-dessous ? Le tirage d'une 3e lame, après lecture des 14 premières cartes, donnera une piste précieuse. C'est le MAÎTRE. Voilà une indication déterminante : rencontrer une personne qui initie, qui ouvre à des techniques, qui donne des moyens et accompagne vers la maturation et la vision juste. Le consultant gagnera à s'appuyer sur un tiers qui le guidera.

Chakra 7 : La DISCIPLINE et le JUGE.

La place de la DISCIPLINE au 7e chakra indique que le consultant peut être trop rigide. Sa vision du monde est très cérébrale, il est trop jugeant, mental. On a déjà vu que l'OMBRE et le JARDINIER placés sur les lieux du 1er chakra laissent supposer que ses croyances brident son épanouissement. Une 3e lame est tirée : le CHAMANE ! Le message est clair : le consultant gagnerait à explorer ses énergies « animales ». On aurait pu en rester là mais à l'invitation de l'interprète, une autre carte est rajoutée après lecture des 14 premières lames : le RESTAURATEUR ! Voilà confirmé le message des lames précédentes : l'éducation du consultant ou le milieu social dans lequel il évolue empêche son épanouissement. Le consultant est invité à les remettre en question. Et il ne peut pas le faire par lui-même. Il a besoin d'aide.

À noter : le GRAND-PÈRE ou le THÉRAPEUTE aurait abouti à une conclusion proche mais avec des nuances. Le THÉRAPEUTE lui aurait donné la piste d'une future profession possible. Le GRAND-PÈRE aurait signifié au consultant qu'il pourrait réussir son émancipation par lui-même. Le THÉRAPEUTE est maître de la *Voie du Soin* : le rapport aux autres, au monde social, le pouvoir qu'on exerce ou qui est exercé sur soi. Alors que le RESTAURATEUR, compagnon de cette même *Voie du Soin* (elle préconise la thérapie comme moyen d'évolution), l'incite à s'investir dans le rapport à l'autre, dans la relation duelle. Le GRAND-PÈRE signifie l'adhésion à une transmission, une lignée. Parfois il est bon de s'émanciper et quelquefois, au contraire d'y adhérer. L'orientation est donnée par les autres cartes et elle est fonction de la personnalité du consultant.

En résumé, les orientations de l'interprétation de ce tirage :

Un travail d'introspection, thérapeutique, chamanique, un retour ou une appropriation des énergies viscérales, instinctuelles semble être la clé présente du développement de ce consultant. Il gagnera en sensibilité. Mais aussi il trouvera sa place dans ce monde. Le ROI, à sa place, est l'indication d'un épanouissement certain. Le consultant a les moyens de se sentir en accord avec le cosmos, de percevoir sa connexion avec le « *Grand-Tout* ». Étant jeune, peut-être reçoit-il là l'indication qu'il exercera plus tard des fonctions sociales de soin, ou d'aide à autrui. Le destin, allié à ses choix de vie ultérieurs, le décidera. Le consultant a tiré des lames d'apprenti de *Voies* pour les premiers chakras et de maître de *Voies* pour les derniers. Cela enseigne également sur le devenir à terme d'une réalisation et d'une maturation de l'*Être*.

Nous donnons ci-dessous un autre exemple de tirage de « programme de travail spirituel » :

Une femme mariée avec deux enfants (13 et 16 ans) s'interroge sur ses perspectives sociales, affectives et spirituelles. La relation avec son mari ne la satisfait plus. Elle ne sait plus si elle l'aime, n'a plus de désir sexuel et elle a l'impression de « patauger » dans sa vie, d'avoir subi une existence tracée, classique qui, au fil des ans a perdu sa saveur et son sens. Elle a trouvé le bonheur pendant une dizaine d'années mais maintenant elle se sent enfermée et frustrée. L'éducation qu'elle a reçue est imprégnée de morale religieuse. Elle a peur de faire des erreurs et se sent dépassée par ses réactions émotionnelles. Elle ne souhaite pas bouleverser son existence ni tromper son mari. Elle ne veut pas non plus faire souffrir ses proches. La vie de famille lui pèse mais surtout elle aspire à une réalisation sociale, un épanouissement de son « masculin intérieur ». Elle a poursuivi des études couronnées de succès, il y a maintenant de nombreuses années mais elle n'a jamais travaillé. Elle espèrerait trouver compensation à son mal-être par une réussite professionnelle.

Voici son tirage interprété de façon très condensée :

Chakra 1 : l'UNION SACRÉE et le GUERRIER.

L'oracle signifie ici que la consultante va vivre un conflit : l'amour (l'UNION SACRÉE) et le désir sexuel (chakra 1) sont à dissocier. Une 3e lame fut tirée, après une lecture complète des 14 premières lames tirées, pour complémenter les informations données sur ce chakra. Ce fut le MALADE. L'oracle indique à la consultante que la conduite de sa vie amoureuse dans le présent devient caduque. Son positionnement était peut-être valable dans les années passées mais le MALADE indique que cette époque est révolue. Cette crise peut être curative. Voyons la suite.

Chakra 2 : l'OMBRE et le JOUEUR.

L'OMBRE est à sa place à l'emplacement du 2e chakra. L'oracle donne donc l'indication que les émotions et sentiments de la consultante sont légitimes, porteurs de vérité et d'évolution. L'alliance avec le JOUEUR précise que la consultante est peut-être trop sérieuse ; qu'elle prend les événements de sa vie trop à cœur. Ou bien, au contraire, qu'elle n'ose pas prendre de décision, qu'elle est prise dans un système qui l'enferme. L'oracle la pousserait à prendre des risques et à induire de la légèreté dans sa vie et ses décisions ? La suite donnera sûrement des indications et des conseils de conduite pour la consultante.

Chakra 3 : le NÉGOCIANT et le STRATÈGE.

Sur ce chakra de l'affirmation de soi, la consultante a choisi inconsciemment une lame qui évoque la négociation et une autre la stratégie ; la communication, la gestion de l'entourage et la manière de mener à terme ses projets. Une bonne discussion avec son mari pourrait être la solution. Mais ce peut-être également l'indication d'une orientation vers le commerce (3e chakra : le chakra de l'affirmation de soi est aussi le chakra de l'épanouissement social). Une 3e carte est tirée après lecture des 14 premières : la GRÂCE. La consultante reçoit ici l'indication de se laisser porter par le destin. Des signes ou des propositions inspireront ses décisions. Il lui suffira d'y être attentive et de se laisser guider. L'oracle préconise à cette femme la confiance en la vie, en elle-même et en ses décisions. Cette lame indique toujours protection et justesse.

Chakra 4 : La TENTATION et le REBELLE.

Pour le chakra du CŒUR, la consultante juxtapose une carte (la TENTATION) qui évoque le risque d'amour extra conjugal et une autre la révolte (le REBELLE). L'interprétation ici est délicate mais réveille les questions et renseignements donnés au 1er chakra (conflit entre l'amour et la sexualité). Une 3e lame fut tirée après que les 14 premières lames furent retournées et interprétées : l'INITIATION. L'oracle indique qu'une nouvelle dimension attend la consultante après sa remise en question (l'INITIATION en relation avec le REBELLE). Son aspiration à bousculer son quotidien semble porteuse de transformation et d'élévation.

Chakra 5 : L'INNOCENCE et le CONSOMMATEUR.

L'oracle donne ici un conseil : appréhender la vie, les rencontres et les relations avec la pureté de ses aspirations. Ne pas hésiter à poser ses besoins et à les assouvir. La 3e carte placée après lecture de l'ensemble des cartes des deux premiers tirages fut : l'ÉLÈVE. Cette carte propose à la consultante de chercher un domaine d'apprentissage. À la lumière des cartes tirées pour les chakras précédents on peut imaginer qu'il y a au moins 3 domaines d'apprentissage possibles : la sexualité, l'amour et le commerce ou une formation professionnelle.

Chakra 6 : L'ACCUSATION et l'ARTISTE.

Le 6e chakra est le domaine de la clairvoyance, du discernement. L'ACCUSATION, à cette place, réactualise la mise à la lumière du conflit évoqué plus haut. Cette lame parle de culpabilité face à la dissociation entre le « bien » et le « mal », l'amour et le sexe. L'ARTISTE posé sur l'ACCUSATION, décrit l'aspiration ou l'idéal qui anime la consultante. Elle peut choisir de créer sa vie en s'appuyant sur cet élan. Après lecture des 14 premières lames, il est décidé de placer à cet emplacement une 3e carte : l'OFFICIANT. L'oracle confirme à la consultante l'importance de persévérer et de suivre son aspiration à donner du sens et de transformer sa vie par son intention. Elle peut colorer son existence et ses choix de son sens du « Sacré ».

Chakra 7 : La MATRICE et l'AMANT.

L'interprétation de ces deux dernières cartes présage d'une émancipation suite à une rencontre. Serait-ce la confirmation d'une relation extra conjugale ? Mais ce pourrait être aussi le signe de l'émergence de son « AMANT intérieur » suite à un travail sur elle-même ou une discussion avec son mari ? La consultante décide de placer une 3e et dernière carte sur la place de ce 7e chakra : le JUGE. La consultante est confrontée à son libre-arbitre. Elle a le choix de l'orientation de sa vie affective et elle possède suffisamment de force pour faire des choix raisonnés, justes et « inspirés ».

En résumé, l'interprétation de ce tirage :

La consultante vit un trouble profond qui, même s'il est difficile à vivre, va provoquer des changements importants et bénéfiques dans son existence. Cette crise la mènera à sortir d'une MATRICE qui l'enferme. Elle éclairera les enjeux qui brident son épanouissement ; la relation à son mari particulièrement. La grande leçon qu'elle peut retirer de sa consultation est de faire confiance en elle-même et en la vie. Peut importe ce qu'elle décide, sa démarche pour s'épanouir socialement est soutenue par l'oracle qui lui transmet les indications d'une issue heureuse de la situation et une certaine évolution de sa conscience.

Le tirage « astrologique » ou jeu du « thème astral »

Résumé de la structuration des Cartes de l'HOMME-NOUVEAU

Ce jeu de 72 cartes est structuré en 5 familles.

1. Les 45 lames des 15 *Voies*. Sur l'axe horizontal et au nombre de 45. Ces cartes appartiennent aux 15 *Voies* de réalisation de l'homme, du masculin. Chaque *Voie* porte un nom (*Voie de l'Aventure, Voie de l'Équité*, etc.) et comprend 3 cartes organisées autour d'une progression de type apprenti, compagnon, maître, caractéristique des voies initiatiques. Ces 45 lames incarnent la plupart des nuances du 3e chakra. Les cartes des *Voies* se différencient visuellement des autres lames : leurs deux coins inférieurs sont blancs.

2. Les 14 cartes de *Mutation*. L'homme doit assumer ou franchir différentes marches pour aller vers son être profond. Ces lames correspondent à ces étapes sur le chemin de développement personnel et/ou spirituel. Même si le contenu de ces lames peut parfois paraître lourd, pénible à vivre, ce sont à chaque fois des opportunités d'élévation, des pas supplémentaires à parcourir pour intégrer la dimension de l'HOMME-NOUVEAU.

3. Les 6 *Talismans* (l'ÉRECTION, l'OMBRE, l'HOMME-NOUVEAU, l'UNION SACRÉE, le MAÎTRE, la GRÂCE) marquent les étapes d'évolution sur un plan énergétique. Chacune incarne un chakra. (Le 3e chakra étant représenté par la totalité des 45 lames des *Voies*.) Pour goûter ou exprimer leur énergie, il est indispensable de passer par l'intégration des messages des *lames de Mutation*.

4. Les 5 *Gardiens de Sagesse* (Le ROI, le HIÉROPHANTE, le PHILOSOPHE, le FOU, le CHAMANE) correspondent à cinq essences fondamentales de l'HOMME-NOUVEAU. Elles sont les 5 manifestations de l'homme en quête, investi dans la quête du *Soi*. Elles incarnent 5 aspects de l'Homme-Nouveau qui intègre sa quête spirituelle dans son engagement social.

5. Les 2 cartes « *Hors-Cadre* ». Le Mystère et La Loi sont toutes deux omniprésentes à chaque instant de la vie. Mais pour éviter les peurs et angoisses que le Mystère induit, nous dispersons notre conscience vers des buts et plaisirs présentant peu d'intérêt spirituel. Leur présence dans le jeu souligne l'importance du sens que nous donnons à l'existence. Elles interrogent sur l'éventualité d'un sens commun : La vie aurait-elle un sens et y aurait-il certaines règles (La Loi à respecter pour accéder au Sens et percer le Mystère ?

C'est le grand tirage proposé par les *Cartes de l'Homme-Nouveau*. Ce tirage nécessite un peu d'entraînement dans la manipulation du Jeu et une petite connaissance préalable de l'astrologie. Nous délivrons très succinctement ci-dessous des repères qui serviront à l'interprétation. Mais nous recommandons donc aux consultants qui découvrent ce Jeu ainsi qu'à ceux qui n'ont pas de notion de l'astrologie d'acquérir un peu d'expérience en pratiquant les tirages décrits ci-dessus avant de se lancer dans cette consultation complexe et complète.

En effet, pour les consultants qui découvriraient en même temps la grille de lecture astrologique et les arcanes du Jeu de cartes, il serait long et fastidieux de passer d'une page à l'autre de cet ouvrage pour pleinement comprendre la correspondance, les croisements et interactions des messages délivrés. Après plusieurs tirages à 3 ou 5 lames ou quelques tirages de « *programme de travail spirituel* », le consultant se sentira plus à l'aise. Il pourra alors exploiter efficacement l'apport complémentaire des données astrologiques.

Les propositions, projections et prévisions de ce tirage portent habituellement sur une année. Mais il est possible en le portant au préalable dans la convention de tirage que la portée de la consultation soit réduite à 6 mois. Ce tirage, complet, est particulièrement puissant mais il nécessite d'avoir suffisamment de temps devant soi pour effectuer la lecture des 24 lames qui seront tirées. Pour la première fois, deux bonnes heures au minimum sont requises.

Les « maisons » sont des secteurs de vie dans l'astrologie occidentale. Il s'agit là de données et de repères sérieux et non d'une adhésion à une astrologie de magazine. L'astrologie est un art, une science dans de nombreuses traditions et cultures.

Dans chaque « maison », les lames tirées décriront les influx du consultant dans un secteur de vie spécifique. Habituellement, elles adoptent la disposition du cercle, autour du thème astral où s'articulent les planètes qui voyagent de signe astrologique en signe astrologique. Pour une plus grande clarté des explications, nous les disposons en ligne mais il est possible, pour les connaisseurs de l'astrologie de les disposer en cercle. Ces maisons sont au nombre de douze.

Voici leurs significations résumées :

1ère maison :

Elle représente les énergies du consultant, sa puissance de vie ; ce qui lui est transmis par ses ascendants.

2e maison :

Elle manifeste les avoirs, les biens, l'argent, la vie financière du consultant ainsi que sa manière de gérer ses acquis.

3e maison :

Elle est l'expression de l'intelligence. Elle décrit son entourage et parle de ses petits voyages et de sa vie quotidienne.

La 3e maison concerne également les écrits du consultant ainsi que sa relation à ses frères et sœurs.

4e maison :

Elle parle du foyer, de la famille créée par le consultant ainsi que de son patrimoine et de ses affaires immobilières. La 4e maison décrit également le père du consultant si c'est un homme qui interroge les *Cartes de l'Homme-Nouveau* ou sa mère si c'est une femme.

5e maison :

Cette maison décrit les Amours, les créations, les enfants du consultant ; ses loisirs également, ainsi que son rapport à l'enseignement. Son potentiel créatif.

6e maison :

C'est la maison du travail et de la santé, des petites maladies du consultant. Ses servitudes, ses obligations y sont également mises à la lumière.

7e maison :

Le conjoint, les associations, les possibilités de célébrité, de notoriété mais aussi les transmissions du consultant sont exposées dans la 7e maison.

8e maison :

C'est la maison qui éclaire le rapport que le consultant entretient avec la mort, la transformation et la sexualité.

9e maison :

La philosophie, l'évolution spirituelle, l'idéal, la vocation sont les sujets de cette maison qui concerne aussi le goût du consultant pour l'ésotérisme et les grands voyages : « ce qui lui est lointain » ou accessible par l'effort.

10e maison :

La carrière professionnelle et la vie sociale du consultant sont concernées par cette 10e maison.

11e maison :

Les amis, la politique, les projets, la vie relationnelle font l'objet de cette maison.

12e maison :

Cette maison parle des enjeux de l'inconscient du consultant. Ce qui est lui est parfois difficile d'accès. Les épreuves, les maladies, la prison, les amours secrètes sont aussi décrites par la 12e maison.

Voici, schématisée, la disposition de ce tirage :

Le consultant séparera et retirera les 45 lames des *Voies* du reste des cartes. Les cartes des *Voies* se différencient visuellement des autres lames : leurs deux coins inférieurs sont blancs. Dans le groupe de 27 cartes, retournées, figures cachées, il choisira au hasard successivement 12 lames. Il les placera alignées comme sur le schéma ci-dessous (ligne supérieure). Ces douze premières cartes tirées expriment « le terrain » du consultant en rapport avec le domaine exprimé par la maison dans laquelle elle est placée.

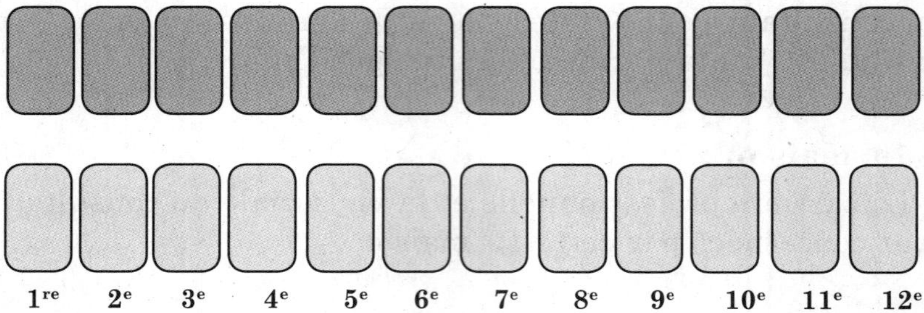

Ensuite, il sélectionnera au hasard 12 lames dans le groupe des 45 lames des *Voies* (les lames aux coins blancs). Ces lames auront été au préalable retournées, figures cachées, et mélangées. Il les placera sous les lames précédemment tirées comme le montre le schéma ci-dessus, sous les 12 premières lames tirées. (Les lames de couleur claire de la ligne inférieure représentent ce 2e tirage.). La signification de ces douze dernières lames tirées informera le consultant sur un positionnement, une action ou un regard nouveau à apporter au domaine des maisons où ont été placées ces cartes.

Lorsque le tirage paraît hermétique, le consultant est invité à choisir quelques cartes supplémentaires qu'il placera là où les informations complémentaires lui paraissent souhaitables. Le maximum de lames rajoutées ne devra pas être supérieur à 12. La totalité des lames tirées n'excèdera donc pas le nombre de 36 et il choisira ces cartes dans le tas des cartes restantes réunies : les lames des *Voies* plus les lames du premier tirage.

Les cartes tirées donneront la tonalité du moment, l'énergie que l'oracle préconise d'appliquer dans les différentes « maisons » pour une période de 6 à 18 mois. Par exemple, l'ÉRECTION placée en « maison 10 » incitera le consultant à impliquer ses énergies créatrices et pulsionnelles dans ses activités professionnelles alors que cette même lame placée en « maison 5 » le portera à entreprendre dans le domaine amoureux ou relationnel.

Le consultant pourra donc bien sûr tirer une carte qu'il placera dans une maison et plus tard, à quelques mois de distance, placer cette même carte dans une maison différente. Les influences astrales évoluent avec le temps car les planètes progressent dans le ciel. Les énergies intérieures aussi évoluent. Elles se transforment au gré de la maturation de l'*Être* qui est en est le moteur mais aussi des événements qui le révèle.

L'interprétation des tirages astrologiques doit être prudente. Cela impose d'interpeler le consultant sur sa vision des différents champs concernés par ces maisons. En effet, nous rappelons que le but premier des *Cartes de l'Homme-Nouveau* n'est pas de faire des prédictions mais de provoquer un nouveau regard et une mise en mouvement du consultant. L'ouverture, l'élargissement de la conscience et le plein contact avec l'*Être* intérieur restant les objectifs de l'Homme-Nouveau. Les douze premières cartes tirées expriment « le terrain » du consultant en rapport avec le domaine exprimé par la maison dans laquelle elle est placée. La signification des douze dernières lames tirées informera le consultant sur un positionnement, une action ou un regard nouveau à apporter au domaine des maisons où ont été placées ces cartes. L'oracle communique donc ainsi au consultant des conseils qui favoriseront sa croissance spirituelle. Cela l'aidera à vivre les situations que la vie lui propose en harmonie avec le Plan Divin en donnant sens à ce qui lui arrive.

Voici un exemple de tirage pour un jeune homme en quête de lui-même.

Maison 1 : Le Chamane puis l'Expert

Le consultant semble trouver ses bases dans son rapport à la nature. La relation qu'il entretient aux éléments, à la campagne est son socle (le Chamane). Il trouve dans les espaces naturels une dimension d'être qui le connecte avec ses origines et lui procure un sentiment d'appartenance. Son caractère est simple, son expression sans artifice. Un ***Gardien de Sagesse*** placé en « maison 1 » dénote souvent d'une solide connexion intérieure. Une structure originelle puissante influence toujours le sujet.

L'EXPERT exprime la densité de ce goût pour le naturel, le vrai. Le consultant transmet, sans chercher à le faire mais naturellement et avec pertinence sa connaissance innée du « brut », de l'essence des choses. Il est possible que son père ou son grand-père ait été une personnalité « hors du commun » qui exerçait un métier ou une fonction à la campagne ou en lien avec la nature. L'influence de cet ascendant aurait marqué le consultant. Si celui-ci n'a pas eu connaissance de ce personnage, une recherche dans sa généalogie pour le découvrir lui apporterait beaucoup.

L'oracle engage le consultant à exploiter ce trait de son caractère. Il puise sa solidité, sa puissance et trouve son épanouissement dans un respect des rythmes, des cycles qu'il ressent profondément au fond de lui. Il possède le don de transformer les choses. Il peut s'en servir pour son bonheur et celui de ceux qui l'entourent.

Maison 2 : L'ÉPREUVE puis le SÉDUCTEUR

La « maison 2 » concerne le rapport à l'argent, aux banques, à la vie financière. L'ÉPREUVE occupe cette maison. Le consultant éprouverait-il des difficultés financières ? Ou peut-être est-ce que le seul contact avec les exigences du monde de la finance lui est pénible ? La présence du SÉDUCTEUR propose au consultant de reconsidérer sa manière de gérer sa vie financière et ses relations. L'argent et la relation semblent liés. Il est invité ici à chercher une autre position dans le domaine des biens, des finances, de l'argent. Il gagnerait en maturité à considérer l'argent comme une « énergie partenaire » et non pas comme un ennemi à apprivoiser ou séduire ; une gêne, un dérangement. L'argent mérite du respect, les banquiers aussi. Les échanges même au travers de la finance véhiculent l'humanité. Une prise de conscience du consultant semble indispensable pour pacifier cet aspect de sa personnalité.

Maison 3 : La MORT puis le COMMIS

Un tel tirage laisse penser à une transformation majeure (la MORT) dans le domaine que régit la « maison 3 » : l'entourage, la vie quotidienne, les petits déplacements ou le rapport aux frères et sœurs. L'oracle annonce la fin probable du fonctionnement impliqué dans la gestion de cette maison. La lame du COMMIS informerait-il le consultant de la nécessité à se placer « humblement » dans sa relation à ses frères et sœurs ? à son proche entourage ? Le consultant devra sans doute faire des efforts ou cesser de prétendre à plus de reconnaissance.

Maison 4 : La MATRICE puis le NOMADE

La MATRICE en « maison 4 » parle de toute évidence de la place donnée par le consultant à sa famille. Est-ce sa mère : la MATRICE ? Le consultant semble être très attaché à elle ! Mais habituellement, c'est le père qui est signifié par cette maison quand c'est un homme qui consulte. La présence du NOMADE, compagnon de la *Voie de l'Aventure*, transmet l'idée de détachement. Le consultant est invité à mettre de la distance avec sa famille. Ce tirage semble être redondant ou complémentaire des informations fournies par les lames placées en « maison 3 ». Voilà la confirmation que le consultant est encouragé à étudier de près le rapport qu'il entretient avec sa famille. La place prise et donnée aux uns et aux autres, etc., ne semble pas juste.

Maison 5 : Le MYSTÈRE et le SAUVAGE

La lame du MYSTÈRE renseigne le consultant sur sa voie de réalisation. Le SAUVAGE est une des lames des *Voies* qui s'accorde le mieux avec le CHAMANE que le consultant a placé en « maison 1 ». Voilà une indication qui confirme la piste transmise par la « maison 1 » car la « maison 5 » concerne les amours, les créations (ses enfants ?) et ce qu'il pourrait transmettre. Elle concerne aussi les loisirs... La lecture des autres lames donnera sûrement des renseignements qui guideront et affineront l'interprétation.

Maison 6 : L'INITIATION et le GUERRIER

Cette maison abrite les influx concernant la santé, le travail et les servitudes. L'alliance de l'INITIATION et du GUERRIER incite à penser que le consultant devra se battre pour être initié à une technique ou à un domaine qui influera sur sa vie sociale et professionnelle à moins que cela concerne le domaine de la santé (pourquoi pas celle du consultant ?). Une 3e lame est tirée après avoir retourné la totalité des lames choisies et avoir fait une première lecture du tirage des 24 lames sélectionnées : le GRAND-PÈRE. Cette dernière lame indique que le consultant trouvera sur sa route une lignée, une « famille » qui l'initiera. Peut-être d'ailleurs, serait-ce au travers de la rencontre d'un de ses propres aïeux ? En effet, on peut percevoir là, une résonnance des « maisons 1 et 5 ». Le consultant est fortement orienté vers une recherche généalogique et incité à provoquer des rencontres. Si la santé sous une forme ou une autre avait été concernée, le consultant aurait choisi... par hasard, une lame de la *Voie du Soin* !

Maison 7 : Le FÉMININ et le SCEPTIQUE

Les associations et mariages sont les principaux sujets concernés par cette maison. Le consultant y a placé le FÉMININ puis le SCEPTIQUE. Une indication de remise en question de son regard sur les femmes ou sur son propre « *FÉMININ intérieur* » lui est délivrée. Si le consultant consulte dans le but de découvrir des éléments qui le rapprocherait d'un plein contact avec le *Soi*, l'oracle lui propose de pacifier cet aspect de sa personnalité. Vaincre ses réticences envers le monde féminin l'aidera à trouver l'unité en lui.

Maison 8 : La TENTATION et le BÂTISSEUR

Cette maison, très ésotérique, habitée par la TENTATION présage de difficultés ou d'épreuves pour le consultant. La sexualité, la magie ou la mort seront au cœur de ses préoccupations. La présence du BÂTISSEUR indique au consultant la nécessité de construire, de se préparer à affronter ses démons intérieurs.

Maison 9 : L'HOMME-NOUVEAU et le SERVITEUR

En plaçant ces deux lames dans la maison représentant les influences de la philosophie, des grands voyages, de la vocation mais surtout de l'évolution spirituelle et de l'idéal, le consultant dévoile sa dimension spirituelle. Il aspire à une vraie réalisation du *Soi*. Le SERVITEUR qui est joint à l'HOMME-NOUVEAU donne l'indication de « mise au service ». Au sens propre ou figuré, en se mettant au service d'un homme investi socialement dans une démarche spirituelle ou en s'impliquant lui-même dans la quête du Soi, le consultant sera amené à aider l'émergence d'une société axée sur la spiritualité.

Maison 10 : La SUFFISANCE et le RÊVEUR

La « maison 10 » concerne la célébrité, les perspectives et sommets de carrière, le destin et les honneurs. Ces deux lames proposent au moins deux lectures. Ou bien la lame de la SUFFISANCE indique que le consultant se satisfait de ce qu'il a. Il se croit « arrivé » au faîte de son potentiel et il est figé dans une immobilité confortable. Peut-être est-il paresseux ? Le RÊVEUR présage peut-être d'une relance possible de sa démarche et de ses motivations par le biais de l'imaginaire. Cela le stimulerait vers d'autres horizons. Ou bien il prétendrait être au-dessus des préoccupations communes à tout être humain ? Et le RÊVEUR annoncerait un enfermement dans l'illusion. Une 3e carte est tirée après lecture de toutes les cartes sélectionnées par le consultant. Il s'agit de la LOI. Cette lame « *Hors-Cadre* » est particulièrement puissante mais elle est... mystérieuse. Sa présence indique que le consultant a rien d'autre à faire qu'être présent à lui-même, à sa vie. Le destin, son inconscient agiront pour lui. S'il doit être confronté, la vie s'en chargera.

Maison 11 : Le FOU et l'EXPLORATEUR

Le FOU, dans la « maison 11 » ; la maison qui décrit les relations amicales et les projets donne des indications et conseils sur le mode relationnel, le positionnement social du consultant. Il semble que l'oracle lui suggère d'être spontané avec ses amis et dans ses relations en général ; d'adopter un comportement vrai, sans retenue ni censure. Cela plaira à certains mais pas à d'autres. L'EXPLORATEUR lui suggère de prendre ce risque.

Maison 12 : La DIFFÉRENCIATION et le CHASSEUR

Dans la « maison 12 », maison du « caché », de l'inconscient et des épreuves, nous trouvons la DIFFÉRENCIATION et le CHASSEUR. Cette première lame annonce une difficulté à discerner, séparer les choses ou encore à se détacher des autres. Le CHASSEUR évoque l'instinct, le pulsionnel. Le consultant reçoit ici l'indication de porter son attention et ses efforts à repérer, distinguer les différentes énergies qui l'animent. Une 3e carte est tirée. C'est l'ADEPTE. Le message s'éclaire d'un élément majeur, en résonance des indications délivrées par les autres cartes du tirage. En effet, le CHASSEUR évoque l'instinct alors que l'ADEPTE parle de croyance. Le consultant est convié à dissocier pensées et passage à l'acte ; morale et éthique ; le bien et le mal. L'unité en Soi est la clé d'accès à l'HOMME-NOUVEAU.

En résumé de ce tirage : ce jeune consultant possède une personnalité originale emprunte d'intégrité et de bon sens naturel. Il semble porté par un dynamisme intérieur dont les orientations sont peut-être encore inconscientes ou non assumées. Pour s'épanouir pleinement, il devra diriger ses efforts et sa quête vers une remise en question de ses attachements. Un travail spécifique sur sa famille et sur la manière dont il gère ses relations devrait être réalisé afin de contacter ce qui semble être sa mission de vie. Dans sa généalogie, un ancêtre (vivant ou mort) l'inspirera ou lui transmettra une initiation qui lui confirmera sa disposition à « maîtriser » les Mystères de la Nature. Au préalable, une pacification de son monde intérieur lui est nécessaire. Un éclairage sur les énergies (sexualité, instinct, vie affective...) qui l'animent et une mise au point sur ses valeurs et sa morale le mèneront à prendre conscience de son essence et à incarner son idéal. La présence des deux lames « *Hors-Cadre* » : le MYSTÈRE et la LOI dans le même tirage est un excellent présage de l'oracle. Les perspectives d'évolution de ce consultant semblent grandes. Le statut de l'HOMME-NOUVEAU est à sa portée.

Tirage pour une orientation professionnelle

Ce tirage est beaucoup plus simple. Il propose de n'utiliser que les 45 lames des *Voies*. Les cartes des *Voies* se différencient des autres : leurs coins sont blancs. Choisir 7 lames puis dialoguer avec le consultant : ses choix, ses réactions. Le texte d'accompagnement des lames ne sera pas utile au consultant dans ce contexte car il n'a pas la prétention de décrire la fonction ni les compétences ou de donner des informations objectives sur les métiers exposés. Et la quête spirituelle motive rarement la consultation d'un jeune homme en recherche d'orientation professionnelle.

Nous proposons cependant deux temps de consultation.

- Le premier s'effectuera avec les lames « faces cachées ». L'oracle ou le hasard s'exprimera... ! Les informations données par les symboles des personnages seront reprises au cours de la consultation. **Il est important de noter les lames tirées ; dans les deux temps de la consultation, leur chronologie et les réactions du consultant**.

Le consultant en quête de perspectives professionnelles, après avoir tiré les cartes de son choix, pourra décrire ce que ces lames lui inspirent : de l'indifférence, du rejet ou au contraire du plaisir et du désir. En fonction des cartes tirées et qui peuvent être apparemment sans lien, des recherches seront entreprises ultérieurement pour définir un profil professionnel adapté. Un classement par ordre d'intérêt croissant donnera également de précieuses indications de préférences.

- Le deuxième temps reprendra la trame exacte du tirage « faces découvertes » que nous exposons plus bas. Un dialogue basé sur une lecture « analogique » pourra être instauré en considérant la chronologie du tirage. La 1re carte placée à gauche de la surface de tirage pourra être considérée comme représentant son « impulse primaire » (1er chakra), la 2e placée à la droite de la 1re représentera son 2e chakra et ainsi de suite jusqu'à la carte représentant le 7e chakra qui sera placée à l'extrême droite de la ligne horizontale constituée par les cartes choisies. Par exemple :

Un jeune homme choisit d'abord le MÉCÈNE qui exprimera son élan : le consultant a envie d'aider les autres mais aussi d'avoir des moyens financiers importants. Puis le STRATÈGE qui parlera de son OMBRE ou 2e chakra : le consultant aurait-il envie de faire travailler les autres ? La troisième carte choisie est le GUIDE. Cette lame est importante car elle souligne le 3e chakra et c'est à la place de l'affirmation de soi. Le consultant a besoin de diriger ou de prouver aux autres ! l'ARTISTE est son 4e choix : ce jeune homme aime la fantaisie et la liberté. Cette lame : 4e choix, écho du 4e chakra parle de l'activité que le consultant aimerait le plus exercer. Ensuite, il prend le PAYSAGISTE qui exprime son goût pour le travail à l'extérieur mais aussi l'organisation. Le consultant exprimerait parfaitement ses aspirations dans la fonction de PAYSAGISTE car Le 5e chakra est le chakra de l'expression. Le JUGE placé en 6e position parle de son besoin de justice et de reconnaissance. Le 6e chakra est le chakra de la pertinence. Ce jeune homme a besoin d'être validé et de faire ses preuves ! Enfin, il choisit le PROFESSEUR qui sera placé à l'extrême droite de la ligne de cartes. Ce jeune homme croirait-il tout savoir ? Ou bien, aurait-il besoin de formation ? Cette 7e lame reflète les caractéristiques du 7e chakra : les croyances, le Savoir !

En synthétisant ce tirage, on peut déduire que ce jeune homme serait plutôt destiné à diriger (beaucoup de cartes « maître de *Voie* »). La créativité ou le contact avec la nature semblent prendre une place importante dans ses aspirations. Une formation le validerait et le motiverait : une formation en lien avec l'écologie ou l'entretien des espaces verts ?

Tirages avec les figures apparentes

Tirage pour connaître ses perspectives et risques personnels

Le consultant gardera les 45 cartes des *Voies*. Les cartes des *Voies* se différencient des autres lames : leurs deux coins inférieurs sont blancs. Pour ce tirage, il n'utilisera pas les 27 autres lames. Il choisira 5 à 10 cartes parmi elles. Celles qui correspondent au plus près à sa situation personnelle et à sa personnalité en incluant les aspects professionnels et relationnels, les goûts et passions, etc. Il est indispensable pour ce tirage de procéder à une lecture attentive des textes de présentation de chacune des lames qu'il aura choisie. Ce tirage est très puissant car chacun découvre précisément certains écueils à éviter mais aussi des qualités et des points forts à cultiver ainsi que des perspectives d'évolution. Par exemple un psychothérapeute travaillant dans un cabinet de groupe, marié avec 3 enfants et aimant chasser retira du jeu : le PÈRE, l'ÉPOUX, le RESTAURATEUR et le THÉRAPEUTE, le CHASSEUR et l'AMI. Il lut le contenu de ces figures et en tira des informations très utiles pour son devenir familial, social et personnel. Mais aussi, il comprit qu'il devait être vigilant aux besoins de l'autre et faire des efforts dans sa gestion des relations. Cela favoriserait son évolution spirituelle. En effet, le PÈRE et l'ÉPOUX évoquent la présence et l'engagement, la transmission et la protection. Le RESTAURATEUR comme le THÉRAPEUTE parlent de son aspiration à apporter de l'aide alors que l'AMI et le CHASSEUR décrivent ses aptitudes relationnelles, ses goûts et sa gestion du plaisir : le contact avec la nature, la complicité avec l'autre.

Le même consultant, un autre jour, s'interrogeait sur l'intérêt d'un voyage d'affaire important alors qu'un de ses enfants était légèrement malade. Il reprit les mêmes cartes et choisit en plus l'EXPLORATEUR et le NÉGOCIANT, le MALADE et la VICTIME qui, pour lui, s'adaptaient à la situation présente. Après lecture des textes de ces dernières lames, il renonça à son voyage. En effet, il additionna les informations transmises et comprit que les messages de l'oracle lui pointaient un comportement égoïste. La VICTIME lui parlait de responsabilité et le MALADE de la dépendance de l'autre (son fils) à son égard mais aussi de la sienne vis-à-vis de ses patients, de ses amis et de sa famille. En effet, à travers le RESTAURATEUR, le THÉRAPEUTE et l'AMI, il était confronté à la place qu'il donnait aux autres. Ce qu'il nourrissait dans ses relations, même professionnelles, était mis en exergue. Le CHASSEUR, tiré la fois précédente, ayant déjà attiré son attention sur un risque de cruauté, de négligence ou de manque de respect.

Son fils n'était pas en danger mais avait besoin de sa présence. Sa maladie venait provoquer les choix de vie de son père, ses priorités. Il comprit ce qu'est « écouter le réel besoin de l'autre ». Quand on n'y prend pas garde, les relations, mêmes familiales, sont parfois vécues comme un business (le NÉGOCIANT).

Tirage pour une orientation professionnelle

Nous recommandons pour ce type de consultation de se servir seulement des 45 lames des *Voies* et donc de retirer les lames *Talismans*, *Gardiens de Sagesse* et *Mutations* ainsi que les deux lames « *Hors-Cadre* ». Les cartes des *Voies* se différencient des autres lames : leurs deux coins inférieurs sont blancs.

Les figures utilisées serviront de supports. Le texte d'accompagnement des lames ne sera pas utile au consultant dans ce contexte car il n'a pas la prétention de décrire la fonction ni les compétences ou de donner des informations objectives sur les métiers exposés. Et la quête spirituelle motive rarement la consultation d'un jeune homme en recherche d'orientation professionnelle.

Nous conseillons de noter les cartes choisies ainsi que leur chronologie surtout si plusieurs tirages successifs sont effectués. Des recoupements à partir de choix systématiques soulignent l'importance de telle ou telle fonction.

Les associations personnelles faites par le consultant seront utilisées par un professionnel de l'orientation pour cerner les aspirations du consultant.

Habituellement, les classements hiérarchiques liés à l'attrait ou au rejet des lames donnent des informations : le consultant en quête de perspectives professionnelles, après avoir trié 7 cartes de son choix, pourra décrire ce que ces lames lui inspirent : de l'indifférence, du rejet ou au contraire du plaisir et du désir. Un classement par ordre d'intérêt croissant donnera de précieuses indications de préférences. En fonction des cartes tirées et qui peuvent être apparemment sans lien, des recherches seront entreprises pour définir un profil professionnel adapté.

Un dialogue basé sur une lecture « analogique » pourra être instauré en considérant la chronologie du tirage. La 1re carte placée à gauche de la surface de tirage pourra être considérée comme représentant son « impulse primaire » (1er chakra), la 2e placée à la droite de la 1re représentera son 2e chakra et ainsi de suite jusqu'à la carte qui représentera le 7e chakra et qui sera placée à l'extrême droite de la ligne horizontale constituée par les cartes choisies. Par exemple :

Un jeune homme choisit d'abord le MÉCÈNE qui exprimera son élan : le consultant a envie d'aider les autres mais aussi d'avoir des moyens financiers importants. Puis le STRATÈGE qui parlera de son OMBRE ou 2e chakra : le consultant aurait-il envie de faire travailler les autres ? La troisième carte choisie est le GUIDE. Cette lame est importante car elle souligne le 3e chakra et c'est à la place de l'affirmation de soi. Le consultant a besoin de diriger ou de prouver aux autres ! L'ARTISTE est son 4e choix : ce jeune homme aime la fantaisie et la liberté. Cette lame : 4e choix, écho du 4e chakra parle de l'activité que le consultant aimerait le plus exercer. Ensuite, il prend le PAYSAGISTE qui exprime son goût pour le travail à l'extérieur mais aussi l'organisation. Le consultant exprimerait parfaitement ses aspirations dans la fonction de PAYSAGISTE car Le 5e chakra est le chakra de l'expression. Le JUGE placé en 6e position parle de son besoin de justice et de reconnaissance. Le 6e chakra est le chakra de la pertinence. Ce jeune homme a besoin d'être validé et de faire ses preuves ! Enfin, il choisit le PROFESSEUR qui sera placé à l'extrême droite de la ligne de cartes. Ce jeune homme croirait-il tout savoir ? Ou bien, aurait-il besoin de formation ? Cette 7e lame, reflète l'énergie du 7e chakra : les croyances, le Savoir !

En synthétisant ce tirage, on peut déduire que ce jeune homme serait plutôt destiné à diriger (beaucoup de cartes « maître de *Voie* »). La créativité ou le contact avec la nature semblent prendre une place importante dans ses aspirations. Une formation le validerait et le motiverait : une formation en lien avec l'écologie ou l'entretien des espaces verts ?

• • •

Nous avons proposé ci-dessus un certain nombre de tirages accompagnés d'exemples. Le jeu des *Cartes de l'Homme-Nouveau* est aujourd'hui un bébé, il grandira avec vous, consultants de la première heure. Vous avez la possibilité de communiquer vos impressions, remarques et suggestions sur l'Email de l'auteur :

j.lucas-cartes-homme-nouveau@orange.fr

Cependant l'auteur ne donnera ni consultation ni conseil d'interprétation personnalisée. Ce n'est pas son rôle.

Avec la pratique, le consultant expérimenté pourra inventer des tirages. Il est simplement demandé à l'interprète de poser une convention de tirage afin de lire et interpréter les réponses de l'oracle correctement. Si, par exemple, une place représente le passé du consultant, il serait regrettable de lui donner un autre sens.

Certains consultants auront déjà en leur possession d'autres jeux de cartes ou des tarots. Ils pourront, s'ils le souhaitent, adapter leurs méthodes de tirages à la consultation des *Cartes de l'Homme-Nouveau*.

D'autre part, une lecture systématique des textes explicatifs des lames, après le tirage, est fortement recommandée. Le résumé « Dans un tirage » n'est suffisant que pour le consultant aguerri.

Présentation individuelle des cartes classées par familles

Résumé de la structuration des Cartes de l'Homme-Nouveau

Ce jeu de 72 cartes est structuré en 5 familles.

1. Les 45 lames des 15 *Voies*.

2. Les 14 cartes de *Mutation*.

3. Les 6 *Talismans*.

4. Les 5 *Gardiens de Sagesse*.

5. Les 2 cartes « *Hors-Cadre* ».

Les 45 lames des 15 Voies 104

Voie du Combat 104
Voie de l'Aventure.. 114
Voie de la Technique 120
Voie de la Famille 128
Voie de l' Équité 136
Voie de la Contemplation 143
Voie de la Nature 151
Voie de la Sexualité.. 158
Voie du Soin 167
Voie de la Beauté.. 175
Voie de l'Intellect 182
Voie de la Richesse 190
Voie de la Dévotion... 198
Voie de la Relation.. 207
Voie de l'Économie 216

Les 14 Lames de Mutation 224
Les 6 Lames Talismans 264
Les 5 Gardiens de Sagesse 282
Les 2 Lames Hors-Cadre.......................295

VOIE DU COMBAT

Le Chasseur
apprenti de la *Voie du Combat* : la capture

Voie du Combat : l'Affrontement
Courage, agressivité, risque

Pratique recommandée par la _Voie du Combat_ : les Arts martiaux

Cette lame représente la puissance instinctive de survie. Le CHASSEUR est l'une des cartes les plus instinctuelles du jeu. Elle ranime « nos mémoires » de l'époque préhistorique, quand nous étions des chasseurs-cueilleurs, luttant, pour notre survie, dans un environnement difficile. Les instincts et la chasse en particulier, focalisent souvent des préjugés négatifs. Le CHASSEUR serait un être cruel animé par la soif de tuer. La confusion entre instinct et pulsion en est la cause. Pourtant, c'est l'instinct qui est le fondement psychique de toutes ses autres composantes : cognitives, émotionnelles, relationnelles, sociales, etc.

La chasse est le trait d'union entre l'animalité et l'humanité. Un bon CHASSEUR éveille sa part animale pour sentir le comportement du gibier et être en osmose avec son environnement : il guette, suit les traces de sa proie, attend le bon moment pour l'attaquer. Il utilise le sens du vent, hume l'air, reconnaît la fraîcheur d'une piste. Il la suit avec ruse et intelligence pour qu'elle tombe dans les pièges qu'il lui a tendus.

S'il lui arrive de chasser seul, le CHASSEUR est aussi un être social. Il aime pratiquer en groupe. D'ailleurs la chasse fut une activité collective et majeure dans la plupart des tribus ancestrales. Capturer de grands animaux (rennes, mammouths, bisons...) nécessitait une grande coordination d'action : traquer le bête, la rabattre vers un piège et ensuite la tuer. Ainsi l'homme expérimentait-il l'entraide, le plaisir d'agir et de réussir collectivement là où seul il aurait échoué. Certains Indiens d'Amérique pratiquaient un rituel « de permission de la nature » avant la chasse et « de gratitude » après. Parfois, ils tentaient de s'unir à l'esprit des animaux qu'ils allaient tuer. Symboliquement, l'homme devenait l'animal qu'il tuait[1].

Le CHASSEUR est une énergie indispensable à l'homme en quête. L'HOMME-NOUVEAU mobilise toutes ses énergies pour traquer l'ego et le mental qui l'éloignent de la conscience du *Grand-Tout*. Sa vigilance est en alerte. Son ressenti et sa présence le guident dans sa démarche. Le *Soi*, en lui, reconnaît ce qui est bon pour son évolution. Son instinct devient spirituel. Il perçoit le *juste* parce qu'il se laisse conseiller par sa conscience, par l'*Être*.

Mais lorsque le CHASSEUR reste identifié à son ego et à son mental, il devient un prédateur. Tels ces dragueurs du samedi soir qui, dès le lendemain, jettent les femmes conquises comme des objets sans valeur, ou ces entrepreneurs qui liquident des entreprises pour leur profit sans se soucier du sort du personnel. Là, l'instinct s'allie à l'ego pour nourrir une phénoménale illusion : celle de se prendre pour le plus fort, pour *Dieu*.

Dans un tirage

L'homme moderne vit coupé de ses instincts profonds. L'oracle ne conseille pas ici, d'aller chasser mais de développer, en lui, l'âme du CHASSEUR à des fins spirituelles. Le

1. Cf. Nathalie Curtis dans *The Indian book*.

consultant est invité à mobiliser ses ressources intérieures, à aiguiser ses sens et cultiver réflexes et vigilance. Ceci pour résoudre éventuellement des problèmes pratiques mais surtout pour sublimer ses énergies et débusquer son ego et son mental. Cette lame délivre également une indication de coopération.

Attention, cependant : des risques de cruauté, de sadisme, de tyrannie, de mutation en prédateur guettent ceux qui confondent les êtres vivants avec des proies ou des objets. L'HOMME-NOUVEAU est profondément respectueux des manifestations de la vie et des LOIS la Nature.

Le Guerrier
compagnon de la *Voie du Combat* : la lutte

Voie du Combat : l'Affrontement
Courage, agressivité, risque

Pratique recommandée par la _Voie du Combat_ : les Arts martiaux

Le GUERRIER évoque la puissance masculine en lutte. Agressif, impétueux, courageux, quelquefois téméraire, il est prêt à risquer sa vie pour les causes qu'il estime justes. Parfois il lutte et se bat en groupe, obéissant à un chef, un STRATÈGE dont il respecte les ordres. Son entraînement régulier, quelquefois intensif, préserve ses qualités physiques à son meilleur niveau.

Dans ses aspects lumineux, le GUERRIER met sa puissance au service d'un idéal, d'une quête et toutes les cultures ont adulé leurs GUERRIERS. Les mythes occidentaux parlent des

Chevaliers qui ont consacré leur vie à défendre une noble cause : le Roi Arthur, les « Croisés », etc. Dans l'Antiquité, les gladiateurs inspiraient le respect alors qu'en Orient, les samouraïs japonais constituaient des élites guerrières (combattants accomplis, ils étaient aussi initiés aux pratiques artistiques). Parfois des rites de passage, des ÉPREUVES ponctuent l'élévation d'un prétendant à un statut supérieur. Par exemple, les adolescents Masaï affrontent un lion avant d'être considérés « GUERRIERS ». Ils inspirent pour certains(es) la sécurité et véhiculent une image de puissance virile protectrice mais également une charge érotique puissante.

Les *Cartes de l'HOMME-NOUVEAU* proposent aux sportifs de se retrouver également dans la figure du GUERRIER ainsi que tous ceux dont l'agressivité est intensément mobilisée. Sur le plan psychique, l'âme du GUERRIER est conquérante, libératrice. L'énergie de l'ÉRECTION est fortement stimulée pour dépasser des limites, s'extirper de MATRICES ou conquérir de nouveaux espaces, de nouvelles libertés.

L'homme en quête est un GUERRIER du *Soi* et la bataille qu'il mène est en lui-même. Divisé entre son ego (le petit « moi ») qui prétend à la toute-puissance et le *Soi* (la petite partie du *Grand-Tout* qui constitue son essence), il a choisi son camp. L'ego tend à l'éloigner de l'expérience de l'unité intérieure, aussi concentre-il donc toute son énergie pour le vaincre. L'HOMME-NOUVEAU, dans sa quête spirituelle est assidu à l'entraînement : il suit une DISCIPLINE, une pratique et s'appuie sur des enseignements pour débusquer et terrasser ses adversaires intérieurs.

Le GUERRIER est une figure qui présente des aspects très noirs quand ses énergies ne sont pas canalisées : cruauté, maltraitance, sadisme... Aussi certains préfèrent éviter la confrontation avec eux-mêmes : ils nient le GUERRIER qui les habitent. D'autres refusent toutes relations conflictuelles par peur de l'autre ou d'eux-mêmes. Cependant, transcendées, ces pulsions deviennent des richesses après une grosse lutte avec soi-même.

L'interdit du meurtre est fondateur de l'humanité. Cette Loi est, bien sûr, respectée par l'Homme-Nouveau. Mais la colère et l'agressivité qui habitent chacun de nous, sont des sentiments qui mènent à l'affirmation de soi, quand leur expression est bien maîtrisée. On raconte que Bodhidharma, le fondateur du Bouddhisme Chan, apprit aux moines de Shaolin les techniques du Kung Fu pour relier le travail du corps et celui du l'esprit. En alliant sa puissance à la compassion, le Guerrier s'engage totalement sur le chemin de l'Homme-Nouveau.

Dans une consultation

Le Guerrier invite le consultant à entretenir sa puissance physique mais aussi mentale (son agressivité) pour repousser des limites, gagner de l'espace intérieur ou sortir de Matrices. Le Guerrier est la lame de l'affirmation de soi.

Sur le chemin de l'Homme-Nouveau, l'ennemi est à l'intérieur mais l'affirmation de soi passe parfois par le conflit. Le fuir serait une erreur. Le respect de soi autant que le respect de l'autre sont les Lois de la vie. Il s'agit ici de canaliser l'agressivité afin d'éviter qu'elle se transforme en violence.

Selon le consultant, et à l'appui des autres lames tirées, l'oracle délivre un conseil de *désinhibition* ou *a contrario* de contrôle et de canalisation de l'agressivité.

Le Stratège

Maître de la *Voie du Combat* : la planification

Voie du Combat : l'Affrontement
Courage, agressivité, risque

Pratique recommandée par la Voie du Combat : les Arts martiaux

Le STRATÈGE est un chef de guerre. Intelligent et expérimenté, il se sert de sa compréhension et de son expérience pour conduire des armées à la victoire ou gérer une crise, un conflit ou encore pour préserver la paix. Aujourd'hui, on rencontre principalement les STRATÈGES aux commandes d'entreprises ou d'équipes sportives, ou bien à la tête de groupes divers qui sont associés vers un but commun.

Le STRATÈGE a su allier la force et le courage du CHASSEUR et du GUERRIER à l'intelligence et à la raison. EXPERT dans le domaine de l'affrontement, il sait que gagner ou perdre une bataille n'est qu'un événement dans le combat de la Vie et son expérience lui a appris que la puissance seule ne garantit pas la victoire. Souvent, la ruse et la maîtrise du « facteur temps » déterminent la victoire si bien que le STRATÈGE réfléchit. Comme un champion de jeu d'échecs, il prend du recul pour jauger son adversaire, évaluer les forces et faiblesses en présence. Il planifie et anticipe les actions des autres, alors que le simple tacticien gère les situations au présent. De son discernement et de sa capacité à savoir distinguer parmi l'ensemble des possibles les stratégies gagnantes, dépendent la survie de son clan, de son entreprise, de sa cité, voire de sa nation.

Le Stratège cherche avant tout à construire plutôt qu'à gagner ou à vaincre. Les victoires à la *Pyrrhus*[1], ne l'intéressent pas ! Lorsque c'est possible, il préfère mener des stratégies *gagnant-gagnant* qui permettent à chacun de trouver une situation avantageuse en coopérant. Si ce n'est pas le cas, il s'évertuera à empêcher l'autre de prendre l'avantage sur lui. Il déjouera ses pièges, cherchera à le prendre à son propre jeu, et acceptera le combat s'il est nécessaire.

Certains Stratèges, très cérébraux, perdent leur humanité quand ils considèrent les autres comme de simples pions à leur service. Trop de stratégies et de planifications, trop de techniques et de calculs nuit à la relation et dénie la sensibilité. Négation de l'intérêt commun, manipulation, irrespect de l'individualité, indifférence à la souffrance ou encore pire, orgueil et prétention à la « toute-puissance », voilà des pièges qui guettent le Stratège qui adhère au précepte suivant : « *la fin justifie les moyens* ». Engagé dans la course à la domination, revendiquant une suprématie, il risque d'y perdre son âme et de s'engager dans une impasse qui mène loin du chemin de l'Homme Nouveau.

Dans les *Cartes de l'Homme-Nouveau, l'homme en quête* adopte et respecte les Lois de la vie et des hommes. Dans toute situation, il applique les mêmes règles du jeu : respect de Soi, respect de l'autre, intégrité, franchise et honnêteté ! Et en position de Stratège, il proscrit de son comportement toutes manipulations et ruses. Son but n'est pas de gagner contre l'autre ou d'être le meilleur. Il repousse seulement les assauts de son adversaire pour pacifier la relation. L'Homme-Nouveau est un homme de parole qui ne peut tricher ou être hypocrite parce qu'il respecte l'humanité et ses valeurs. Ce qu'il dit, il le fait avec tout son Cœur.

1. Pyrrhus était un guerrier et Stratège grec, célèbre par sa victoire sur les Romains alors que ses lourdes pertes ont fait ressembler sa victoire à une défaite..

Dans une consultation

Lame de réflexion, de décision, de direction, le STRATÈGE invite le consultant à prendre ses responsabilités dans les conflits et les situations qui l'entourent, à faire preuve d'intelligence et de calcul sans toutefois perdre de vue les aspects humains.

L'HOMME-NOUVEAU agit avec noblesse, il n'est ni manipulateur ni hypocrite. Le consultant est donc convié à la franchise, à l'intégrité, à l'honnêteté, au respect de l'Autre ainsi qu'à respecter les règles du jeu. L'être conscient, en chemin vers l'expérience profonde de lui-même, obéit aux LOIS des hommes comme à celles de la Nature.

VOIE DE L'AVENTURE

L'Explorateur
apprenti de la *Voie de l'Aventure* : la découverte

Voie de l'Aventure : la Quête
La curiosité, l'ancrage, l'expérience

Pratique de la *Voie de l'Aventure* : les Discours spirituels ; Satsang

L'EXPLORATEUR est poussé par la quête de l'inconnu et son goût de l'aventure. Il aime les vents qui le poussent vers de nouveaux rivages. Pour lui, l'inconnu est plus riche de perspectives que le connu, car ce dernier a un défaut : c'est d'être « connu », justement. L'herbe des contrées à découvrir est par essence plus verte que celle dont on connaît déjà la couleur. Cette curiosité insatiable et ce goût de l'inaccoutumé le poussent à franchir de nouvelles limites, à sortir des sentiers battus.

Dynamique, l'esprit de l'EXPLORATEUR est tourné vers le risque. Il ose découvrir des espaces peu fréquentés. Il tourne délibérément le dos à ce qui est balisé et rassurant pour se confronter à des conditions de vie inhabituelles et s'immerger dans la culture du pays visité, porté par sa curiosité, prêt à s'étonner et à s'émerveiller.

La figure de l'EXPLORATEUR ne concerne pas seulement les voyages, elle s'exprime aussi dans tous les domaines : création artistique, recherche intellectuelle, quête de l'autre, du divin. Autant de sphères qui nécessitent de prendre des risques, de rechercher l'originalité et l'inattendu. Autant de qualités masculines qui permettent de sortir de la sécurité de la MATRICE pour se confronter aux MYSTÈRES de l'existence et de la conscience. C'est une attitude intérieure.

Même si, par inconscience, certains prennent des risques inconsidérés pour vivre des sensations fortes, un voyage se prépare : le but du voyage, les moyens de transport, les lieux d'accueil, les affaires à emporter, les ressources dont on disposera, etc. C'est pourquoi l'EXPLORATEUR, malgré son goût de l'aventure, délivre également un message de prudence. Il mesure les risques et s'y prépare dans une démarche d'ouverture à l'inconnu. Il connaît les LOIS d'un voyage bien préparé : connaître un minimum les us et coutumes des pays qu'il visitera ; emmener le nécessaire à sa survie, etc.

Un écueil de l'EXPLORATEUR serait de rechercher la nouveauté pour elle-même et de ne pas trouver le plaisir et le bonheur sans prise de risques inconsidérés ; certains EXPLORATEURS sont dépendants aux montées d'adrénaline. Sur le chemin spirituel, même la quête peut un jour devenir un obstacle à la réalisation du *Soi* quand l'excitation suscitée empêche de s'engager vraiment dans une pratique

D'autre part, l'aventure et l'inconnu effraient parfois ceux qui cherchent la sécurité, la tranquillité et la paix. La nouveauté les insécurise et les voyages leur font peur. Un simple déplacement peut être une cause de soucis, et l'étranger un danger. Un travail sur la confiance en soi, en l'autre et en la vie sera alors le premier pas à entreprendre : demander conseil, se faire accompagner d'un GUIDE et se lancer ! D'autres enfin, par paresse ou goût du confort restent accrochés à une MATRICE qui les inhibe.

Dans un tirage

L'EXPLORATEUR invite le consultant à se lancer en confiance dans l'inconnu, à cultiver sa curiosité et à partir à l'aventure de la quête spirituelle. Les MYSTÈRES de la vie sont nombreux. Il est engagé à découvrir et à oser mais la prudence doit rester de rigueur.

La vie est un voyage permanent, les paysages défilent : certains plaisent, d'autres moins et les expériences nourrissent la maturité de l'être.

Cette lame incite au changement, à l'ouverture sur d'autres choses que l'habituel ou bien à rencontrer des inconnus, des étrangers ou encore à modifier son cadre de vie et s'ouvrir à de nouvelles dimensions. La spiritualité vraie prend racine dans l'attitude exploratrice des MYSTÈRES de la vie.

Le Nomade
compagnon de la *Voie de l'Aventure* : le détachement

Voie de l'Aventure : la Quête

La curiosité, l'ancrage, l'expérience

Pratique recommandée par la _Voie de l'Aventure_ : les Discours spirituels ; Satsang

Les NOMADES sont épris de liberté. Sans cesse en quête de nouveaux espaces, de nouveaux paysages, ils restent peu de temps au même endroit. Ce sont des « professionnels de la route ». Ils vivent comme le vent, portés dans une direction puis dans une autre. Ils ne s'attachent à aucun lieu, aucune personne et, seule, l'inspiration les porte, ce qui provoque des rencontres improvisées, pleines de richesses inattendues.

Sans attaches matérielles ni affectives, le NOMADE ne possède presque rien. Juste le nécessaire à sa subsistance. Le reste lui paraît superflu et alourdit son pas, si bien qu'il ne conserve presque rien. Il se contente de ce qui est là, sans être affecté ou incommodé par le manque de confort et l'insécurité de certaines situations. Les biens matériels, les engagements affectifs et les plans de carrières ne le préoccupent pas : aller de l'avant, au bout du monde et, repartir dans une autre direction ; voilà son but. Alors, le NOMADE connaît bien des pays, et il en a vu de toutes les couleurs ! C'est un vrai baroudeur, un homme d'expérience habitué à la prise de risques, que l'habitude du voyage rend débrouillard en toutes circonstances. Il s'adapte à tout, pourvu que ça bouge.

Les NOMADES voyagent souvent en groupe et cultivent l'entraide en toutes circonstances. Il est connu que leurs tables sont toujours prêtes à accueillir un visiteur de dernière minute. Vivre en terre inconnue stimule la convivialité.

L'écueil de certains NOMADES est de croire que la vérité et le bonheur se trouvent toujours plus loin, là-bas, et que la paix demeure aux confins de cet infini. Finalement, attachés au mouvement du voyage, ils préfèrent errer de pays en pays plutôt que de s'installer et de construire dans un endroit précis et limité. Ils détestent le calme de la sédentarité. Pour ceux-là, l'ancrage est synonyme de prison et le voyage d'infini, d'espoir et de liberté. Le rejet de l'immobilisme est parfois nourri par un goût de la découverte et du changement associé au rejet de la stabilité. L'attachement à un lieu, à une activité ou à quelqu'un peut faire peur ; c'est ce qui pousse certains à remettre sans cesse leur sac à l'épaule. En tous cas, le NOMADE est tellement attiré par le mouvement qu'il en devient esclave.

Le Bouddha parlait de l'impermanence : impermanence des situations, des sentiments et des états intérieurs, comme étant une facette de la réalité. Sa contemplation serait une clé de l'éveil spirituel parce qu'elle confronte au MYSTÈRE de la MORT. Sur le chemin de l'HOMME-NOUVEAU, nous sommes tous des NOMADES car l'impermanence pousse chacun à évoluer, à explorer de nouveaux espaces. La sagesse est d'accepter les transformations et nouveautés que créent le destin et le temps, même celles imposées au corps. Mais certains ont peur que rien ne change, et s'impatientent au bout de cinq minutes de station immobile ; alors que d'autres, au contraire, ont peur du changement et s'accrochent à tout ce qui peut les rassurer et les stabiliser. L'attachement est inutile et même nocif pour ceux qui fréquentent la route de l'HOMME-NOUVEAU. Cependant, au quotidien, l'engagement et la stabilité facilitent le travail intérieur. Ils sont nécessaires pour repérer les attachements et travailler sur Soi. Les touristes trop peu engagés dans la démarche spirituelle sont déçus des « fruits » qu'ils ramènent de leurs voyages.

Dans un tirage

Le consultant qui tire la lame du NOMADE reçoit plusieurs messages complémentaires. L'oracle préconise, dans un premier temps, de sortir de l'immobilisme, de la paresse, d'induire du mouvement et une dynamique dans sa vie. Il lui est conseillé de bouger, de se remuer, de changer d'air, d'ouvrir son espace et ses perspectives. Changer de lieu ? Voyager ? En tout cas, se détacher, changer ses habitudes ou se libérer des liens toxiques qui l'empêchent d'évoluer. Le NOMADE, inversement, met en garde celui qui chérit sa liberté de façon excessive. Un engagement dans une démarche spirituelle impose de la constance et un minimum de stabilité. Cultiver « l'espoir du lendemain » cache souvent la fuite du présent.

Le NOMADE invite également à la convivialité, à faire la fête et à induire de la légèreté dans ses relations.

Le Guide

maître de la *Voie de l'Aventure* : la direction

Voie de l'Aventure : la Quête
La curiosité, l'ancrage, l'expérience

Pratique recommandée par la *Voie de l'Aventure* : les Discours spirituels ; Satsang

La figure du GUIDE, maître de la *Voie* de l'Aventure, représente la capacité à conduire, à mener une personne ou un groupe, à montrer le chemin. Le GUIDE n'explore plus : il connaît le chemin. Son expérience des pièges et des dangers qui le parsèment l'autorise à stimuler chacun à dépasser ses limites, tout en préservant la sécurité de tous.

Le GUIDE sait prendre des risques quand il n'engage que lui-même mais il redouble de vigilance lorsqu'il assume la responsabilité de la guidance. Car son désir de partager ce qu'il connaît est pondéré par l'observation, la réflexion et l'expérience. Et parce qu'il mesure sa responsabilité et connaît ses propres limites, il reste prudent et prévoyant en évaluant les capacités de ceux dont il a la charge qu'il protège des imprudences liées à l'enthousiasme des néophytes ou des inconscients.

Des GUIDES existent dans tous les domaines d'activité : le guide de haute montagne, le mentor spirituel, le leader d'entreprise, etc. Tous font preuve de souplesse mais aussi de fermeté, de passion et de compétence ainsi que de tolérance pour ceux qu'ils conduisent. Visionnaires, ils font traverser les tempêtes sans écouter les « Cassandre » qui promettent le pire. Sages, ils écoutent les conseils des EXPERTS et les recommandations des anciens (les GRANDS-PÈRES). Compétents et à l'écoute des aspirations et demandes de ceux qu'ils mènent, les GUIDES induisent la confiance. Si bien que ceux qui suivent un vrai GUIDE gagnent en autonomie et deviennent plus confiants en leur propre capacité.

Socialement, certains GUIDES, « meneurs d'hommes », entraînent ceux qui les suivent à servir leurs propres intérêts, au lieu de se mettre au service de la collectivité. D'autres, trop préoccupés d'eux-mêmes et de leurs motivations n'écoutent personne et tentent d'imposer leur point de vue et leurs objectifs. D'autres encore sont excessivement autoritaires. Presque maniaques, ils ne tolèrent ni l'opposition ni le moindre écart à leurs exigences. Ce sont là les trois principaux écueils de ceux qui confondent guidance, autoritarisme et manipulation.

Sur la route de l'HOMME-NOUVEAU, c'est la connexion à l'*Être* et la *Connaissance* de l'aventure intérieure qui crée le GUIDE et il n'est pas besoin d'être un MAÎTRE pour cela. Chaque être humain a un vécu, une expérience de vie, des réalisations de bonheur à partager pour le profit de tous. D'ailleurs, lorsque nous sommes connectés à notre propre MAÎTRE intérieur, nous sommes tous des GUIDES les uns pour les autres. Certains GUIDES spirituels ont une écoute réconfortante et donnent de bons conseils comme le font bien des PROFESSEURS de techniques d'introspection (yoga, taï chi chan, etc.).

Parfois, le GUIDE donne aussi des conseils à ceux qui s'intéressent aux MYSTÈRES de la vie. En effet, l'HOMME-NOUVEAU cherche à aborder ces territoires inconnus. Depuis longtemps en quête de percer les secrets de la vie et du bonheur, il connaît certaines embûches et des LOIS qui réglementent son approche : des pratiques mais aussi des fonctionnements à éviter, etc.

Dans un tirage

Le Guide invite à prendre des initiatives pour le bien collectif et à partager son expérience. Ici, la réalisation en groupe est soulignée : responsabilité, écoute, participation et contribution à la réalisation du projet commun. La priorité est donnée au groupe, parfois au détriment du projet personnel.

Le consultant est invité à s'exercer à la Sagesse et à la communiquer à son entourage.

Dans un tirage, le Guide s'associe facilement aux autres cartes. Lorsque ce sont des lames de maîtrise, cela amplifie la dimension de leader : l'élaboration de projets avec le Bâtisseur, les choix « politiques » et les affaires avec le Stratège ou le Roi, les initiatives écologiques et humanitaires avec le Paysagiste et le Mécène, etc.

VOIE DE LA TECHNIQUE

Le Commis
apprenti de la *Voie de la Technique* : la tâche

Voie de la Technique : l'Outil
Le savoir-faire, la réalisation, la transformation

Pratique recommandée par la _Voie de la Technique_ : Alchimie, Franc-maçonnerie

La carte du COMMIS représente l'apprenti, le travailleur au savoir et à l'expérience limités. On lui confie des tâches relativement ingrates et il répond avec humilité aux requêtes de ses supérieurs. Le COMMIS est astreint à obéir, car la structure sociale environnante, le devoir, l'obligation ou la survie le contraignent à réaliser un travail souvent pénible. Ces tâches peu valorisantes apprennent également au COMMIS les bases de son futur métier. Plus tard, sans doute, deviendra-t-il ARTISAN, compagnon, ouvrier spécialisé. Il sera peut-être même EXPERT dans son domaine. En acquérant une expérience suffisante et en exerçant son travail avec application et modestie, il prépare son avenir.

Le COMMIS nous habite tous. Chacun est confronté, plus ou moins souvent, à des activités déplaisantes, ou à tenir une place peu valorisée. Et souvent, quand nous débutons une activité ou une pratique, nous sommes le COMMIS, affecté aux basses besognes. Qui n'a jamais été le « bizut », le « bleu », le débutant ? Il s'agit réellement d'une ÉPREUVE, car cela demande humilité et confiance. Notre orgueil avide de considération et de pouvoir est malmené !

L'ego ne voudrait accomplir que des tâches nobles et valorisantes et éviter les tâches rudes et pénibles. En prenant volontairement le statut de COMMIS, chaque fois qu'il se surprend mené par son orgueil, l'HOMME-NOUVEAU favorise son évolution spirituelle.

Dans les *Voies* traditionnelles et initiatiques, le COMMIS doit garder le silence et suivre à la lettre les règles de l'Ordre. C'est une ÉPREUVE que tous les « apprentis » subissent, quels que soient leur âge, position sociale et leur vécu. Ils sont là pour apprendre des initiateurs. La pratique du Zen, dit-on, commence en balayant la salle et en lavant les assiettes, non pour humilier le débutant, mais pour qu'il reçoive, à sa juste valeur, la lumière que transmettra le MAÎTRE. L'espoir de changer de statut motive le COMMIS à se dépasser.

Le COMMIS parfois se contente de son statut. Manquant d'ambition et de prétention, il semble considérer sa position irrémédiable. Et il se soumet à son destin sans même imaginer mériter plus. Peut-être a-t-il manqué de mise en valeur dans son enfance ? On bien est-il un déprimé chronique ? Si les motivations existentielles ne sont pas obligatoires pour prétendre au bonheur, l'élan et l'aspiration à s'améliorer mobilisent le dynamisme de *l'homme en quête*.

Certains COMMIS refusent les responsabilités, que ce soit en objectant un manque de capacité ou un contexte défavorable. La facilité, le confort et l'habitude nuisent à la démarche de celui qui veut devenir responsable et créateur de sa vie.

L'HOMME-NOUVEAU apprend de chaque situation. Il accepte son destin, même quand les situations sont pénibles ; sans subir. Il implique ainsi son CŒUR et investit ses efforts dans l'amélioration de ses conditions de vie ainsi que de ceux qui l'entourent. Son aspiration déborde des objectifs existentiels. Cependant, son discernement, fondé sur le Sens qu'il donne à sa vie, l'aide à repérer ce qui n'est pas tolérable.

Car l'HOMME-NOUVEAU se respecte autant qu'il respecte les autres et il participe à la transformation du monde.

Dans un tirage

La lame du COMMIS délivre un message d'humilité. Le consultant est convié à redevenir un apprenti : peut-être d'accomplir des tâches peu valorisantes et d'accepter les conseils et les directives de ceux qui sont plus avancés que lui.

Cette carte dispense aussi un message d'espoir : l'évolution est toujours possible, patience ! Rien ne dure... des opportunités se présenteront tôt ou tard. En attendant, il s'agit simplement de s'enrichir du présent et de transcender son ego.

Pour ne plus subir des circonstances pénibles qui mènent parfois à la dépression, l'oracle propose d'adhérer à ce qui Est, de tout son CŒUR. L'HOMME-NOUVEAU donne un Sens spirituel à chaque situation.

L'Artisan
compagnon de la *Voie de la Technique* : le travail

Voie de la Technique : l'Outil
Le savoir-faire, la réalisation, la transformation

Pratique recommandée par la *Voie de la Technique* : l'Alchimie, la Franc-maçonnerie

L'ARTISAN, dans les *Cartes de l'HOMME-NOUVEAU,* caractérise l'homme compétent et investi dans le domaine d'activité qu'il s'est choisi. Il aime la technique, le travail, et exerce son métier avec plaisir. Il a prouvé son savoir-faire, sa compétence, et sa valeur est reconnue par tous, aussi on fait facilement appel à lui en cas de besoin.

Pratique, efficace et astucieux, bricoleur parfois, l'ARTISAN s'investit corps et âme dans son domaine d'activité. Son métier est la priorité de sa vie. Parfois il dirige une équipe avec laquelle il entretient des liens purement professionnels, très axés sur la technique, les tâches à accomplir ou les perspectives de contrats à venir. Le milieu rugueux de son univers manque de sensibilité, de douceur, mais peu lui importe, car sa priorité n'est pas la relation mais l'efficacité.

Le plaisir du travail bien fait, l'intérêt pour son domaine d'activité, le désir de satisfaire ceux qui utilisent ses compétences, et son aspiration à se perfectionner, sont ses principales motivations. On le sait fiable ; on peut compter sur sa capacité à résoudre les mille et un petits problèmes pratiques qui ne manquent pas de se poser, car il ne compte ni ses heures ni son effort pour que le travail soit accompli.

La carte de l'ARTISAN représente ainsi l'homme entièrement tourné vers l'activité, la tâche, la résolution de problèmes pratiques. Chacun aime parfois se plonger corps et âme dans une activité passionnante, être totalement concentré au point d'exclure tout le reste, même l'entourage amical ou familial. Le risque de se couper des autres, de s'exclure des relations au profit de l'activité est courant. Pour l'ARTISAN : « le travail d'abord ! ». Ponctuellement cela n'entraîne pas de conséquences. Mais s'il écourte ses vacances pour le besoin de l'entreprise, ramène chez lui des dossiers et reste connecté très tard à son écran d'ordinateur pour travailler etc., et si cela devient une habitude, il prend le risque de s'exclure de la vie familiale et relationnelle. Alors l'intériorité, l'affectivité, la sensibilité et le rapport à l'autre et à *Soi* passent au second plan. L'identification à son activité, l'ambition personnelle mais aussi la peur de manquer et quelquefois la reconnaissance du patron ou de la clientèle prennent ainsi toute la place.

Travailler bien sûr. Mais dans quel but ? L'activité excessive masque souvent une angoisse existentielle ou métaphysique qu'il conviendrait de regarder en face. L'HOMME-NOUVEAU, en quête de réalisation du *Soi* inclue l'activité, la relation et aussi la quête du sens de la vie. C'est aussi ce qu'enseignent toutes les voies traditionnelles fondées sur le travail et l'Œuvre : Alchimie, Compagnons du Devoir, Francs-maçons, le Zen, etc.

Dans un tirage

La lame de l'ARTISAN met l'accent sur les activités du consultant. Elle l'invite à approfondir ses compétences. Mais au-delà de l'efficacité, du perfectionnement et de l'application, cette carte rappelle au consultant que le travail n'est qu'une des facettes de l'existence.

La lame de l'ARTISAN est une lame très masculine qui privilégie, parfois excessivement, le but au détriment de la manière et de la relation. Elle invite le consultant à veiller à un juste équilibre entre activité et vie relationnelle et intérieure ; le corps, les sentiments et l'intention.

La sensibilité, la passivité, la douceur et la réceptivité s'accordent à l'action, à la réalisation et à la volonté pour « alchimiser » le masculin et le FÉMININ. La symbolique du yin et du yang exprime, elle aussi, un message d'inaction dans l'action et d'action dans l'action.

Le Bâtisseur
maître de la *Voie de la Technique* : la construction

Voie de la Technique : l'Outil
Le savoir-faire, la réalisation, la transformation

Pratique recommandée par la *Voie de la Technique* : l'Alchimie, la Franc-maçonnerie

Le BÂTISSEUR aime se confronter aux MYSTÈRES de la Nature, dans la matière, pour incarner ses projets, les réaliser et leur donner une place utile dans son environnement. Le mot « BÂTISSEUR » renvoie évidemment à la construction d'immeubles, mais, chacun à son niveau et à l'image du « *Grand Architecte de l'Univers* », est concepteur et réalisateur de sa propre existence. Construire sa vie selon ses goûts, ses aspirations mais aussi ses possibilités est un challenge commun.

Bâtir sa vie n'est pas chose aisée, quels que soient les lieux, les circonstances de vie et l'époque. Réussir une vie de BÂTISSEUR nécessite d'intégrer les qualités du RÊVEUR : la conception ; certains aspects de l'EXPERT : l'excellence de compétences pratiques ; ainsi que différentes facettes relationnelles exprimées par le PÈRE, le SERVITEUR et le GUIDE pour gérer des groupes ou des équipes.

Pour beaucoup, travailler pour un patron, une entreprise ou une institution paraît moins motivant que d'être à son compte. Le travail est souvent une activité alimentaire et le fruit du travail, pour la plupart des humains, assure la survie, apporte du confort. L'ego est valorisé lorsqu'une reconnaissance extérieure vient ponctuer les réalisations. La liberté d'action, la créativité et l'engagement génèrent des satisfactions supplémentaires. Mais les plaisirs retirés du travail sont magnifiés lorsqu'une intention transcendante ponctue chaque journée.

Symboliquement, dans les *Cartes de l'Homme-Nouveau*, la lame du Bâtisseur évoque l'architecture et la construction Sacrées. Le Bâtisseur (quand il s'engage à la fois dans les domaines matériel, humain et spirituel) donne du Sens à sa vie. Et le Sens est indépendant de la « grandeur » de l'action. La différence entre la tâche, le travail et l'*Œuvre* est créée par l'intention. Chacun est libre de s'impliquer plus ou moins et d'attendre tel ou tel bénéfice de son travail comme de sa vie. Le Bâtisseur souligne la qualité d'engagement.

L'Homme-Nouveau, dans son travail quotidien comme dans les autres domaines de son existence, investit son Cœur. C'est ainsi qu'il peut accomplir son *Œuvre* personnelle et contacter la dimension de l'*Être*. En effet, il est conscient d'être une manifestation du *Créateur* de l'Univers et il agit avec gratitude et amour pour marquer sa reconnaissance. L'Homme-Nouveau perçoit les êtres et les choses comme étant, elles aussi, des manifestations du *Grand-Tout* et il lui prouve son respect en engageant entièrement son *Être*.

Certains Bâtisseurs veulent briller et laisser leur nom à la postérité ou ne s'investissent que dans des projets lucratifs. Ceux-là, par avidité, par mégalomanie ou par orgueil s'éloignent du chemin de l'Homme-Nouveau.

Dans un tirage

Le consultant qui tire la carte du Bâtisseur reçoit l'indication que son chemin spirituel passe par un investissement pratique, dans la matière : pragmatisme, incarnation, engagement. Il est temps de passer à l'acte, d'incarner les idées, de faire des projets concrets et de les mener à terme en investissant son Cœur.

Tirer la lame du BÂTISSEUR induit également l'idée de codépendance : les grands projets ne peuvent se mener seul. L'aide et la collaboration sont requises.

Chacun construit sa vie mais nous construisons tous ensemble des projets collectifs, ou de société. Peut-être est-ce le temps pour le consultant de s'engager davantage socialement, ou dans un chemin spirituel, afin d'évoluer sur la *Voie* de l'HOMME-NOUVEAU. Le choix des engagements, la manière de réaliser et leurs motivations sont soulevés ici. Le consultant est invité à donner du Sens à ses activités.

VOIE DE LA FAMILLE

Le Fils

apprenti de la *Voie de la Famille* : l'appartenance

Voie de la Famille : l'Exemple
La sécurité, les racines, la reproduction

Pratique recommandée par la *Voie de la Famille* : le Culte des Ancêtres

En général, tous les FILS désirent devenir des Hommes : se sentir homme et ensuite PÈRE. C'est une réalisation logique et naturelle. Pourtant ce n'est pas facile de le devenir. Il ne suffit pas d'avoir un pénis et des couilles pour se sentir homme, ni d'être géniteur pour être PÈRE. Ce n'est pas non plus parce qu'on a eu l'exemple d'un PÈRE et d'un GRAND-PÈRE que l'on se sent être des hommes, comme eux.

Et puis, une partie de nous restera FILS toute la vie. Les situations « échos » de ce statut particulier ne manquent pas au cours de l'existence. Il est donc très important d'en comprendre les enjeux et de réparer ce qui doit l'être pour évoluer plus facilement sur la *Voie* de la conscience, afin de se rallier à la filiation de l'HOMME-NOUVEAU.

Pour adhérer consciemment à la lignée familiale, il y a des étapes à franchir. Le rôle des PÈRES est de séparer leurs FILS de leur mère[1], afin qu'ils s'émancipent d'une relation

1. Il existe, dans certaines sociétés tribales, des rituels de passage où les garçons, jeunes adolescents, sont séparés des mères et des femmes pour leur faciliter l'accession au statut d'homme. Confrontés aux hommes de la tribu, ils traversent des épreuves validant leur statut et autorisant leur appartenance au clan des hommes.

fusionnelle archaïque. Mais le FILS doit admettre que son PÈRE agit pour son bien. Son but n'est pas de l'empêcher, par jalousie ou autre, de profiter du confort du giron maternel. Et le FILS doit l'accepter et se soumettre à la LOI de son PÈRE même si parfois ce dernier lui impose des frustrations ou une DISCIPLINE dérangeante. Cela le préparera à la confrontation aux MYSTÈRES et aux LOIS de la vie !

En contrepartie, le FILS a besoin d'être reconnu par son PÈRE pour sa valeur, et non pas uniquement pour son « bien faire » ou son obéissance. Être aimé dans ses différences fonde le respect, l'humanité et l'amour, qui sont au cœur d'une relation « PÈRE-FILS » réussie. Alors ce sera facile pour lui d'admettre son appartenance à la lignée. Dans le cursus de sa structuration, le FILS passe par le conflit avec le PÈRE, l'autorité. Lorsque son besoin de reconnaissance est assouvi, le FILS peut se rebeller, se confronter pour se mesurer, donc s'évaluer, puis s'identifier à son PÈRE.

Ensuite, adulte, il est courageux de s'émanciper des MATRICES ou de remettre en cause le fonctionnement d'une institution (familiale ou autre) mais à condition que cela soit à bon escient. Par exemple, pour améliorer une situation, mais sans rester focalisé sur ses petits intérêts personnels, ou pour contester systématiquement la validité du PÈRE. Sinon, les réactions d'opposition systématiques créent de la dualité et entraînent de l'ACCUSATION parfois jusqu'au désaveu.

Certains FILS, devenus adultes, se sentent différents, marginaux, mal intégrés. La juste confrontation au PÈRE leur a manqué. Ils se construisent alors en réaction et non pas en adhésion : ne pas être « ceci » ou « cela », être contre, ne pas vouloir ressembler à... etc. Voilà une façon de se construire une identité REBELLE, non productive.

On ne choisit pas sa famille. Parfois des conflits graves créent des traumatismes au sein de celle-ci, et cela provoque des prises de distance inévitables vis-à-vis de la lignée. La quête d'une autre filiation plus adéquate répondra aux aspirations profondes du FILS. Ainsi, certains restent en quête perpétuelle de reconnaissance de toutes personnes représentant une figure paternelle. Ils attendent sans cesse des félicitations de leur patron ou de l'autorité, devant lesquels ils se sentent parfois pétrifiés et impressionnés au point même de perdre leurs moyens, de bafouiller, etc. D'autres adhèrent à de nombreux groupements, associations, partis et syndicats dans lesquels ils prennent des responsabilités, ceci pour être reconnus des leaders. D'autres encore ne peuvent s'opposer à la « grande gueule » du groupe dans lequel ils évoluent. La solution proposée par l'HOMME-NOUVEAU serait de chercher un MAÎTRE, ou pour le moins de travailler un temps avec un THÉRAPEUTE qui proposera un travail réparateur. Sinon, ils resteront en quête de reconnaissance... de ce qu'ils sont pourtant : FILS et hommes à la fois et PÈRE en devenir !

Dans un tirage

Le consultant qui tire la lame du FILS est invité à cultiver l'humilité et à s'interroger sur son positionnement dans les familles, les groupes et associations dont il fait partie : adhésion aveugle, ou remise en question systématique de la validité de l'autorité du « PÈRE » et/ou de la « lignée » ? Ni l'une, ni l'autre ne sont des positionnements justes : discernement !

L'HOMME-NOUVEAU propose une filiation qui procure un fort sentiment d'identité. Chacun reste un FILS aimé de la vie, quoi qu'il arrive.

Enfin, le consultant est peut-être invité à chercher un MAÎTRE, ou à se placer en position de disciple, pour recevoir la reconnaissance dont il a besoin.

Le Père

compagnon de la *Voie de la Famille* : la protection

Voie de la Famille : l'Exemple

La sécurité, les racines, la reproduction

Pratique recommandée par la *Voie de la Famille* : le Culte des Ancêtres

Le PÈRE est un personnage important. Au-delà du géniteur, cette figure renvoie à la fonction paternelle, dans la famille ou un groupe, mais aussi en *Soi*. S'il est possible d'exister et de réussir dans la vie sans présence paternelle, il est impossible d'évoluer sur le chemin de l'HOMME-NOUVEAU sans l'avoir intégrée « peu ou prou », car le PÈRE initie à l'esprit, invite à donner du sens et pose la LOI. Il libère de la tutelle exclusive de la mère et ouvre son FILS et sa fille aux possibles de l'existence.

Le PÈRE transmet le nom mais aussi le « Non ! ». Il combine ainsi de nombreux talents complexes : GUIDE, éducateur structurant et stimulant ; autorité validante et protectrice ; dirigeant frustrant mais nourricier généreux. Il témoigne de son expérience et donne l'exemple. Soutien de famille, il encourage, accompagne et départage en cas de conflit.

Le PÈRE a été FILS en son temps ; il appartient à la lignée des hommes de la famille. Héritier de leurs valeurs, dont certaines sont fondatrices de l'humanité, il les inculque à ses enfants en apportant sa touche personnelle et en intégrant les évolutions de la société, elle-même en mouvement.

Fort du pouvoir que lui confère sa place, le PÈRE se fait respecter sans abuser de sa force, autant par ses enfants que par sa femme, quelquefois trop protectrice ou envahissante. Il pose les règles, les limites et la LOI sans brutalité, avec finesse et amour, en donnant les explications adéquates aux questions et oppositions que ses décisions suscitent. Si bien que le PÈRE aide ses enfants à s'émanciper et à sortir des MATRICES qui enferment et qui gênent leur maturation.

L'être humain en chemin vers l'HOMME-NOUVEAU est placé de temps en temps dans un rôle paternel. Des enfants, des adultes et parfois des groupes, attendent de lui qu'il compense, répare et donne l'exemple. Comme un THÉRAPEUTE, il pallie aux carences d'un « PÈRE-géniteur » absent ou déficient. L'homme en quête s'est confronté aux MYSTÈRES de l'existence si bien que les valeurs auxquelles il se rallie sont calquées sur les LOIS naturelles de l'humanité.

Investis de la fonction paternelle, certains deviennent autoritaires, confondant protection saine et contrôle dictatorial, imposant des règles trop limitantes à ceux dont ils ont la charge. Parfois c'est pour mieux les dominer ou les abuser. Alors que d'autres éprouvent des difficultés énormes pour se faire entendre. Ces derniers hésitent parfois, par peur de faire souffrir, à exiger des autres ce qui est pourtant juste. Prisonniers de sensiblerie maternelle, ils s'exposent au manque de respect et de reconnaissance et perdent petit à petit confiance en eux-mêmes.

Dans un tirage

Le consultant qui tire la lame du PÈRE est interpellé autant sur sa manière d'exercer l'autorité, et sur les moyens mis en œuvre pour tenir sa place, que sur son rapport aux personnages qui font autorité dans son entourage.

Le PÈRE est un homme responsable qui encourage, protège et valorise les moins avancés. Exemplaire, il témoigne et transmet les valeurs de l'HOMME-NOUVEAU ; il pose la LOI sans affect car celle-ci ne lui appartient pas et il la transmet fermement parce qu'elle est Juste.

Attention de ne pas glisser vers le despotisme ou au contraire dans le laxisme.

Le Grand-père
maître de la *Voie de la Famille* : la lignée

Voie de la Famille : l'Exemple
La sécurité, les racines, la reproduction

Pratique recommandée par la *Voie de la Famille* : le Culte des Ancêtres

Le GRAND-PÈRE représente le maître de la *Voie de la Famille*. Non pas qu'il soit plus puissant, plus fort que le PÈRE, mais il a une perspective plus vaste de la lignée. Et cela fait de lui un homme d'expérience ayant du recul, capable de dispenser des conseils judicieux au PÈRE de ses petits-enfants. Il a lui-même connu le temps de l'enfance, de l'adolescence, de la jeunesse, de la paternité et de la maturité. Son expérience sur plusieurs générations de la gestion familiale, et plus particulièrement de la lignée des hommes le pose en référence, garant de la transmission familiale et de la lignée des hommes. Il est une mémoire vivante de l'histoire familiale. Ses perspectives de vie sont plus courtes, il en est conscient. Cela le dégage d'intérêts personnels qui influencent les motivations égotiques. Car l'âge et la confrontation aux MYSTÈRES de la vie et de la MORT développent la sagesse et les valeurs se resserrent sur l'essentiel : l'humanité, l'amour, le Sens de la vie et la qualité de l'instant présent.

Maintenant que les responsabilités de l'éducation ne lui incombent plus, le GRAND-PÈRE cultive avec ses petits-enfants des relations plus détendues, même en cas de problèmes familiaux. Par exemple, il aime raconter des histoires et charmer ses petits-enfants dont l'INNOCENCE le remplit de bonheur. Il est souvent le lien relationnel qui adoucit l'image du masculin dans la famille.

Il n'a plus rien à prouver ni à lui-même ni aux autres. De plus, son âge le libère d'activités sociales et professionnelles ; il est donc plus disponible. L'érosion des enjeux de la jeunesse le rend plus doux, moins agressif, plus détendu et surtout réceptif. Plus FÉMININ, dirait-on, non pas que l'âge rende efféminé, mais parce que cette attitude plus tolérante et réceptive est une de ces caractéristiques. Ainsi il est souvent un bon AMBASSADEUR entre le PÈRE et le FILS en cas de conflit. Dans les *Cartes de l'HOMME-NOUVEAU*, c'est le recul, la capacité à relativiser, à soupeser avec objectivité et souplesse les aléas de la vie qui confère le statut de GRAND-PÈRE. Socialement, le GRAND-PÈRE se trouve dans une position particulière : il fait autorité sur les membres de sa famille, sans pour autant donner des ordres ou vouloir être obéi. Il est dégagé des enjeux personnels. Il est la référence. Et c'est parce qu'il est le GRAND-PÈRE que l'on a envie d'appartenir à sa famille. Par exemple, C. De Gaulle, en politique, est le GRAND-PÈRE de nos actuels gaullistes, de droite comme de gauche. Dans un autre registre, celui de l'art : André Breton est un des GRANDS-PÈRES du surréalisme alors que S. Freud est celui de la psychanalyse.

L'HOMME-NOUVEAU est souvent placé par son entourage dans une position de GRAND-PÈRE. Certains hommes jeunes, sans enfants, peuvent donc aussi se retrouver dans cette figure : ceux qu'on recherche pour recevoir leurs conseils ; ceux qu'on considère comme étant sages ou expérimentés ; ceux qui sont réceptifs et conciliants.

L'écueil de certains GRANDS-PÈRES est de refuser l'émergence d'autres autorités que la leur. Patriarches, exerçant leur pouvoir comme des despotes, ils cherchent à museler les PÈRES qu'ils prennent pour des rivaux et qui pourraient leur faire de l'OMBRE ou prendre leur place. Ayant acquis réussites et notoriété, ils refusent de passer le flambeau. La perspective d'une succession est pourtant inéducable. Autant lâcher prise, faire confiance et offrir ses services pour assurer la meilleure transmission possible.

D'autres GRANDS-PÈRES, au contraire, se désintéressent de la vie de famille pour se réfugier dans le confort et l'oubli, fuyant les conflits, les complications et la confrontation aux MYSTÈRES de l'existence. Pourtant, l'âge avançant, le GRAND-PÈRE est convié à faire le bilan de sa vie, à se préoccuper de sa MORT, à réfléchir à son testament et à programmer son héritage, afin que sa lignée perdure dans l'harmonie.

Dans un tirage

Le consultant qui tire la lame du GRAND-PÈRE est convié à faire le bilan de sa vie ou au moins d'un de ces aspects : affectif, professionnel, etc. Le temps est venu de se recentrer, peut-être de transmettre « son pouvoir » et de faire des choix pour accéder bientôt à une autre vie sûrement plus spirituelle : chercher une *Voie* ? une tradition ? En tous cas, se préoccuper des MYSTÈRES de l'existence.

Si le consultant cherche un MAÎTRE spirituel, un conseil de prudence lui est donné : un bon MAÎTRE n'exerce aucun pouvoir sur ses disciples.

VOIE DE L'ÉQUITÉ

La Victime
apprenti de la *Voie de l'Équité* : la doléance

Voie de l'Équité : la Loi
L'ordre, la justice, la paix

Pratique recommandée par la *Voie de l'Équité* : l'Observance des règles

Cette lame (comme celles du MENDIANT, du MALADE et à un degré moindre celle du SERVITEUR) nous parle d'un de nos aspects, plutôt pénible : la dépendance. Le challenge de la VICTIME est de trouver les ressources pour se faire respecter ou obtenir aide et réparation.

Qui n'a pas été ou ne s'est pas senti VICTIME un jour ou l'autre ? À tort ou à raison ! Parfois même, on se sent VICTIME de soi-même ! Notre inconscient est plus fort que nous, et nous sommes parfois aliénés à une partie de nous-mêmes que nous détestons.

Quelquefois, c'est l'autre, injuste mais plus fort que nous, qui impose sa LOI. Il lui arrive de nous causer des dommages que nous subissons, dans certains cas, jusqu'à l'effondrement.

Se faire justice soi-même, n'est jamais une solution satisfaisante. Et subir des préjudices sans réagir est suspect, car cela conforte dans la position de VICTIME. Certains en retirent une jouissance, les masochistes par exemple, mais aussi ceux qui se délectent d'être plaints : cela leur permet de se sentir importants à défaut d'être aimés ! Pour retrouver l'unicité et la paix, il semble que la meilleure attitude possible socialement soit de faire appel à un tiers, à la Loi pour obtenir réparation.

Lorsque le sentiment d'être Victime se présente trop souvent, quelque chose est certainement à comprendre et à modifier en soi. Quelle est la responsabilité de la Victime ? Cela paraît paradoxal : la Victime responsable ! (Il ne s'agit pas de culpabilité mais de responsabilité.) D'après certains sages, tout ce qui advient dans notre vie (événements, rencontres, etc.) est le reflet de ce qui se passe en nous. Être Victime révèlerait une division, un conflit intérieur qui se manifeste à l'extérieur pratiquement dans la vie : le sentiment récurrent d'être Victime attirerait des événements qu'on subirait.

Comment faire pour se sortir de là ?

Certaines « Victimes chroniques » ont subi dans l'enfance un traumatisme, dont les séquelles sont encore vivaces. Un puissant et intarissable besoin de consolation et d'amour venu du passé ressurgit à tout instant. Il s'agit alors de revisiter cette époque de la vie, pour la vider de son contenu émotionnel, et ainsi changer radicalement la perception de la vie ancrée dans l'injustice et la plainte. D'autres n'acceptent pas l'agressivité, voire la violence en eux et s'emploient à la créer chez l'autre. D'autres encore ne se respectent pas et provoquent des situations où les autres leur manquent également de respect.

Dans un tirage

Tirer la lame de la Victime est, pour le consultant, une invitation à reconsidérer en profondeur sa responsabilité dans tout ce qui peut lui arriver. Subir l'autre, son destin, ou les Épreuves de la vie, n'amène pas le bonheur. Personne n'a choisi de naître, *a priori*, mais il ne sert à rien de subir ou d'être passif. La Victime pose également avec force la question du respect de *Soi* et du respect de l'*Autre*. Enfin, cette lame propose à celui qui la tire de prendre confiance en lui-même, en sa force, en ses droits, et de faire appel à la loi en cas de besoin et de s'interroger sur la Loi.

Le Rebelle
compagnon de la *Voie de l'Équité* : la réparation

Voie de l'Équité : la Loi
L'ordre, la paix, la justice

Pratique recommandée par la *Voie de l'Équité* : l'Observance des règles

Le REBELLE est un révolté. Parfois, tel un justicier il décide de régler ses torts par lui-même. Confiant en sa force ou sa ruse, sûr de son bon droit, il a peu confiance en l'autorité qu'il considère parfois comme son ennemi ou au moins inadaptée. On retrouve l'archétype du REBELLE dans certains héros : Robin des Bois, Zorro ou bien encore chez des « résistants » à des régimes totalitaires. Le REBELLE interpelle l'autorité pour qu'elle se remette en question et réajuste certains excès qu'elle impose injustement. Il est donc parfois utile dans l'optique de l'évolution sociale.

Dans un monde où la justice se concentre entre les mains de quelques uns et n'est pas égale pour tous, le REBELLE répare parfois des injustices. Mais si le « redresseur de torts » peut s'admettre dans une société sans foi ni LOI, là où le justicier apporte un peu d'équité, elle n'a pas de place légitime dans un état de droit.

Hanté, peut-être, par des injustices subies dans le passé, le REBELLE cherche-t-il inconsciemment à les régler dans le présent ? Ou est-il simplement un être à « fleur de peau », hyper sensibilisé aux abus, iniquités et oppressions de toutes sortes ? Prisonnier des émotions, enflammé par des causes diverses, la soif de vengeance conduit facilement à devenir partisan de l'autodéfense surtout lorsque la méfiance envers l'autorité s'allie à la conviction d'avoir raison et au désir d'être le plus fort.

Être sensible aux injustices n'implique pas d'y réagir illégalement. Œuvrer dans le cadre de la Loi, et s'occuper des Victimes plutôt que de s'attaquer aux oppresseurs, n'est-il pas plus constructif ? Être animé du désir de justice est chose précieuse. En refusant d'être Témoin passif d'injustices, on est souvent conduit à se battre contre les situations inacceptables. Mais il faut prendre soin de ne pas se laisser déborder par l'ego, partisan de la Loi du plus fort et toujours prêt à se prouver sa toute-puissance illusoire.

Il arrive à l'Homme-Nouveau de se mettre en colère, quand il l'estime juste. La colère est une émotion qui ouvre les portes de l'affirmation du Soi, lorsqu'elle est maîtrisée. Mais ce n'est plus l'impulsivité ou une réactivité non contrôlée qui dicte sa conduite mais la raison.

L'écueil de tout Rebelle, en se plaçant au-dessus des lois, est de s'éloigner d'une spiritualité vraie. La justice dans notre monde n'existe pas vraiment. La Mort, les Mystères de la vie dont certains aléas peuvent être vécus comme des injustices, provoquent la révolte, la peur et la fuite. Personne n'a d'autre ressource que de les accepter mais les hommes évoluent, les lois aussi, et la perfection n'existe pas. Le Mystère de la Mort existera toujours et la Loi (universelle) est et restera la même pour tous : respect de *Soi* et respect de l'*Autre*, c'est le chemin de l'Homme-Nouveau.

Le risque majeur du Rebelle serait de glisser vers la délinquance dure et de finir par mépriser la vie de ses opposants.

Dans un tirage

Le consultant est invité à résister aux affects qui ne sont pas de bons conseillers : la révolte violente ou la vengeance. Mais une juste colère est parfois salutaire pour tous à condition de savoir doser son expression. Avant d'agir, il lui est conseillé de s'en référer à un tiers de confiance qui l'aidera à choisir des actions justes, nettoyées des émotions excessives. Le Rebelle encourage à la confiance : si sa position est juste, elle finira par emporter l'adhésion du plus grand nombre. Si ce n'est pas le cas... voilà un challenge vraiment spirituel !

Une hypersensibilité aux injustices dénote la nécessité de travailler intensément sur soi pour trouver la paix intérieure et développer en soi l'impartialité du JUGE.

Le REBELLE interroge, bien sûr, le rapport à l'autorité. Le consultant voudrait-il toujours avoir raison ou encore « n'en faire qu'à sa tête », et peu importe les autres ?

Le consultant qui a tiré le REBELLE devrait s'intéresser à l'essence de la LOI. Il en tirera une grande richesse intérieure.

Le Juge
maître de la *Voie de l'Équité* : l'impartialité

Voie de l'Équité : la Loi
L'ordre, la justice, la paix

Pratique recommandée par la _Voie de l'Équité_ : l'Observance des règles

Dans la *Voie de l'Équité*, le JUGE est le maître. Cet homme, parce qu'il sait écouter les antagonistes, connaît les LOIS des hommes, et se positionne de manière impartiale, est une référence. Il fait autorité autour de lui, car c'est pour le bien du collectif qu'il rend son verdict, même si cela va à l'encontre de ses propres intérêts ou sentiments personnels.

Entre la LOI et l'homme, il y a l'éthique. Elle humanise la LOI, qui parfois, peut paraître froide, rigide et inhumaine. D'ailleurs, la vie elle-même, à certains moments, peut nous sembler injuste. Pourquoi certains naissent avec des handicaps ou pourquoi la MORT laisse-t-elle un enfant en bas-âge sans sa mère ?

L'injustice, quoi qu'on fasse, surgit dans nos vies à un moment ou à un autre.

Entre révolte et soumission, il y a la responsabilité et l'action ; pas la réaction. L'homme ayant intégré la dimension du JUGE se positionne en écartant les émotions susceptibles d'altérer son jugement. Il garde le CŒUR ouvert, dans une position neutre mais humaine.

Le discernement est une vertu indispensable à celui qui s'engage sur le chemin de la transformation intérieure. L'objectivité n'existe pas, et plus nous prenons de la hauteur, plus la relativité de la vérité existentielle nous apparaît. « La vie a ses raisons qui ne sont pas forcément accessibles à l'homme » (pour paraphraser un célèbre penseur). Le JUGE est un personnage des *Cartes de l'HOMME-NOUVEAU* qui discerne les nuances, l'erreur de la faute. Il trouve des solutions de réparation adaptée.

Un aspect majeur de la lame du « JUGE » est le pardon. Lorsque nous sommes VICTIME d'une exaction, et que tous les recours possibles pour le rétablissement de notre préjudice ont été vains, il nous reste à pardonner. Ce serait une erreur de ressasser ou d'entretenir des rancunes et des projets de vengeance. Cela nous nuit plus qu'au « coupable » qui aura probablement oublié son méfait et sera en paix... ! Certains, placés en position de JUGE, deviennent pointilleux et exigeants, presque maniaques et autoritaires. Pourtant, l'amour et LOI ne s'opposent pas mais se complètent. La tolérance et l'ouverture du CŒUR comme de l'esprit ouvrent la porte de la compassion.

Le JUGE souligne souvent un autre aspect de la *Voie de l'Équité* : le sentiment de culpabilité que chacun d'entre nous a connu. On ne peut être à la fois « JUGE et partie » ! Et il est proprement inutile de se juger soi-même. Surtout pour des futilités. Le « sur-moi » dont parle Freud est un censeur à l'intérieur de nous-même, construit au cours de notre éducation. Il peut nous empêcher de vivre, d'entreprendre et de profiter. Le JUGE, en matière de développement personnel et de spiritualité, peut être un AMI, un confesseur ou un psychothérapeute qui nous aidera à nous pardonner nos fautes ou à nous transformer.

Dans un tirage

La *Voie de l'Équité* propose une confrontation à la LOI : la LOI intérieure, les LOIS des hommes comme aux LOIS de la Nature. Le consultant ayant tiré la carte du JUGE est encouragé à se distancier de ses émotions sans tomber dans la froideur et l'indifférence. Il est invité à se dégager des différentes influences qui pourraient altérer son jugement pour adhérer à ce qui Est et à travailler son discernement.

D'autre part, le tirage de cette lame peut être une invitation à lâcher le carcan du jugement qui bride la spontanéité. Tout ce qui ne nuit pas à l'autre, ni à soi-même et n'est pas interdit par la LOI est permis !!!

VOIE DE LA CONTEMPLATION

Le Témoin
apprenti de la *Voie de la Contemplation* : l'observation

Voie de la Contemplation : la Vacuité
Intériorité, conscience, receptivité

Pratique recommandée par la *Voie de la Contemplation* : la Méditation et le yoga

Personne ne peut contredire notre perçu, notre ressenti ou nos sentiments. Nous sommes seuls, chacun de nous, à vivre notre « *monde intérieur* » et nous avons la liberté d'en témoigner. Nous pouvons partager notre intimité.

Le TÉMOIN est un être en observation. Il voit sans agir, sans être au centre de l'action. Il reste à sa périphérie mais très présent à ce qui se passe. Il se trouve donc dans une position neutre, observant le monde (l'extérieur) en même temps que l'effet produit sur lui (l'intérieur) par l'environnement. Le TÉMOIN, lorsqu'il est bien présent à une situation, peut certifier de ce qu'il a perçu, vu et entendu et de ce qui s'est passé, ce dont il a fait l'expérience directe.

Quand un TÉMOIN est appelé à témoigner, dans un procès par exemple, pour rendre compte d'un événement, il décrit mais ne porte pas d'ACCUSATION à partir de ce qu'il a vu et entendu. Ce n'est pas lui le JUGE qui discerne le bien du mal, qui a raison ou tort, ni même ce qui est vrai ou faux. Fidèle à sa subjectivité, le TÉMOIN rapporte les faits, les événements ou les sensations tels qu'il les a perçus. Et le JUGE, lui, l'écoute pour porter son jugement. C'est pourquoi la parole du TÉMOIN est si importante. Pour être « sacrée », elle doit être vraie et sincère. Ne dit-on pas « je te donne ma parole » pour valider sur l'honneur la vérité de nos propos ou d'un engagement ?

Le TÉMOIN est un homme de parole, honnête, sincère et fidèle à son expérience de vie. Un témoignage de bonne foi atteste de la vérité ou au moins de la sincérité du TÉMOIN. Personne ne peut le contredire sauf si les actes du TÉMOIN ou des contradictions dans ses propos ou encore des témoignages opposés prouvent sa mauvaise foi : un mensonge ? Ou bien subjectivité projective ou encore sa folie : hallucination ? Cependant, l'objectivité d'un témoignage est relative. En effet, le TÉMOIN parle de « son point de vue » (au sens propre et figuré) si bien qu'un témoignage est toujours à prendre avec circonspection.

Dans les *Cartes de l'HOMME-NOUVEAU*, présent, ancré directement dans le réel, le TÉMOIN reste vigilant et ouvert à ce que la vie lui propose de sentir, sans jugement ni censure, ni attente. Mais sa position présente plusieurs écueils. Certains se placent totalement à l'extérieur, en simples spectateurs, et ils regardent tout ce qui advient comme s'il s'agissait d'un spectacle, sans vouloir s'impliquer. La vie devient virtuelle, vécue comme au travers d'un média, d'une mise en scène, d'une représentation qui fait écran avec la réalité. Dans ce cas, le TÉMOIN risque de devenir RÊVEUR de sa vie, de rester observateur ou critique là où il faudrait agir. Car il est un temps pour être TÉMOIN, un autre pour être acteur, et il ne doit pas y avoir de confusion entre les deux. D'autres personnes en position d'observation prennent partie et trichent avec la réalité. Ils (se) mentent plus ou moins consciemment et se distancient du statut de TÉMOIN.

Apprendre à être un bon TÉMOIN est un premier pas important sur le chemin de l'HOMME-NOUVEAU. Le moyen le plus connu et le plus pratiqué est la méditation qui est une excellente technique d'observation de soi-même. C'est un processus yin, féminin, alors que l'action est masculine et yang. Elle demande une présence à soi-même dans une attitude neutre et ouverte. Il est très difficile de rester vigilant et présent à ce qui est : les pensées sont là, prêtes à nous « embarquer », et les sensations ou les émotions désagréables surviennent de manière importune pour nous détourner de la présence à l'*Être*.

En devenant TÉMOIN de soi-même, il est possible de repérer les croyances, les émotions et surtout des ressentis subtils. Dans le silence intérieur apparaît la nature profonde de l'*Être* qui est pur esprit, amour, paix et félicité dont on peut alors témoigner auprès du monde.

Dans un tirage

Le TÉMOIN est un homme de parole. Si le consultant s'applique à « dire vrai », sa parole sera *Sacrée*. Il sera en accord avec le divin et deviendra un nouveau TÉMOIN fiable de la vie, en route vers l'HOMME-NOUVEAU.

Cette carte propose également à certains d'être moins acteur et plus « TÉMOIN » de leur vie : observer sans juger ses actes, ses pensées, ses émotions et sa manière d'agir. N'est-ce pas comme cela qu'on apprend à se connaître et que débute la transformation intérieure ?

Être vigilant à ce qu'on vit, pratiquer la méditation de pure conscience, sans porter d'ACCUSATIONS, sans interpréter ses ressentis, sans s'identifier aux pensées et émotions ; tout cela imprègne des qualités de l'*Être* : neutralité, honnêteté, sincérité, ouverture et intégrité.

Mais le consultant est mis en garde : être spectateur de son existence et du monde, se retirer dans son mental, son imaginaire ou ses rêves écarte de la présence au *Soi*.

Le Moine
compagnon de la *Voie de la Contemplation* : la retraite

Voie de la Contemplation : la Vacuité
Intériorité, conscience, réceptivité

Pratique recommandée par la *Voie de la Contemplation* : la Méditation et le yoga

La carte du MOINE représente l'archétype de l'ermite ; de celui qui, lassé du monde, se tourne vers l'intérieur de lui-même pour prier, méditer et se recentrer parfois dans l'austérité, la rigueur et la solitude. Le silence favorise le recueillement nécessaire à la conscience de soi-même ou faire le point sur son existence ou encore réfléchir au sens de sa vie : Qui suis-je ? Pourquoi suis-je en vie ? Un retrait momentané ou une coupure avec le quotidien facilite le recul et les bilans existentiels. Le MOINE, lui, se retire définitivement du monde pour mieux s'engager dans une voie spirituelle et intégrer le RENONCEMENT qui, pense-t-il, est la porte de la LIBÉRATION.

Solitaire (le terme vient du grec « monos » qui signifie « seul »), le MOINE partage cependant son aspiration au recueillement avec un ensemble de « frères », au sein d'un monastère. Et il obéit aux ordres d'un « frère supérieur ». À la recherche de l'expérience du divin, il se consacre entièrement à la prière, à la méditation et au travail sur lui-même. Il existe des MOINES dans toutes les traditions : christianisme, bouddhisme, hindouisme et taoïsme ainsi que dans toutes les voies spirituelles. Et une DISCIPLINE, une ascèse parfois draconienne, est imposée par tous les ordres monastiques.

Dans les *Cartes de l'HOMME-NOUVEAU*, le MOINE (contrairement au MYSTIQUE[1]) adopte une vie régie par des règles strictes ou tout au moins, vit dans le dénuement et rejette les plaisirs de la chair ainsi que le confort. L'homme en quête a besoin de limiter l'expansion de ses aspirations égotiques. Le choix de vie du MOINE est donc propice à l'émergence de l'HOMME-NOUVEAU. Mais comment dépasser son « petit moi » lorsque c'est lui, justement, qui incite à la privation et au RENONCEMENT ? La sublimation née de la frustration transcendée ouvre les portes du plein contact avec le *Soi* mais rechercher les privations conduit aux excès. La mortification ou la pénitence ne sont pas compatibles avec l'esprit de l'HOMME-NOUVEAU. Le MOINE, pour accéder à la LIBÉRATION, a le besoin impératif des directives d'un véritable MAÎTRE pour cadrer ses élans mortifères.

Les écueils du MOINE portent surtout sur son attitude excessivement introvertie. Se méfier des désirs, particulièrement des élans du CŒUR, peut masquer une fuite de l'incarnation ou un rejet du FÉMININ. C'est dommage car l'UNION SACRÉE est une clé de la réalisation du Soi et l'empathie, une composante de l'humanité.

Certains MOINES sont trop rigides et sévères, tant avec les autres qu'avec eux-mêmes. Bien que l'ordre et la DISCIPLINE dynamisent la démarche de l'HOMME-NOUVEAU, la douceur, la tendresse, la tolérance et la légèreté harmonisent les relations et favorisent la paix intérieure.

Dans un tirage

Le MOINE est une lame qui invite au recul et au retrait. Peut-être est-ce une invitation à se retirer des affaires en cours pour un temps limité. Elle engage souvent à la solitude, à la centration sur l'*Être*. Mais elle met en garde certains quêteurs de vérité qui, trop impliqués dans l'ascèse,

1. Ceci n'est pas une réalité, bien des MYSTIQUES sont MOINES. Nous faisons cette distinction pour les besoins du Tarot.

négligent leur humanité : manque de compassion, manque d'incarnation ou fuite de leur OMBRE pour ne chercher qu'une lumière théorique.

L'ordre, la DISCIPLINE et la rigueur, en opposition aux aspects sociaux et relationnels, sont au centre du message de cette lame. Le dosage de ces deux axes de vie fait l'objet du questionnement sur lequel le consultant est interpellé. Souplesse et tolérance !

Le Mystique
maître de la *Voie de la Contemplation* : la reliance

Voie de la Contemplation : la Vacuité
Intériorité, conscience, réceptivité

Pratique recommandée par la *Voie de la Contemplation* : la Méditation et le yoga

Le MYSTIQUE cherche *Dieu* directement, sans passer par le dogme d'une église. Ses expériences spirituelles fondent sa *Foi*. Celle-ci, contrairement à la croyance, s'appuie sur l'expérience et l'intuition qu'une intelligence « supérieure » régit toutes les manifestations sur terre. Des sensations, des visions ont induit ces vécus spirituels. Alors que le croyant (l'ADEPTE) est attaché à un système, le MYSTIQUE suit son cœur et son inspiration. Le mot « *Foi* » en hébreu (*émounah*) signifie certitude et c'est d'elle que se nourrit le MYSTIQUE.

Peu d'hommes répondent à cet appel qui exige un engagement total. Entrer dans la voie MYSTIQUE demande de sacrifier son ego et de poser son engagement spirituel comme la priorité de sa vie. S'abandonner totalement aux mains de

Dieu n'est pas facile tant qu'on ne le connaît pas ! Le MYSTIQUE pressent en lui une *Présence* qu'il nomme *Dieu* et il donne *Foi* à son ressenti sans avoir de preuve. Pour lui, les MYSTÈRES de la vie et de la MORT sont sources d'émerveillement car il a confiance en une *Raison* qui lui échappe. Il s'abandonne ainsi aux aléas de sa vie sans trop de réticences avec souvent une âme de poète ou d'ARTISTE.

Certains MYSTIQUES privilégient l'expérience des mondes « éthérés » et fuient les contraintes de l'incarnation et la confrontation aux LOIS des hommes et de la matière. Peu adaptés au monde social et professionnel, ils sont souvent perçus comme de « doux illuminés » qui voient *Dieu* partout. Quelques-uns finissent même par se marginaliser.

Le MYSTIQUE devient facilement un HOMME-NOUVEAU quand il réalise l'importance de l'incarnation : « *Être* ici et maintenant, avec les autres, dans le monde » ! Sa quête d'éveil et l'habitude de se dépasser l'aident à se transcender et à sublimer les difficultés du chemin spirituel. D'après l'Advaita Vedanta (l'approche non duelle de l'hindouisme), nous sommes déjà éveillés et conscients, et c'est le fait même de croire qu'il y a quelque chose à atteindre qui constitue l'obstacle.

Certains MYSTIQUES vivent ce paradoxe : comment aller au-delà de l'ego, lorsque c'est justement l'ego qui pousse à l'éveil ? La TENTATION de se maltraiter par la pénitence ou la mortification pour le tuer est un piège auquel il ne sert à rien de succomber.

Dans les *Cartes de l'HOMME-NOUVEAU*, les personnes qui manquent d'objectivité, de réalisme, et recréent la réalité à leur gré sont concernées par le MYSTIQUE. L'irrationnel nous entoure, certes, mais il ne sert à rien de plaquer nos illusions utopiques sur une réalité parfois médiocre voire sordide.

D'autre part, la vie spirituelle se nourrit d'une DISCIPLINE. Le manque de cadre et de repères conduit certains MYSTIQUES à s'exclure de la société. L'intuition, même si elle juste, demande parfois une adaptation aux conditions extérieures pour éviter la marginalisation. La filiation à un MAÎTRE ou à une tradition pondère les déviances et les excès des disciples trop « MYSTIQUES ».

Dans un tirage

Le MYSTIQUE représente l'aspiration au merveilleux et au « magique ». Le consultant est-il tenté de s'engager dans une démarche spirituelle sans considérer les efforts que cela va lui demander ? Percer les MYSTÈRES de l'existence est un challenge coûteux qui se révèle très difficile pour l'ego. Le MYSTIQUE exprime également une hypersensibilité à l'irrationnel. Le consultant aurait-il une prédisposition à percevoir les « mondes invisibles » ? Une invitation au réalisme est cependant posée. Et quels que soient les choix de vie du consultant, la question de la *Foi* en *Soi*, en la vie, en *Dieu* et en autrui est soulevée ainsi que celle de l'interprétation des intuitions.

L'inspiration, la transcendance et le réalisme sont les trois mots clés véhiculés par le MYSTIQUE.

VOIE DE LA NATURE

Le Sauvage
apprenti de la *Voie de la Nature* : la fusion

Voie de la Nature : la Vie
S'ancrer, faire croître, aménager

Pratique recommandée par la *Voie de la Nature* : l'Écologie

Le SAUVAGE vit en fusion avec la nature brute, originelle. La technologie l'encombre, le dérange. Son épanouissement passe par un art de vivre très particulier : rustique, il préfère la compagnie des plantes et des animaux à celle des hommes. Il se débrouille parfaitement avec très peu d'outils. En cela, il s'oppose à l'urbain, au « civilisé » qui, lui, a besoin de tout un contexte technologique et social ainsi que de confort pour survivre et s'épanouir.

Les politesses, les convenances, les règles de vie – en bref la vie sociale – l'ennuient. Il préfère suivre la LOI de la nature plutôt que celle des hommes. Marginal, sans être en réaction *contre* la société, il vit décalé, malheureux en ville, et heureux seul dans la forêt ou perdu dans le *fin fond* de la campagne. Et plus cette nature est sauvage, plus il est heureux. Le SAUVAGE, représente la puissance à l'état brut et l'*animalité* dans l'être humain. La fusion avec la nature développe ses sens, sa capacité à réagir promptement, et en toutes circonstances, sans se plaindre. La MORT n'est pas loin, mais elle fait partie des LOIS naturelles de l'existence, aussi ne la craint-il pas.

Le SAUVAGE, cependant, en rejetant trop facilement la civilisation, risque de devenir un homme des bois, un asocial. Fuir le monde et ses contraintes rend plus proche de l'ours que de l'ermite. Misanthrope, il pourrait nourrir sa haine du genre humain et refuser tout contact avec ses semblables. À l'extrême, en préférant les animaux, même s'il se sent proche d'eux, le SAUVAGE se déshumanise.

L'HOMME-NOUVEAU cultive son « naturel » et l'authenticité. La sophistication, les artifices, la complexité s'opposent à la simplicité et à la vérité de l'*Être,* aussi n'aime-t-il pas l'excès de bien des mondanités. Même s'il est très social, l'*Homme en Quête* apprécie et recherche la profondeur dans ses relations. Et si au contraire, les groupes ne lui conviennent pas, l'HOMME-NOUVEAU reste respectueux et cordial.

Dans un tirage

Dans un tirage, le SAUVAGE suggère de goûter à la solitude, à la pureté du « naturel » et à la profondeur du « simple » et spontané. Cependant, *a contrario*, pour certains consultants, voilà un avertissement : rester simple et naturel ne veut pas dire s'exclure du monde social. Le retour à la nature doit être entendu, ici comme une invitation à rechercher l'authenticité de l'*être*.

Le SAUVAGE propose de se centrer sur les besoins fondamentaux du corps, de se dépouiller de toute sophistication et de cultiver des relations simples, vraies et profondes. Il invite aussi à développer ses tendances instinctuelles en les canalisant et en les utilisant à bon escient.

La question de la gestion des LOIS des hommes est également posée. L'humanité dépend de l'adhésion de chacun à un système qui n'est pas parfait mais il ne sert à rien de le fuir.

Le Jardinier
compagnon de la *Voie de la Nature* : l'accompagnement

Voie de la Nature : la Vie
Être attentif, nourrir, faire croître

Pratique recommandée par la *Voie de la Nature* : l'Écologie

Le JARDINIER aime s'occuper de la Nature et des végétaux particulièrement. Il sait qu'il assiste et contribue à l'œuvre de la Vie qui se manifeste et s'épanouit et que ce n'est pas seulement grâce à lui que les plantes poussent. TÉMOIN de ce processus, il y met toute son attention et ses soins sont toujours administrés avec précaution et délicatesse. Le MYSTÈRE des plantes et des graines qui germent, se développent, fleurissent et donnent des fruits ou des légumes le remplit de joie et de gratitude.

Le regard du JARDINIER est maternant et aussi emprunt d'INNOCENCE. En effet, comme un enfant, il s'extasie devant les merveilles de la Nature qui se modifie au gré des saisons et, comme une maman, il assiste avec plaisir et fierté à chaque étape de la croissance ; la floraison, le murissement des fruits, etc. Le MYSTÈRE de la nature le comble de bonheur. Cependant, le JARDINIER est humble car il sait que ses efforts ne suffiront pas pour que son jardin resplendisse de mille couleurs, que ses légumes soient savoureux, et que ses fruits ne soient pas abîmés par la violence des orages de l'été.

Le JARDINIER connaît les LOIS naturelles et il leur obéit : le cycle des saisons, les dosages d'engrais et d'irrigation, les époques de la taille, par exemple. Ces LOIS lui servent de repères pour accompagner avec pertinence et affection la vie qui se manifeste dans son jardin.

Chaque année, le même travail revient inexorablement sans que rien ne soit jamais définitivement achevé mais cela n'entame pas son enthousiasme et tous les ans, il souhaite faire mieux. Pourtant, peu d'entre nous reconnaissent son travail car « les plantes poussent toutes seules », croit-on.

L'HOMME-NOUVEAU garde son regard ouvert sur la vie et les êtres. Vigilant, il est émerveillé par l'intelligence et la magie de la Nature qu'il respecte profondément. Et partisan de l'écologie, il s'engage pour préserver les espèces animales et végétales de la planète. Dans les *Cartes de l'HOMME-NOUVEAU,* nous sommes tous des JARDINIERS car la Nature s'offre à nos regards partout, même en ville et nous sommes, nous aussi êtres humains, soumis aux rythmes et LOIS de la Nature.

Le JARDINIER peut cependant succomber à la TENTATION de la productivité et l'appât de récoltes abondantes le pousse alors à exploiter « à outrance » les ressources naturelles. La facilité, et aussi la négligence l'incitent à trahir le bon sens naturel en utilisant des produits chimiques très efficaces mais toxiques. Dans les relations humaines, ce comportement jaillit sous des formes variées. Par exemple en réprimant le naturel de son partenaire en fonction de ses envies ou pour essayer de lui imposer de correspondre à une image idéale, toute personnelle.

Dans un tirage

Dans un tirage, la carte du JARDINIER engage à prendre soin de l'environnement et à respecter les LOIS et rythmes naturels. Il est suggéré également de cultiver l'ouverture, l'INNOCENCE et la sensibilité. Ce sont ces qualités *féminines* indispensables à l'HOMME-NOUVEAU qui fondent l'émerveillement.

Mais cette carte met en garde contre l'écueil du « Pygmalion », qui modèle les êtres comme un sculpteur pour assouvir son plaisir ou son pouvoir.

Enfin, un bon JARDINIER, dit-on, a « *la main verte* ». Tirer cette lame est parfois l'indice d'un don de magnétisme (surtout en conjonction avec la carte du CHAMANE). À exploiter à bon escient !

Le Paysagiste
maître de la *Voie de la Nature* : l'environnement

Voie de la Nature **: la Vie**
Être attentif, nourrir, faire croître

Pratique recommandée par la *Voie de la Nature* : l'Écologie

Le PAYSAGISTE est un maître en création d'espaces naturels et en aménagement des conditions de vie. Visionnaire et ARTISTE du paysage, s'il fait preuve de créativité pour ordonner les massifs et embellir les paysages, il en est également l'architecte, voire le BÂTISSEUR, par sa capacité à concevoir un lieu fonctionnel. Bien que connaissant parfaitement les différentes essences de plantes, leur métabolisme, leurs besoins et leurs manières de pousser, il ne s'occupe pas directement de leurs soins, comme le fait le JARDINIER. Il aménage l'espace, prend en compte les besoins et respecte les intérêts divers (écosystème, personnels, collectifs) pour induire ou parfaire l'harmonie des lieux.

Sur le plan social, la figure du PAYSAGISTE incarne aussi le développement durable : l'intégration de l'écologie à l'économie au travers de solutions neuves répondant au développement humain. Il aime préserver la richesse de la nature, et sa vision systémique concilie progrès et protection de la nature. Au-delà de ses aspects écologiques et esthétiques, le Paysagiste met en place les conditions de vie nécessaires au développement individuel et collectif, ceci sans intervenir directement sur les personnes. Par exemple, en changeant l'aspect d'un lieu, les flux de circulation, la décoration, le mobilier etc., il en transforme totalement l'atmosphère. Une église ne favorise pas les mêmes états émotionnels qu'un hall de gare, ou qu'un atelier. Et on ne peut pas exiger de quelqu'un qu'il soit heureux. Mais si on le place dans un lieu et avec des personnes où règnent l'harmonie et le rire, il sera peut-être plus enclin à s'ouvrir au plaisir et à la joie. Le Paysagiste sait que le changement engendre un grand nombre de résistances s'il n'est pas accompagné de conditions agréables.

L'Homme-Nouveau aime créer ses cadres de vie à son image. Il harmonise les couleurs, les fonctions et trouve son inspiration dans l'introspection et le recueillement. L'intention, la manière de le réaliser, la qualité des matériaux, tout est important pour lui. Il ne néglige rien. Se sentant faire partie du *Grand-Tout*, il gère son environnement avec respect, que ce soit les espaces et les lieux ou les personnes. Et c'est avec la même attention imprégnée de son sens du *Sacré* qu'il « crée-ça ».

Le risque du Paysagiste serait de vouloir créer un monde idéal, parfait, de construire des utopies en niant la réalité, en négligeant l'humain, en ne respectant pas la Vie (par exemple : les cités-dortoirs ou certains centres d'affaires désertés après les heures de travail, etc.). Nombre de sociétés issues de visions utopistes généreuses, initialement pensées pour le bien de l'humanité, se sont avérées des systèmes totalitaires, terribles à vivre. Désirer un monde parfait, en cherchant à faire le bonheur des autres ou à privilégier des intérêts particuliers, contribue parfois à promouvoir le malheur général.

Dans un tirage

Le Paysagiste propose au consultant de s'appliquer à créer les conditions d'une vie harmonieuse. Elle l'invite à prendre soin de l'environnement et de l'écologie. S'il est possible de percevoir la merveille de la création dans certains lieux, on peut aussi la manifester en s'employant à l'embellissement de certains espaces moins inspirants.

Sur le plan social, plutôt que d'agir directement sur les individus, cette carte conseille de procéder de manière indirecte, en agrémentant les cadres pour faciliter les projets. Le changement s'incarne plus facilement quand le contexte de sa mise en œuvre est agréable. Cela demande d'être à l'écoute de l'environnement autant qu'être acteur de la transformation.

VOIE DE LA SEXUALITÉ

Le Séducteur
apprenti de la *Voie de la Sexualité* : le charme

Voie de la Sexualité : l'Union
Sensualité, désir, virilité

Pratique recommandée par la *Voie de la Sexualité* : le Tantra

Chacun possède un charme naturel. C'est une atmosphère, une vibration qui se dégage de nous à notre insu. Mais parfois, nous forçons le trait, et nous cherchons à exprimer une « énergie » particulière pour plaire ou pour obtenir quelque chose. La séduction fait partie intégrante de la vie, car elle est liée à notre besoin d'aimer et d'être aimé, de rencontrer l'âme sœur, ou simplement d'avoir une aventure sans lendemain. Elle contribue à enchanter les CŒURS mais aussi à manipuler les esprits. Chez les mammifères, les jeux de séduction sont appelés les jeux d'amour et visent à la reproduction. Chez l'homme, faire la cour, séduire, draguer a un but différent. L'espèce humaine dissocie l'amour et la sexualité, mais aussi l'accouplement et la reproduction, si bien que les jeux de séduction ont des objectifs complexes.

L'enfant, tout petit, apprend à séduire pour se faire aimer de ses parents. Il apprend aussi comment les faire « craquer » pour obtenir quelque chose d'eux. Adolescents, garçons et filles tentent de séduire l'élu(e) de leur cœur. Plus tard, l'adulte exerce sa séduction dans tous les domaines, aussi bien amoureux que professionnel (la séduction est un outil dans la panoplie des techniques commerciales). La séduction est essentielle pour ne pas rester seul mais également pour forger son identité. Et développer sa séduction, son charme, est un atout qui évolue en jouissance quand le SÉDUCTEUR l'investit pour manipuler son entourage. Mais c'est dommage d'abuser de son pouvoir de séduction. Si elle est ludique et légère, lorsque les deux parties y trouvent connivence, complicité et plaisir, le jeu devient dangereux quand les enjeux ne sont pas clairs. Par exemple, si l'un recherche l'amour et l'autre seulement le plaisir. Cela provoque des malentendus, des frustrations, des déceptions ou des souffrances.

Le SÉDUCTEUR affiche ses qualités et ses « points forts » et il cherche à cacher ses imperfections. Les jeux de séduction mêlent donc parfois INNOCENCE et tentative de duperie. L'autre est un MYSTÈRE et la réciproque est vraie : chacun de nous est un MYSTÈRE pour autrui ! Bien des SÉDUCTEURS profitent de l'énigme portée par chaque rencontre pour tricher et tenter d'influencer l'autre afin d'obtenir des avantages financiers, matériels, affectifs, etc. Par exemple, une femme séductrice aspire peut-être à se faire entretenir par son soupirant qui souhaiterait, lui, une belle histoire d'amour sincère et durable. Ou bien un SÉDUCTEUR draguant dans une discothèque, s'intéressera à une jeune ingénue pour une brève aventure, alors qu'elle aspire au « Grand Amour » et au mariage.

L'HOMME-NOUVEAU fait tout ce qu'il peut pour être beau et séduisant, non pas pour manipuler l'autre mais parce qu'il est une manifestation de la vie ! Celle-ci est belle, et c'est un devoir pour lui d'être à son image. Il ne cherche pas à manipuler ou à attirer le regard des autres. Il souhaite seulement leur inspirer son goût de la beauté tout en restant intègre et vrai.

Certains SÉDUCTEURS, éternels Don Juan, compensent leurs « failles narcissiques » en cherchant à plaire. Ils veulent combler un manque : la confirmation de leur virilité ! Ils charment pour être désiré ou aimé. Souvent, ils cherchent la validation dans le regard des femmes alors qu'ils trouveraient une vraie validation dans la confrontation avec des « PÈRES ». Pour d'autres, la séduction est un sport. Ils font des concours où les femmes représentent des proies à capturer. La séduction devient stratégie, technique de manipulation, piège à femme : tout ce qui peut augmenter le sex-appeal et les performances sexuelles est bon pour eux. Quelques uns se transforment petit à petit en prédateurs sans scrupules, les femmes symbolisant à leurs yeux des objets à prendre : avoir n'importe quelle femme dans son lit, pourvu qu'elle soit attirante !

Dans un tirage

Le consultant qui tire la lame du SÉDUCTEUR s'interrogera sur la manière dont il se présente au monde. Cherche-t-il à plaire ou être reconnu, validé ?

Le SÉDUCTEUR demande au consultant d'être vrai, lui-même, en toutes circonstances. Chercher à plaire est un jeu où il est très facile de se perdre. L'autre est un MYSTÈRE et chacun est un MYSTÈRE pour l'autre. La LOI à laquelle chacun est tenu est le respect de *Soi* et le respect de l'*Autre*, à égalité.

Pour certains consultants qui se déprécient ou se laissent aller, l'accent est mis, ici, sur la nécessité de se mettre en valeur pour trouver leur vraie place.

L'Amant
Compagnon de la *Voie de la Sexualité* : la présence

V O I E S

Voie de la Sexualité : l'Union
Sensualité, désir, virilité

Pratique recommandée par la *Voie de la Sexualité* : le Tantra

La carte de l'AMANT représente l'homme amoureux, empli de désir et en lien intime avec sa partenaire. Aimer et se sentir aimé, dans la relation charnelle et au-delà... pour ce qu'on est. L'AMANT aime la femme dans ce qu'elle a de plus précieux. Il vénère sa partenaire comme une déesse, révélatrice du MYSTÈRE des origines. Passionné et impliqué dans la relation, il reste autant présent à elle qu'à lui-même. Il accueille, émerveillé et avec gratitude, le don de l'intimité la plus secrète et la plus sacrée. Quelle joie de combler et simultanément d'être satisfait : une impression de complétude remplit le CŒUR.

L'AMANT est charnel et sensuel. Il aime le plaisir, la fête, l'excitation des sens et sentir la puissance virile de son sexe, dans ses reins. Ce goût du plaisir s'exprime avec sensualité. Viril, présent à son sexe, son ouverture et son implication le rendent prêt à entendre et répondre aux demandes de sa partenaire. Mais l'AMANT est aussi sensible et doux, sachant donner affection et tendresse. Il perçoit ses émois, ses sensations mais reste centré sur lui-même.

Lorsque l'AMANT est en quête, qu'il cherche à percer le MYSTÈRE des origines et celui de l'Amour, une alchimie s'effectue. La femme le sent. Quand elle s'ouvre et s'abandonne, sa féminité s'épanouit et elle reçoit l'homme dans sa puissance ce qui le rend alors encore plus *homme*. Et l'AMANT, en la pénétrant avec respect, amour et puissance, *transforme la femme en déesse*. Faire l'amour se transforme en rituel, en cérémonie, en danse sacrée. Cela devient une célébration de la Vie, une extase des corps et des âmes.

Plusieurs écueils guettent cependant l'AMANT. Certains d'entre eux se préoccupent uniquement de leur désir ou de leur excitation sexuelle, sans se soucier de leur partenaire. Égoïste ou réduisant l'acte sexuel à une hygiène ou un devoir, ils sont coupés du CŒUR et des émotions. D'autres se comportent en *machos*, identifiés à leur sexe, ou en *libertin* vivant dans des phantasmes, ils voient seulement en leurs partenaires des supports de leur propre plaisir, aussi raffiné soit-il. Le surinvestissement de la sexualité laisse l'âme insatisfaite. La « sexualité cérébrale » demande d'aller toujours plus loin pour obtenir plus de plaisir. *A contrario*, d'autres AMANTS refusent leur virilité. Trop à l'écoute de leur partenaire, ils n'osent pas s'affirmer par peur de leur puissance qu'ils confondent avec la violence. Ils restent aliénés à leur MATRICE maternelle.

L'épanouissement de l'HOMME-NOUVEAU passe par une DISCIPLINE des sentiments comme des plaisirs. Pour lui, désirer est un vrai plaisir. Le passage à l'acte n'est pas la réponse obligatoire à son excitation sexuelle. C'est le CŒUR qui alimente son désir et sa sexualité. Et c'est la *transcendance* de son désir qui le mène, par amour, à la dimension spirituelle. Dans cet élan, au-delà du manque affectif et de la pulsion sexuelle, l'AMANT en quête cherche l'UNION SACRÉE : quand il s'unit charnellement, il veut faire « un » avec sa partenaire. Et il invente, crée des rituels qui transforment l'amour en connexion avec le cosmos.

Dans un tirage

Une vie spirituelle intense, bien incarnée, inclut l'union des CŒURS, des sexes et des intentions. L'AMANT invite le consultant à s'unir en lui-même pour transformer sa sexualité en quête des MYSTÈRES de l'amour et des origines pour découvrir l'UNION SACREE. Même après des années de mariage, la verdeur et la fraîcheur de l'AMANT peuvent être réanimées en cultivant cet espace Sacré dans la relation.

L'AMANT propose aussi d'élargir le champ de la sexualité aux satisfactions sensuelles.

Cette carte met en garde contre les principaux écueils de l'AMANT : l'objétisation de la femme ou l'inhibition de sa virilité.

Pour les célibataires, est-ce là le signe d'une rencontre à venir ?

L'Époux

maître de la *Voie de la Sexualité* : l'engagement

Voie de la Sexualité : l'Union
Sensualité, désir, virilité

Pratique recommandée par la *Voie de la Sexualité* : le Tantra

De nos jours, l'amour est généralement le fondement du couple, mais autrefois, les mariages d'intérêt, de raison ou les mariages forcés étaient très répandus et le restent encore dans certaines contrées. Les ÉPOUX, *a contrario* des AMANTS, s'engagent à rester ensemble devant un tiers (maire, curé etc.), pour le meilleur et pour le pire. Ils se promettent fidélité pour fonder un foyer, avoir des enfants.

Devenir ÉPOUX marque la fin du célibat, le deuil de la vie égocentrée. Cela contraint à ne plus vivre que pour soi. Le rôle « historique » de l'ÉPOUX était de protéger sa femme et de subvenir aux besoins de sa famille. Le rôle « historique » de l'ÉPOUSE était, quant à lui, de s'occuper du foyer. À la différence des AMANTS, la sexualité et l'amour ne sont pas les seuls domaines de partage des ÉPOUX. Aujourd'hui, ils gèrent ensemble les finances, les responsabilités, l'éducation des enfants, etc. Cet engagement réciproque les conduit à composer avec les contraintes induites par la vie à deux. Au début du XXe siècle, l'engagement contracté dans le mariage était quasiment irrévocable. Mais maintenant, le divorce permet de partir et de « refaire sa vie ». Les causes de séparation sont généralement des querelles de pouvoir, des luttes autour de la sexualité, l'infidélité ainsi que l'ennui et la violence[1]. Chacun est confronté à ces difficultés en côtoyant intimement quelqu'un au quotidien.

Les liens d'amour sont difficiles à gérer avec le temps et imposent de prendre des risques. Aimer impose des compromis, des deuils ou sacrifices. Les AMANTS privilégient l'intensité amoureuse, le plaisir et la liberté mais assument aussi l'insécurité du devenir de la relation. Ils prennent le risque de se retrouver seuls sans préavis. Alors que les ÉPOUX, eux, misent sur la sécurité. Malgré l'incertitude des sentiments du lendemain, malgré le désir qui s'érode avec le temps et même si les attentes posées sur le conjoint, souvent, s'avèrent être des projections illusoires, les ÉPOUX restent ensemble. Est-ce mieux ou pire ?

Sans les efforts qui induisent une *Transcendance* et créent le ciment d'un amour différent de la passion, les ÉPOUX vivent un enfermement stérile. L'un ou l'autre se résigne pendant que l'autre s'épanouit ou reste confortablement assis sur ses repères sécuritaires parfois névrotiques. Ils renoncent aux élans amoureux. Beaucoup de couples ronronnent dans le confort et la sécurité et certains s'endorment. Alors que la famille et le couple sont des lieux très puissants

1. Source : www.djigui.net. À noter qu'en Île-de-France, deux mariages sur trois se terminent par un divorce dans les cinq ans qui suivent.

d'éveil spirituel, à condition d'équilibrer le respect de *Soi,* le respect de l'*Autre* et de nourrir une dynamique de couple vivifiante spirituellement. Rester avec un(e) partenaire par peur de la solitude, ou du manque d'amour, ou encore par peur du jugement de l'entourage est une erreur et crée une relation mensongère.

Le couple est une école de l'amour. Il grandit spirituellement chacun des partenaires quand ils se remettent en question, se stimulent mutuellement pour avancer sur le chemin de la conscience et communiquent leur profondeur. Lorsque chacun travaille ses peurs et ses projections, le couple devient un observatoire de soi. Ainsi la possessivité, la gestion du pouvoir et du désir sont d'excellents sujets de transformation.

Le temps usant la passion, les ÉPOUX engagés se doivent d'être créatifs pour entretenir le désir et l'amour. S'engager dans un couple comme on le fait dans une voie spirituelle, impose de privilégier « *aimer plutôt qu'être aimé* ». Si chacun, inconsciemment, attend que l'autre comble ses manques psychiques et affectifs, le couple risque de ne pas durer.

Les ÉPOUX responsables sont autonomes, se complètent et s'entraident même dans leur travail personnel et spirituel. Quand on considère l'autre comme une aide privilégiée sur son chemin vers la conscience (et non comme une entrave ou une condition au bonheur et au confort), cela permet à chacun de s'éveiller à sa nature profonde. Le couple devient un chemin d'éveil, une *Voie* de développement et de *Transcendance* et non une lutte pour le pouvoir.

K. Gibran, dans *Le prophète*, parle du mariage :

« *Donnez à l'autre de votre pain*
mais ne mangez pas de la même miche.
Chantez et dansez ensemble et soyez joyeux,
mais laissez chacun de vous être seul.
Donnez vos cœurs
mais pas à la garde l'un de l'autre. »

Dans un tirage

Tirer la lame de l'ÉPOUX interpelle le consultant sur ses engagements. Est-il prêt à s'engager et à découvrir la profondeur du MYSTÈRE de l'amour ou de l'Autre ?

Pour s'engager, il est nécessaire de poser un contrat. Serait-ce une invitation pour le consultant de revisiter certains de ses contrats relationnels ? Tout engagement est une contrainte, une limitation à la liberté, vécu parfois comme une prison, une petite MORT ! C'est pourquoi l'ÉPOUX propose des perspectives spirituelles.

Sur la *Voie* de l'HOMME-NOUVEAU, la fidélité parait être une DISCIPLINE naturelle pour les couples engagés, les sacrifices sentimentaux sont propices à la *Transcendance*.

Peut-être au contraire, cette lame encourage-t-elle le consultant à résilier certains de ses engagements et à soupeser les bénéfices des efforts qu'il aura à fournir.

VOIE DU SOIN

Le Malade
apprenti de la *Voie du Soin* : le trouble

Voie du Soin : la Guérison
Santé, bien-être, vitalité

Pratique recommandée par la *Voie du Soin* : la Thérapie

Le MALADE est un être en souffrance mais il ne se sent pas forcément diminué physiquement ou mentalement. Sa souffrance peut être spirituelle !

Habituellement, quand le corps souffre ou que le mental dysfonctionne, diverses thérapies sont accessibles : allopathie, homéopathie, naturopathie, psychothérapie, magnétisme etc. Il est possible de traiter les symptômes ou bien les causes. Le plus efficace pour éviter d'éventuelles récidives semblerait de soigner les causes. Celles-ci s'enracinent dans l'hygiène de vie, dans les traumatismes du passé ou encore dans les ressentis refoulés par le MALADE mais aussi dans le manque d'épanouissement spirituel.

Quand il s'agit de souffrance spirituelle, aucun traitement médical n'est curatif. Pourtant, si quelqu'un se pose avec trop d'insistance des questions métaphysiques (Qui suis-je ? Quel sens a la vie ? Qu'y a-t-il après la MORT ?...), il est adressé habituellement à un psychiatre, qui peut-être calmera ses souffrances mentales, angoisses et anxiété, mais ne saura pas répondre aux vraies demandes du MALADE. Les MYSTÈRES de la vie sont universels et restent des énigmes pour tous.

Et quand l'âme souffre, les remèdes (les théories et les croyances) proposés par de nombreuses institutions religieuses ou autres ne soulagent pas les MALADES car l'être et l'âme réclament des expériences de connexion à la vie, au *Grand-Tout*. Or aucune réponse mentale ou intellectuelle ne peut soulager l'âme de ses tourments.

L'HOMME-NOUVEAU, l'homme en quête, sain, vit une réelle reliance à son environnement et à l'univers entier. Cette *Connaissance*, fruit d'un long travail, résulte d'une ascèse engagée. Face aux MYSTÈRES de l'existence, chacun se sent MALADE mais ce peut être le début de la guérison. Et les événements qui troublent le déroulement d'une existence paisible mais vécue dans l'inconscience sont souvent déclencheurs de la quête. Mais celle-ci peut être aussi motivée par l'intellect. L'*Homme en Quête* soigne son âme. Il profite des ÉPREUVES de la vie pour doubler le pas sur le chemin de l'HOMME-NOUVEAU. Chaque difficulté, chaque maladie, chaque ÉPREUVE l'aide à ouvrir plus grand son CŒUR et sa conscience.

Les maladies dans les *Cartes de l'HOMME-NOUVEAU* sont nombreuses, plus ou moins graves et surtout plus ou moins conscientes. Et au-delà des maladies organiques et mentales, le mal-être spirituel se repère par le matérialisme, la démission, le déni et l'intégrisme qui sont les plus affligeantes car elles mènent à l'obscurantisme et à la souffrance collective.

Pour ceux qui souhaitent guérir, dans un premier temps, il est fondamental de vraiment reconnaître sa maladie ; de faire face au manque de Sens de l'existence. C'est le deuxième temps qui est vraiment curatif. Il consiste à se mettre en marche, à chercher, à essayer différentes pratiques et surtout à ne pas s'arrêter sur des certitudes qui mèneraient à un immobilisme spirituel ; c'est une autre maladie très répandue. Ou pire encore, céder à l'intégrisme qui est une véritable gangrène de l'âme.

Dans un tirage

Qui n'a jamais été Malade ? Bien des maladies trouvent leurs sources dans le psychisme. Cette lame invite le consultant à s'interroger sur les causes des pathologies dont il souffre. Qu'elles soient organiques, mentales ou spirituelles. Les médicaments, même s'ils sont efficaces ne devraient pas évincer ce questionnement.

Sur le plan spirituel, le Malade indique un dysfonctionnement : le consultant a-t-il refoulé ses interrogations métaphysiques ? A-t-il renoncé en cours de route ? Est-il figé, bloqué dans des croyances limitant ses perspectives d'évolution et d'ouverture de conscience ?

Le Restaurateur
compagnon de la *Voie du Soin* : le « nourrissement »

Voie du Soin : la Guérison
Santé, bien-être, vitalité

Pratique recommandée par la *Voie du Soin* : la Thérapie

Le Restaurateur prend soin de ses semblables en les nourrissant dans une ambiance confortable. Il satisfait leurs besoins et porte son attention sur la qualité des mets qu'il prépare. Être nourri est le premier des soins qu'attend un bébé.

Nous sommes ce que nous mangeons, et notre santé dépend de ce que nous absorbons. Le Restaurateur veille sur la santé de ses convives à l'aide de plats revigorants et sains, mais il apporte aussi joie, réconfort et enthousiasme. Et il cherche à surprendre et à faire plaisir.

Pour accomplir sa mission, le RESTAURATEUR mélange des ingrédients et, tel un alchimiste, il les transmute en plats délicats. Les plats d'un grand chef ressemblent à une symphonie : les saveurs se mêlent en une harmonie de goûts et d'arômes, et une belle présentation des plats affute l'appétit. Alors, manger transporte dans des espaces quasi extatiques. La cuisine, préparée avec art, nécessite à la fois de la technique, de l'expérience, des savoirs mais aussi une grande sensibilité pour juxtaposer les différentes saveurs des aliments.

Le RESTAURATEUR est un « artiste de l'éphémère », à la différence du peintre ou du musicien car la conservation dénature les réalisations culinaires. De plus, la même recette produira à chaque fois un plat au goût légèrement différent en fonction de la provenance et du dosage des ingrédients, de la saison, de la cuisson et évidemment de la « patte » du RESTAURATEUR. Mais cet art concerne aussi la survie. La qualité des ingrédients utilisés influe sur la santé. Aussi, la responsabilité du RESTAURATEUR dépasse les domaines du plaisir et du loisir.

C'est la carte la plus maternante des *Cartes de l'HOMME NOUVEAU*. En répondant aux besoins fondamentaux de l'*Être*, le RESTAURATEUR entretient aussi bien le corps que le moral. Quand le RESTAURATEUR prend vraiment soin des autres, il apporte joie et réconfort dans le CŒUR et il contribue à la restauration d'une bonne santé. Manger froid, réchauffé, la même chose à tous les repas ou un plat insipide n'encourage pas à la bonne humeur. Le RESTAURATEUR est un OFFICIANT de la Vie car cuisiner est peut-être la plus simple manière de soigner et de célébrer le plaisir de vivre.

Parfois, les efforts du RESTAURATEUR sont méconnus : brûlures, écorchures, fatigue font pourtant partie de son quotidien et on le remercie à peine et sous-estime quelques fois la valeur de son travail. L'humilité, la persévérance et la régularité sont ses qualités car deux à trois fois par jour, sa tâche est réactualisée. Dans ces conditions, exercer l'art culinaire avec talent, en impliquant son CŒUR est une vraie DISCIPLINE.

L'HOMME-NOUVEAU est joyeux et il apprécie les plaisirs terrestres. Il communique sa joie de vivre et il transmet ses recettes de bonheur. Sa quête le remplit et il partage son enthousiasme avec tous ceux qui le souhaitent.

Cependant, certains RESTAURATEURS gavent ou nourrissent les autres de force soit par empressement à trop vouloir bien faire, soit par désintérêt. Repérer les goûts des convives, être attentif et respecter les quantités dont ils ont besoin sans en rajouter ; voilà la bonne manière de soigner l'autre.

Dans un tirage

La carte du RESTAURATEUR est une lame qui véhicule la joie de vivre mais elle propose aussi de prendre soin de l'autre : chaleur, partage de plaisir et réconfort. Le consultant se contente-t-il de suivre de vieilles recettes (culinaires ou relationnelles) ?

Le RESTAURATEUR pose une invitation à s'interroger en profondeur sur ce qui nourrit son existence : les passions, les *Voies* pour accéder à la joie, au plaisir, au bonheur et à la réalisation de son Être ? Cette lame exhorte à la joie et au partage.

Elle met aussi en garde : la TENTATION de gaver, de soigner l'autre malgré lui, de le surprotéger ou de lui imposer ses goûts et « recettes » n'est profitable à personne.

Le RESTAURATEUR interroge également sur les habitudes alimentaires : le consultant mange-t-il ce dont son organisme a besoin ? Est-il attentif à sa santé ? À celle de ses proches ? Prend-il le risque de se rendre MALADE !

Le Thérapeute
maître de la *Voie du Soin* : l'unité

Voie du Soin : la Guérison
Santé, bien-être, vitalité

Pratique recommandée par la *Voie du Soin* : la Thérapie

Les Thérapeutes d'Alexandrie, au premier siècle de notre ère, se représentaient l'être humain comme un « système global » où le corps, le mental et l'âme étaient intimement liés. Guérisseurs maîtrisant l'art de soigner, ils prescrivaient une pharmacopée adaptée aux troubles des Malades. Leurs traitements procédaient d'une démarche holistique qui incluait les douleurs physiques autant que les souffrances de l'âme mais aussi l'environnement et la relation à cet environnement. Ils croyaient en l'unité de l'*Être*.

La santé est un état d'équilibre naturel. Lorsque le corps est convenablement nourri, la vie affective harmonieuse et l'âme en paix, l'*Être* est en bonne santé. Ce sont les excès alimentaires, les souffrances psychiques mal intégrées ou les détresses de l'âme et les conditions de vie déplacées qui génèrent les maladies.

Le Thérapeute s'aide du symptôme mais, à l'image de certains homéopathes ou naturopathes d'aujourd'hui, il ne s'y attache pas outre mesure car il sait que ce n'est que l'expression, le signe d'un trouble plus profond. Et il essaie de le détecter en posant un regard plénier sur le trouble du Malade. Il rencontre l'Homme en détresse, l'*Être*, avant de poser un diagnostic qui fige dans une identité rigide et illusoire. Et c'est de cette attitude profondément humaine qu'il tire sa force de guérison. Cette carte symbolise donc le soin dans toutes ses dimensions.

L'HOMME-NOUVEAU mène une vie saine tournée vers l'essentiel. Il s'intéresse aux MYSTÈRES de la vie pour tonifier sa vie spirituelle et il pratique intensément des enseignements. Quelquefois, il suit un MAÎTRE. Bien sûr, il entretient aussi sa santé physique et il maîtrise, sans les refouler, ses émotions. Lorsqu'on lui demande de l'aide, placé dans la position de THÉRAPEUTE, accueillant, il reste neutre et bienveillant, sans jugement ni *a priori*. Et il ne classe pas les *Êtres* dans des grilles où la pathologie servirait d'identité au MALADE. Et au-delà, il ne prend pas prétextes de la profession ni du niveau social, de la race ou de tout autre critère pour juger, classer et valoriser. L'Homme en quête cherche à percevoir l'unité en lui et tout autour de lui.

Dans les *Cartes de l'HOMME-NOUVEAU*, le personnage du THÉRAPEUTE est un homme qui aspire à alléger sa souffrance et celles des autres. Il cherche à pacifier et unifier. Mais un risque de cette position serait de vouloir soigner, soulager ou guérir à tout prix, même celui qui ne demande rien ; de se mêler de ce qui ne le regarde pas. Et puis, parfois, le THÉRAPEUTE cherche à maîtriser la vie et la MORT ; sa propre MORT, en particulier. Aider l'autre cache parfois la fuite de l'impuissance et des angoisses personnelles. Et enfin, soigner donne du pouvoir sur le MALADE et de l'importance vis-à-vis des autres, et il peut en résulter un certain orgueil qui freine l'expansion de l'Être en soi.

Dans un tirage

Le THÉRAPEUTE conseille au consultant de s'attacher à trouver les causes profondes de son mal-être et à prendre soin de lui-même. Parfois, elle invite à consulter un médecin, un psychothérapeute, un guide spirituel. Mais cette lame s'adresse aussi à chacun d'entre nous, en tant que THÉRAPEUTES potentiels. L'humanité réclame de la solidarité et une réelle empathie.

Le THÉRAPEUTE invite également à s'interroger sur les « diagnostics » posés hâtivement sur l'entourage. Les jugements rapides et les préjugés coupent l'élan d'ouverture à l'*Être* et empêchent l'unité et la santé de se manifester.

Certains s'occupent des autres pour éviter de se soigner eux-mêmes, cette carte propose alors à ces consultants de repérer si leurs motivations ne cacheraient pas des manques personnels, des blessures ou des angoisses qu'ils fuiraient.

VOIE DE LA BEAUTÉ

Le Rêveur
apprenti de la *Voie de la Beauté* : l'imagination

Voie de la Beauté : l'Expression
Perception, imagination, esthétique (créativité)

Pratique recommandée par la *Voie de la Beauté* : l'Art Sacré

Le RÊVEUR vit dans d'autres mondes, dans des univers parallèles emplis de fées et de monstres, de beauté et d'effroi. Il ne s'intéresse pas à notre monde qu'il trouve plat, monotone et tellement peu inspirant comparé aux espaces imaginaires qui surgissent naturellement dans son esprit. On le dit parfois « dans la lune », mais son royaume est encore plus loin, dans une autre dimension ! La première marche de la création est le rêve puisqu'il faut d'abord imaginer, concevoir, et projeter avant d'incarner et créer. Le rêve est donc fondamental. Il ouvre à la nouveauté, au progrès qui délivre de certaines contraintes et limites imposées par la réalité quotidienne. En rêve, il est même possible de voler, d'aller n'importe où, d'être aimé d'une belle star, de faire absolument tout ce qu'on veut...

L'imaginaire précède le concret et l'action : la forme suit l'idée. Le rêve est la base de la vision créatrice. Des affects (désirs, peurs, etc.) et des jugements (critiques, morale, faisabilité, etc.) surgissent entre l'image et l'action. Ils les évaluent et inhibent ou stimulent l'action. Le monde évolue, se transforme et progresse sous la poussée des visions de RÊVEURS plus ou moins bien inspirés qui concrétisent leur rêve.

Le rêve nocturne naît de l'inconscient. Il échappe au contrôle et implique parfois l'environnement : révélateur d'enjeux personnels refoulés, créateur d'utopies et de prémonitions, source de réalisations futures, le rêve est un vrai MYSTÈRE. Parfois, les images et scénarios oniriques s'opposent aux désirs conscients du RÊVEUR. Alors le rêve devient cauchemar.

« *Fais de ta vie un rêve, et d'un rêve, une réalité.* » Cette phrase d'A. de Saint Exupéry dit vrai : on peut diriger sa vie dans l'axe de ses rêves. Dans les *Cartes de l'HOMME-NOUVEAU,* le RÊVEUR choisit l'objet de ses rêves : de l'épanouissement matériel et affectif à l'idéal spirituel. Lorsque ce dernier occupe l'*Esprit* du RÊVEUR, les qualités de l'HOMME-NOUVEAU sont mobilisées : le FÉMININ, le CŒUR, l'INNOCENCE, l'ÉRECTION... L'« *homme en quête* » s'appuie sur son idéal spirituel pour transformer son existence.

Certains RÊVEURS se contentent de rêver et restent dans des nuages désincarnés. Le rêve, comme une drogue qui coupe de la relation vraie, l'empêche de vivre et de réaliser le Soi. Ces RÊVEURS sont enfermés dans une MATRICE nébuleuse. Une inconsistance existentielle se substitue à la présence dans l'« ici et maintenant ».

Charles Baudelaire, Aldous Huxley ou Timothy Leary, en leur temps, comme bien d'autres, ont cherché à « regarder *Dieu* en face », à découvrir des « paradis artificiels », ou à stimuler leur créativité poétique et artistique en dopant leur facultés oniriques par l'usage de drogues. Ce n'est pas sans risque ! Le rêve peut devenir un cauchemar et l'enfer être la destination finale. Les hôpitaux psychiatriques regorgent de personnes « flippées »[1]. L'accompagnement d'un CHAMANE compétent est requis.

1. Flip en anglais signifie saut. Flipper dans le jargon des utilisateurs de drogue veut dire : angoisser, faire le saut dans la souffrance.

Dans un tirage

La carte du Rêveur invite à développer l'imaginaire, à inventer et créer.

Cependant, sans un effort de concrétisation, le consultant ne pourra pas vivre ses rêves. Et se contenter des espaces oniriques limite la maturation et la réalisation du *Soi* ; c'est une Loi de la vie.

Le Rêveur met en garde contre les chimères qui appauvrissent la *qualité d'Être*. Attention également aux addictions.

L'Esthète : compagnon de la *Voie de la Beauté* : l'émerveillement

Voie de la Beauté : l'Expression
Perception, imagination, esthétique

Pratique recommandée par la *Voie de la Beauté* : l'Art Sacré

L'Esthète parle de l'appétence et de la quête du « beau » : apprécier l'art, l'expression et aussi la créativité naturelle de la vie. L'Esthète s'extasie devant la beauté du monde autant que devant celle des œuvres d'art. Il s'entoure d'ailleurs de ce qu'il apprécie et cherche à manifester sur et par lui-même son sens de l'esthétique. Son extrême sensibilité, liée à son Féminin et à son Innocence, génère le plaisir qu'il tire à percevoir le monde. Il entend et voit au-delà du perceptible commun. Lorsqu'il observe son environnement, il perçoit ce qui est au-delà des apparences. Il voit dans l'œuvre d'art comme dans la beauté d'un paysage la main du divin inspirant l'Artiste, et les Mystères de la nature l'émeuvent.

La contemplation d'une œuvre de qualité éveille chez l'ESTHÈTE un plaisir immense : la voix d'une cantatrice, le traitement de la lumière d'un peintre, le sens de l'équilibre d'une cathédrale, le plongent dans le ravissement. Pendant quelques instants il se sent connecté à la Source de la Création. L'ESTHÈTE résonne et vibre avec la beauté des paysages, avec l'harmonie du naturel : une source, un chant d'oiseau, une forêt qui frémit sous la caresse du vent... et il se sent transporté de joie, goûtant là une paix profonde, une extase. Au-delà du plaisir, la contemplation du monde ou d'une œuvre d'art peut procurer un enchantement qui connecte au divin, qui relie à quelque chose de plus grand que nous, à un ordre magnifique dont chaque œuvre, chaque être, chaque forme est une manifestation.

L'HOMME-NOUVEAU perçoit l'Unité de l'univers qui inclut chaque manifestation de la création. Cela réjouit autant son âme que son esprit. Il s'appuie sur cette perception pour dynamiser sa démarche.

Un amas de poubelles ou un simple point d'interrogation sur une feuille blanche ne touchent pas la sensibilité. Cela heurte seulement le sens commun de la beauté et provoque l'imaginaire critique de l'observateur. Pourtant, certains ESTHÈTES, par « militantisme artistique » ou volonté provocatrice, voient du « beau » même là où il n'y en a pas.

Parfois le goût du beau et de l'esthétique, lorsqu'il est poussé à l'extrême, rend maniaque, élitiste ou méprisant. Il y a le beau et... le reste... qui n'a pas d'importance. L'ESTHÈTE devient critique et acide surtout s'il justifie ses positions par des jugements purement mentaux, analytiques. Son OMBRE l'égare et il évalue les œuvres par l'intellect, décortiquant et conceptualisant ce qui relève de l'ordre du sensible. Souvent très cultivé en histoire de l'art, connaissant tout de la vie d'une œuvre, depuis sa production jusqu'à la manière dont elle a été saluée par le public, l'ESTHÈTE perd alors sa capacité à s'émouvoir et à apprécier la véritable beauté. Seuls, le sens de l'œuvre, l'intention de l'ARTISTE ainsi que la beauté artificielle et préfabriquée de l'esthétique l'intéressent.

D'autres ESTHÈTES adoptent la « vie d'ARTISTE » ou investissent un personnage sorti de leur imaginaire. Factices, superficiels, proches du « faux », ils se perdent et jouent avec emphase un rôle qui, parfois sonne faux et détourne de l'expression de leur *Être* véritable.

Dans un tirage

La carte de l'ESTHÈTE invite à cultiver sa sensibilité et sa spontanéité face à la beauté du monde ou d'une œuvre d'art, sans se départir de son discernement. Être ESTHÈTE est un art de vivre. Mais attention au manichéisme et à l'adhésion au dualisme. Ils éloignent de la perception de l'Unité de l'univers.

Une bonne image de Soi est un facteur d'épanouissement mais elle ne peut être confondue avec les apparences qui cachent parfois l'illusion, la superficialité et la manipulation. Le consultant est encouragé à porter ses efforts sur l'intégrité, la profondeur et la pureté d'être.

L'Artiste :
maître de la *Voie de la Beauté* : l'inspiration

Voie de la Beauté : l'Expression
Perception, imagination, esthétique

Pratique recommandée par la *Voie de la Beauté* : l'Art Sacré

L'ARTISTE, créateur ou interprète, puise son inspiration d'une attention et d'une connexion extraordinaires au monde ; aux êtres vivants comme aux objets. L'ARTISTE sait extraire la lumière, capter la poésie et les vibrations du monde, manifester la passion et exprimer une dimension de la vie qui se situe au-delà des cinq sens. Par exemple, il perçoit les couleurs invisibles et entend le cri muet des choses et des êtres. Il intègre l'imagination du RÊVEUR et les qualités de perception de l'ESTHÈTE. L'ARTISTE vit dans la création, pour son art, parce qu'il éprouve sans discontinuer la puissance et la beauté d'un univers dont les portes sont murées pour beaucoup d'entre nous.

Un ARTISTE travaille souvent son art avec acharnement : que de pratique assidue, que d'années d'exercices pour devenir musicien, chanteur, peintre, poète, cinéaste, sculpteur ou danseur. Mais le travail ne suffit pas. Son talent, son travail et son inspiration s'allient pour exprimer (et traduire dans un langage accessible) cette connexion vécue comme une ouverture à un univers qui le dépasse, comme si quelqu'un ou quelque chose créait au travers de lui.

Le résultat est tout différent, s'il a été ou non réalisé dans un état d'inspiration, et pourtant tout n'est affaire que de nuances. Un fossé se révèle entre une interprétation médiocre et une autre sublime d'un concerto pour violon ; entre une sonate de Mozart et celle d'un artiste sans caractère ; entre un tableau de maître et celui d'un bon exécutant. D'infimes détails les séparent parfois mais cela produit des effets différents sur le public. Les premiers toucheront et enthousiasmeront l'auditeur ou le spectateur sensible, alors que les seconds, gentiment plaisants, n'auront sur ce même public qu'un impact superficiel.

L'ARTISTE, bien que travaillant son art en solitaire, n'est pas isolé. Il écoute, regarde, reçoit tout ce qui l'environne pour le transformer en création, pour participer à celle de la vie, en y mettant son CŒUR et sa conscience. Souvent il a besoin d'une personne, généralement d'un amour passionné, pour que s'ouvre son CŒUR et qu'il puisse créer. C'est sa muse, reflet extérieur de son FEMININ qui constitue alors sa source d'inspiration, celle qui le met en contact avec une dimension supérieure. Il a l'intuition que la création passe naturellement par l'UNION SACRÉE, l'intégration des principes masculins d'action et de conscience, et des principes féminins d'accueil, d'intuition, d'incarnation et de régénération.

Dans les Cartes de l'HOMME-NOUVEAU, au-delà de la création artistique humaine, la Vie elle-même est une œuvre d'art. Vivre sa vie, comme composer un opéra ou peindre une gigantesque fresque ou danser sa vie en écoutant le mouvement cosmique, c'est entrer en co-création du monde, devenir un PAYSAGISTE de la Vie.

Le premier risque de l'ARTISTE serait de n'être qu'un copiste, un technicien qui reproduit ce qu'il a vu ou entendu : un perroquet qui transcrit ce que la tradition ou d'autres artistes ont fait avant lui. L'autre danger serait de chercher à coller à une image, sans plonger dans la profondeur de l'être. Dans ce cas, ce n'est plus l'inspiration qui guide l'ARTISTE, mais simplement l'ego qui le pousse à paraître et simuler.

Dans un tirage

L'ARTISTE incite à écouter son intuition, son inspiration et à oser assumer sa singularité. Parfois aussi cette lame pousse à développer l'expression qu'elle soit artistique ou non : le monde a peut-être envie d'écouter le cri d'amour ou les résonances des « tripes » du consultant.

Cette carte invite à créer du « beau » ; à chaque instant, sans jugement et sans prétention. Quand est chanté l'émerveillement face aux MYSTÈRES de la vie et de l'amour, les échos se font nombreux ; alors, l'unisson enchante les CŒURS et inspire les âmes. C'est une réponse adaptée à la magnificence du talent du *Vrai Créateur*.

VOIE DE L'INTELLECT

L'Élève

apprenti de la *Voie de l'Intellect* : l'étude

Voie de l'Intellect **: la Connaissance**
La réflexion, la pensée, l'abstraction

Pratique recommandée par la *Voie de l'Intellect* : l'Étude des Enseignements et les Koans.

On reste ÉLÈVE toute son existence, et c'est en conservant cette attitude intérieure qu'on *s'élève*. D'abord, on nous a appris l'hygiène, la propreté et les bonnes mœurs. Puis nous avons entrepris des études plus ou moins longues. Ensuite, nous avons reçus des formations diverses adaptées au monde professionnel et nous découvrons chaque jour de nouvelles technologies qui mobilisent autant notre compréhension que notre habileté et notre mémoire. Et puis, certains s'impliquent dans une vie intérieure ou spirituelle qui nécessite de suivre des enseignements et de s'étudier soi-même.

L'ÉLÈVE étudie et apprend pour nourrir ses ambitions et sa curiosité. Il élargit ainsi son emprise sur l'environnement. Car le savoir rend autonome et les acquis intellectuels délivrent un sentiment de maîtrise. L'ÉLÈVE découvre de nouveaux concepts ainsi que l'abstraction et le symbolisme (les nombres, la lecture, la poésie...). Il développe sa concentration, le sens critique et l'esprit de synthèse, ce qui aiguise son intelligence. Son enthousiasme allié à sa soif de comprendre et de mémoriser le motive pour acquérir des notions et des données de plus en plus complexes. Mais il est impossible de tout saisir par l'intellect. On ne peut s'approprier l'objet de l'étude. Par exemple, intégrer des qualités humaines demande parfois un gros travail sur soi qui dépasse la simple compréhension.

L'*Âme* et l'*Être* sont inaccessibles par l'entendement. L'expérience, la conscience, l'effort et la sensibilité sont requis pour transformer les savoirs intellectuels en *Connaissance*[1] et en réelle Sagesse. Les MYSTÈRES obéissent à des LOIS. Connaître et suivre ces dernières permet de comprendre et de percer le secret de certains MYSTÈRES plus aisément. Et c'est l'expérience de leur approche qui produit la *Connaissance*. Quand l'ÉLÈVE cultive sa curiosité et entretient son ouverture à l'inconnu ; il nourrit son appétit de *Connaissance*. Même pour un enfant, c'est une véritable INITIATION de découvrir et de percer les petits MYSTÈRES de l'existence. Les études préparent à la future contemplation des Grands MYSTÈRES de la Vie.

Dans les *Cartes de l'HOMME-NOUVEAU*, l'ÉLÈVE est facilement en chemin vers la réalisation du *Soi*. Les examens de l'étudiant ressemblent aux ÉPREUVES qui jalonnent le chemin de l'*Homme en Quête*. Mais l'ÉLÈVE a besoin d'aide et de formation. Et quand il devient disciple, la vénération qu'il éprouve pour son MAÎTRE est colorée de la reconnaissance et du respect qu'il avait envers ses PROFESSEURS. Ce lien stimule le goût de s'instruire et incite à ne pas ménager ses efforts. Le disciple, comme l'ÉLÈVE, fait confiance à son MAÎTRE.

Plusieurs écueils guettent cependant l'ÉLÈVE. Le premier serait de privilégier le mental : il ferait preuve de naïveté s'il pensait découvrir et « assimiler » la Vérité par sa seule compréhension. Le second écueil serait de prétendre « connaître

1. Certaines traditions nomment la finalité de la quête spirituelle la Connaissance, bien différenciée du savoir par le fait qu'elle n'est pas de nature intellectuelle. L'apprentissage de l'écriture et de la lecture est une INITIATION qui fut interdite aux femmes dans le passé. Le savoir intellectuel ouvre l'accès à des espaces de compréhension, mais ce n'est pas parce qu'on lit les écrits d'un sage ou d'un PHILOSOPHE qu'on acquiert sagesse ou philosophie. La *Connaissance*, expérience intime du Soi, peut être témoignée, mais elle ne peut se transmettre d'un individu à l'autre. Son essence, comme sa quête, est paradoxalement personnelle, et commune à chacun.

suffisamment » au point d'interrompre ses études. Mais à l'inverse, l'avidité de « savoir » de certains ÉLÈVES cache parfois un goût pour la « toute puissance ». Et puis, certains refusent le statut d'ÉLÈVE. Intéressés seulement par le plaisir et la dissipation, ils se conduisent en cancre toute leur vie et se cantonnent dans une superficialité désarmante. La vie se chargera peut-être de les motiver en dressant sur leur route une ÉPREUVE ou un PROFESSEUR à leur mesure. Et enfin, d'autres ÉLÈVES prennent tout tellement avec gravité et sérieux qu'ils font fuir leur entourage. Il est pourtant possible d'apprendre en s'amusant ou en prenant plaisir.

Dans un tirage

L'ÉLÈVE délivre un message d'ignorance ! Le consultant pense-t-il déjà tout savoir ? Ou ne se sent-il pas concerné par la quête du *Soi* ? Pourtant, face aux MYSTÈRES de l'existence, chacun apprend beaucoup et enrichit autant son esprit que son âme.

L'ÉLEVE incite à étudier. L'intellect est un outil utile, moteur pour beaucoup de chercheurs de la Vérité, surtout quand l'objet de leur étude commence par eux-mêmes.

Confucius a dit : « *étudier sans méditer est vain, méditer sans étudier est périlleux* ». Si la *Connaissance* ne s'oppose pas au savoir, la réciproque n'est pas toujours vraie. Sur le chemin de l'HOMME-NOUVEAU, il ne sert à rien de cumuler diplômes et théories sans nourrir son CŒUR et s'impliquer dans une pratique spirituelle. Peut-être l'oracle conseille-t-il au consultant de trouver un enseignement ou un MAÎTRE, et de redevenir ÉLÈVE ?

L'Expert

Compagnon de la *Voie de l'Intellect* : le savoir

Voie de l'Intellect : la Connaissance
La réflexion, l'intellect, le recul

Pratique recommandée par la *Voie de l'Intellect* : l'Étude, les Koans

L'Expert maîtrise une compétence spécifique. Ingénieur ou technicien passionné, il est spécialiste d'un objet, d'une procédure ou d'un fonctionnement. Il connaît précisément tous les éléments qui composent sa spécialité ou sa passion : les techniques et les procédés d'utilisation. Les Lois qui régissent son usage comme sa composition n'ont plus aucun secret pour lui. Le « *comment ça marche* » est son domaine. Ceux qui font appel à ses services sont confiants et impressionnés, car il est le porteur vivant de son savoir. Celui-ci, parfois non livresque, nourri d'expériences, offre incontestablement un éclairage précieux ! C'est un vrai grand professionnel.

Passionné, il est à l'affut des nouveautés et innovations qui concernent sa sphère d'intérêt dont il veut tout savoir. Et il est avide de partager son savoir avec tous ceux qui s'y intéressent. Parfois aussi volubile et convaincant que compétent, il rallie à sa passion de nombreux néophytes. Et quand il est dynamique, il organise des réunions ou bien il crée des associations pour entraîner ceux-ci dans son sillage. Sa priorité existentielle est sa passion. Il s'y consacre tellement pour y exceller que son investissement est exclusif et cela réduit considérablement son ouverture au monde. Car sa passion mobilise l'essentiel de son temps et de son énergie. Si bien que l'Expert reste souvent ignorant de ce qui ne concerne pas la spécialité à laquelle il a voué son existence. Il vit dans une « bulle ».

L'HOMME-NOUVEAU est devenu un spécialiste, un EXPERT, du travail spirituel. Sa pratique spirituelle lui offre une profonde expérience du Soi. Il aime communiquer et échanger avec ceux qui sont concernés par le « Pourquoi » de l'existence : le MYSTÈRE de la vie, de la conscience. Les enseignements l'aident à donner du sens à son vécu et lui donnent des directions de travail. Mais il reste ouvert aux techniques et traditions qu'il découvre sur sa route. Tout ce qui touche à l'humanité, à l'amour et à la vie intérieure le passionne. Il expérimente sans *a priori* et ne cherche pas à décortiquer les raisons et les fonctionnements de ces pratiques. Il les expérimente avec sérieux mais le lien, la relation, l'humanité constituent le moteur de sa démarche et non pas les techniques ou le savoir.

Certains EXPERTS, très impliqués dans leurs attributions, se prennent trop au sérieux et s'identifient plus à leur spécialité qu'à leur qualité humaine. Ils sont perçus comme des êtres rigoureux, certes, mais au fonctionnement carré, mental ou cérébral. Ils manquent d'affects, de compétence relationnelle mais surtout d'expérience de la vie et de profondeur. Le monde du FÉMININ : l'empathie, l'intuition, les sentiments et les émotions, les intéresse peu. Hormis leur domaine de savoir, peu de choses les intéressent. Dans les relations amoureuses, les personnes très possessives et jalouses se retrouveront aussi sous les traits négatifs de l'EXPERT ainsi que les personnes trop pointilleuses, presque maniaques. Les « fans » de stars de variétés ou de cinéma également. Pourtant, sur le chemin de la *Connaissance*[1], l'EXPERT devra lâcher sa passion et s'ouvrir à d'autres horizons.

1. Certaines traditions nomment la finalité de la quête spirituelle la Connaissance, bien différenciée du savoir par le fait qu'elle n'est pas de nature intellectuelle. L'apprentissage de l'écriture et de la lecture est une INITIATION qui fut interdite aux femmes dans le passé. Le savoir intellectuel ouvre accès à des espaces de compréhension, mais ce n'est pas parce qu'on lit les écrits d'un sage ou d'un PHILOSOPHE qu'on acquiert sagesse ou philosophie. La *Connaissance*, expérience intime du Soi, peut être témoignée, mais elle ne peut se transmettre d'un individu à l'autre. Son essence, comme sa quête, est paradoxalement personnelle, et commune à chacun.

Dans un tirage

L'Expert interroge le consultant sur l'intérêt des techniques qu'il maîtrise et sur la manière dont il utilise son savoir. En effet, la cérébralité éloigne de la sensibilité et donc de l'humanité. L'oracle conseille au consultant de vivre, de faire l'expérience, de s'impliquer et de s'ouvrir aux autres.

Cet arcane encourage à acquérir des savoirs et des compétences mais en prenant garde de ne pas privilégier l'accès intellectuel. L'oracle, cependant, met en garde contre l'attrait excessif pour la technologie.

En tous cas, l'Expert encourage le consultant à s'engager dans la maîtrise d'une pratique spirituelle et conseille au consultant de se distancier de ses passions et de maîtriser sa possessivité.

Le Professeur
maître de la *Voie de l'Intellect* : l'enseignement

Voie de l'Intellect : la Connaissance
La réflexion, la pensée, l'abstraction

Pratique recommandée par la *Voie de l'Intellect* : l'Étude des Enseignements, les Koans

Le Professeur enseigne un savoir. Il maîtrise des informations qu'il manipule avec adresse, ce qui lui confère l'autorité de les transmettre à des Élèves. Et quand un Professeur partage avec passion son savoir et qu'il aime le sujet enseigné, il intéresse son auditoire même si le contenu est « ingrat ». Car, au-delà des enseignements, il communique son enthousiasme et « le plaisir d'enseigner rencontre le plaisir d'apprendre ».

Un bon PROFESSEUR transmet bien plus qu'un simple savoir : il communique l'art et le plaisir de la confrontation aux petits MYSTÈRES de l'existence. Il enseigne les LOIS qui permettent de les maîtriser. À la manière d'un GUIDE, il entraîne ses élèves vers de nouveaux espaces de *Connaissance*[1] qui enrichissent autant l'âme que le mental. Enseigner est un challenge car transmettre ce qui est abstrait ou mort (par exemple, les signes, les lettres, etc.) impose autant un talent de pédagogue que de psychologue mais aussi d'user d'autorité à bon escient.

Une difficulté pour bien des PROFESSEURS est de trouver le bon équilibre entre directivité et permissivité. Savoir se faire respecter sans devenir un tyran exige de poser un cadre consensuel. En effet, certains PROFESSEURS se comportent comme des dompteurs, instituant un rapport de force pour formater les ÉLÈVES. Pour eux, seul le résultat compte, aussi manient-ils généreusement les punitions pour se faire craindre. Ne dit-on pas que pour faire avancer un âne, il faut autant « utiliser la carotte que le bâton ». D'autres, comme des entraîneurs sportifs, cherchent la performance et privilégient la quantité du savoir. Ils estiment sans doute que le succès de leurs ÉLÈVES leur revient. Et parfois, ils se vivent menacés dans leur « raison d'être » quand les résultats ne correspondent pas à leur attente. Alors que d'autres encore, comme des JARDINIERS, éduquent les enfants comme on fait pousser des fleurs : ils attendent, parfois stoïques, la floraison ou que « le fruit soit mûr ».

L'HOMME-NOUVEAU aime transmettre et son domaine privilégié d'études et de communication reste la *Connaissance.*

1. Certaines traditions nomment la finalité de la quête spirituelle : la *Connaissance*, bien différenciée du savoir. Et nous distinguons la *Connaissance* du savoir par le fait qu'elle n'est pas de nature intellectuelle. L'apprentissage de l'écriture et de la lecture est une INITIATION qui fut d'ailleurs interdite aux femmes dans le passé. Le savoir intellectuel ouvre accès à des espaces de compréhension, mais ce n'est pas parce qu'on lit les écrits d'un sage ou d'un PHILOSOPHE qu'on acquiert sagesse ou philosophie. La *Connaissance*, expérience intime du Soi, peut être témoignée mais elle ne peut se transmettre d'un individu à l'autre. Son essence, comme sa quête, est paradoxalement personnelle, et commune à chacun.

Confucius a dit : « *étudier sans méditer est vain, méditer sans étudier est périlleux* ». Le développement des facultés intellectuelles favorise la compréhension du monde, de ses Mystères et de ses Lois. Et si l'intelligence est un outil qu'on peut affuter, le cumul excessif des savoirs procure un plaisir à double tranchant : l'orgueil, le pouvoir nourrissent la Suffisance.

Dans un tirage

La carte du Professeur invite le consultant à faire des efforts dans sa communication. Pour transmettre efficacement, un subtil dosage de passion, de tolérance, d'implication et de compétence est requis. Mais le message passe mieux avec pédagogie et amour des Élèves.

Chacun est une mine de savoir et de *Connaissance* qu'il peut transmettre. Cette lame encourage le consultant à témoigner de son vécu et à exposer sa compréhension à tous ceux qui y sont ouverts.

L'oracle conseille à qui n'est pas engagé sur un chemin spirituel, de chercher un Professeur (yoga, art martial ou art sacré) qui deviendra peut-être son Maître pendant un temps. Pour celui qui suit déjà un enseignement, cette lame l'invite à s'interroger sur ce qui différencie le Professeur du Maître.

VOIE DE LA RICHESSE

Le Mendiant
apprenti de la *Voie de la Richesse* : le manque

Voie de la Richesse : le Partage
L'avoir, les ressources, la valeur

Pratique recommandée par la *Voie de la Richesse* : le Don

La lame du MENDIANT, (comme celles du MALADE et de la VICTIME) présente de prime abord un aspect plutôt négatif : la dépendance. En effet, la figure du MENDIANT représente un être assisté, diminué, incapable de subvenir à ses propres besoins. Il se sent parfois vulnérable, tributaire du bon vouloir de l'autre. Souvent marginal, le MENDIANT porte sur lui-même un regard peu gratifiant.

Enfants, nous avons tous vécus la dépendance et la vulnérabilité. Notre survie a été dépendante de l'attention de nos parents et des personnes qui nous ont soignés et nourris. MENDIANT, peut-être le serons-nous lorsque l'âge, la maladie ou un revers de fortune diminuera notre force et notre capacité à faire face, seul, aux duretés de l'existence. Nous serons alors obligés de demander de l'aide, et de dépendre ainsi de la générosité des autres. Il en va ainsi de la vie : un jour on donne, un jour on reçoit.

Parfois les aléas de la vie bouleversent des situations, et dans ce cas, la nouvelle condition de MENDIANT est difficile à vivre. Cependant, lorsqu'il n'y a plus rien à perdre, trouver la force de reconnaître sa vulnérabilité ou ses besoins et faire appel à l'autre, altère l'orgueil et la fierté peut-être, mais permet de se sortir d'un mauvais pas. Il faut être humble pour demander mais aussi parfois pour recevoir.

Il existe aussi cette forme de mendicité, bien connue, où l'individu se place dans une situation où les autres assument pour lui. Ne s'intéressant qu'à lui-même, il compte sur les autres, comme l'adolescent qui refuse de prendre des responsabilités. Dans ce cas, il n'y a pas d'échange. Ce MENDIANT profite, demande et obtient les largesses des autres. Mendier devient une activité « lucrative » à laquelle il s'identifie. Tout ceci enfle son ego et augmente son mépris à l'égard des autres. Cette lame peut ainsi être vécue de manière négative.

Cependant elle recèle aussi un aspect lumineux, empli de promesses : accepter, voire choisir l'humilité et le dénuement, inverse le processus, et la figure du MENDIANT laisse entrevoir en filigrane celles du PHILOSOPHE ou du FOU. Diogène vivait dans un tonneau avec pour seul bien un manteau grossier. Il s'exprimait avec la voix de la Sagesse folle, n'avait pas de MAÎTRE. Pourtant, il discutait d'égal à égal avec les puissants. Il existe aussi des MOINES-MENDIANTS. Dégagés des contingences matérielles, travaillant à la gloire de *Dieu*, ils sont soumis à la DISCIPLINE de leur ordre, et aspirent profondément à recevoir la GRÂCE divine. (De nombreux MAÎTRES et voies spirituelles préconisent « pauvreté, chasteté et obéissance »)

La lame du MENDIANT invite à l'acceptation, en toute humilité, d'une situation difficile. Elle propose de vivre sans chercher à « avoir plus », rempli de gratitude envers la Vie qui apporte une richesse plus profonde que les biens matériels : la richesse intérieure.

Mais celui qui a faim ne peut se consacrer pleinement et librement à son développement personnel. Lorsque la survie est engagée ou la souffrance trop grande, seules les personnalités hors du commun ont la force de surmonter leurs ÉPREUVES et de les sublimer.

Dans un tirage

Le consultant qui tire la lame du MENDIANT reçoit deux leçons : l'humilité et la responsabilisation. Il devra s'interroger sur ses besoins, ses manques et ne pas hésiter à demander de l'aide. Le consultant aurait-il besoin d'un MAÎTRE, d'un AMI ?

Pour d'autres qui ne font pas tout pour s'assumer : il est temps de sortir d'un système fait de passivité et d'irresponsabilité. S'ils peuvent agir, pourquoi compter sur les autres ?

L'un nie sa dépendance alors que l'autre s'en délecte. Entre les deux se trouve l'homme responsable, parfois impuissant ponctuellement mais qui rend GRÂCE à Dieu. Celui-là est déjà bien engagé sur le chemin de l'HOMME-NOUVEAU.

Cette dimension de l'être nous concerne tous car, face aux MYSTÈRES de la vie, nous sommes tous des MENDIANTS et ne pouvons que faire preuve d'humilité.

Le Négociant
compagnon de la *Voie de la Richesse* : le commerce

Voie de la Richesse : le Partage
L'avoir, les ressources, la valeur

Pratique recommandée par la *Voie de la Richesse* : le Don

La carte du NÉGOCIANT parle de notre capacité à entrer en relation avec l'autre à travers l'échange d'objets et de biens. L'humanité s'est développée aussi vite parce qu'elle a su échanger comme aucune autre espèce avant elle sur terre. Elle a transmis, d'un bout du monde à l'autre, des informations, des valeurs, des connaissances, autant que les biens matériels ou les marchandises.

L'évolution d'une société s'accélère dès qu'elle intègre les apports d'autres sociétés. En économie comme dans le domaine de la culture, l'ouverture des frontières a toujours été la marque d'un développement, d'un accroissement des richesses. Se replier sur soi, vivre en autarcie, sans échange, « garder pour soi » sclérose, alors que l'échange enrichit à condition de ne pas céder à la TENTATION « d'arnaquer » l'autre.

L'ouverture aux autres est motivée, à l'origine, par des intérêts matériels. Le troc fut la première manière d'échanger et de partager : « Je te donne trois sacs de riz contre deux poulets », « Je donne ma fille à ton fils en mariage ; de cette alliance, nos deux familles sortiront plus fortes, plus riches ». Il ne s'agissait pas alors de gagner, d'abuser l'autre ; chacun trouvait intérêts et profits à ces commerces. Puis le système s'est progressivement complexifié et dégradé. Aujourd'hui, l'économie mondiale est devenue tributaire de la spéculation internationale. Comme le disait Karl Marx, l'économie censée être au service de l'homme a changé de place ; c'est l'homme, maintenant, qui se trouve au service de l'économie et des investisseurs. Cependant nous vivons dans ce système marchand, et chacun de nos choix, de nos actes, contribue à le renforcer, et à nourrir le « démon » de l'argent.

En dehors du domaine matériel, le NÉGOCIANT s'exprime aussi dans celui des sentiments et même dans celui de la spiritualité : nous avons tous tendance à négocier nos relations affectives ainsi que nos actes avec les êtres qui nous entourent. L'« amour » repose en effet, parfois, sur un marchandage sentimental né de la névrose (demande d'être rassuré, reconnu, protégé). Ce semblant d'amour n'est qu'une relation d'attachement et de non-dits fondés sur des manques, des peurs et des besoins infantiles non résolus. Dans ce jeu de dupes où chacun utilise l'autre pour combler ses manques, lorsque la passion amoureuse disparaît, vient le moment des comptes. Les enfants, la maison, tout devient enjeu et objet de pression avant la séparation.

Le besoin et l'intérêt sont souvent confondus. Pourtant, ils créent des relations bien opposées. Lorsqu'on reconnaît le besoin qu'on a de l'autre, l'échange implique le CŒUR alors que l'intérêt mobilise le mental et les talents de STRATÈGE.

L'amour est un MYSTÈRE, « l'autre » aussi. L'amour naît de l'acceptation des différences. Et ces différences ne se négocient pas. L'autre restera différent et mystérieux quoiqu'on veuille. Dans le domaine spirituel, certains croient qu'une petite pratique hebdomadaire achètera la GRÂCE de « Dieu ». Mais en amour, le gagnant est le perdant : celui qui donne, qui s'offre, qui *Transcende* ses efforts vers l'autre sans calculer gagne en richesse intérieure.

L'HOMME-NOUVEAU est un NÉGOCIANT qui ne marchande pas ses efforts. Il s'engage totalement dans sa quête pour percer les MYSTÈRES de la vie. Il n'a rien à perdre et son intention est seulement de gagner en richesse intérieure et de faire l'expérience profonde de lui-même. Il implique donc, dans sa démarche, tout son amour et toute sa volonté.

Dans les *Cartes de l'HOMME-NOUVEAU,* le premier des risques encourus par le NÉGOCIANT est évidemment l'avidité. Lorsqu'on veut échanger une valeur contre une autre, il est tentant d'en demander le prix fort. Parfois l'interlocuteur naïf se fait abuser sans que le NÉGOCIANT ait des remords. Une autre erreur serait au contraire de se laisser leurrer dans les échanges. Le troisième danger serait de considérer que tout est estimable et monnayable. L'amour, la vie, l'expérience n'ont pas de prix. On ne peut ni les acheter ni les vendre. Et enfin, certains, dans les discussions, cherchent les arguments pour avoir raison, parfois en trichant et mentant.

Dans un tirage

Le NÉGOCIANT interpelle le consultant sur ses valeurs et sur sa manière de gérer ses relations au monde matériel, aux autres et à la quête spirituelle.

Son but est-il la richesse matérielle, « gagner » plus ? Dans ce cas, il reçoit l'invitation à ouvrir ses perspectives existentielles à l'amour et à la spiritualité. Le consultant considère-t-il sa vie affective comme un business ? Le NÉGOCIANT lui rappelle ici que les sentiments ne s'achètent pas. Si c'est la quête spirituelle qui motive la consultation de l'oracle, le NÉGOCIANT invite à s'investir totalement dans la confrontation aux MYSTÈRES de la vie. Là, il ne pourra pas négocier indument.

Peut-être est-ce là également une invitation à cesser de tout marchander pour mettre de la générosité et de la gratuité dans sa vie ? Serait-ce le moment de passer de la négociation à la prise en compte du point de vue de l'autre et de cesser vouloir avoir raison à tout prix ?

Le Mécène

maître de la *Voie de la Richesse* : la générosité

Voie de la Richesse : le Partage
L'avoir, les ressources, la valeur

Pratique recommandée par la _Voie de la Richesse_ : le Don

Le MÉCÈNE est le maître de la *Voie de la Richesse.* L'aisance matérielle est son privilège. Sa prospérité lui assure une survie confortable pour de longues années ; mais ce ne sont pas pour autant des clés garantes d'ouverture du CŒUR et d'élévation de conscience, ni de bonheur. Il a cependant les moyens et, s'il est généreux, il recevra en retour renommée et autosatisfaction et surtout il s'inscrira dans le cadre d'une démarche altruiste, porte de la spiritualité.

Quand l'avenir matériel est assuré, que plus rien n'est à prouver aux autres ni à soi-même, il est possible de contempler ses acquis avec satisfaction, parfois avec fierté. Mais ce plaisir s'use vite et on risque de s'endormir dans la superficialité née de la réussite, et de se scléroser dans un égoïsme et un égocentrisme contraires à une vraie vie spirituelle. Et lorsque la recherche de notoriété et l'autosatisfaction n'offrent plus d'intérêt, surgissent l'ennui puis la dépression. Songeons à la consommation de psychotropes en Occident !

S'il est possible de s'adonner à la culture, aux sports ou aux voyages, cela ne préserve pas de l'ennui, puisque plus rien n'est à désirer. La richesse, la notoriété ou l'image de soi ne donnent alors plus de sens à la vie. Aussi de nombreux possédants s'investissent dans le « sponsoring », le mécénat ou les associations humanitaires. Certains s'y passionnent et découvrent un nouveau sens à leur existence.

Le MÉCÈNE s'intéresse moins à lui-même qu'à ce que crée sa générosité. En aidant des projets, des passions, des créations, il aide le monde à se développer et participe au mouvement de la Vie. En s'engageant financièrement, il contribue à l'amélioration des conditions de vie des uns ou des autres. Le MÉCÈNE correspond à l'autre face du MENDIANT. Ce dernier demande et il reçoit du MÉCÈNE qui, en lui donnant, se voit offrir la possibilité d'ouvrir son CŒUR et d'être utile.

Le MÉCÈNE court cependant des risques. Le premier serait de croire en un sentiment de puissance donné par son argent et d'en abuser pour exercer un pouvoir égotique. Ceci a cours dans certains milieux d'affaires, où le mécénat n'est qu'investissement et acte publicitaire, dans l'attente d'un retour sur investissement. Dans ce cas, il s'agit d'une instrumentalisation du don, d'une manipulation pour obtenir encore plus, en produisant une illusion de générosité.

Un autre risque consiste à s'enorgueillir de ses dons ou de ses bonnes actions. Or ces richesses données viennent d'un héritage peut-être, d'une réussite professionnelle passée, voire de la chance. L'origine première en est un cadeau de la Vie. Alors, pourquoi ne pas en restituer un peu. Soyons des instruments de la générosité de la Vie et participons à l'amélioration des conditions de vie de nos entourages. La pingrerie, la mesquinerie et le manque de générosité brident considérablement l'épanouissement de l'*Être*.

Être Mécène, c'est une question de Cœur et d'intention, et non d'importance du don. En lâchant nos égocentrismes, nos individualismes, par le don, nous gagnons en richesse intérieure, en relations vraies et surtout en ouverture du Cœur. La spiritualité ne se vit pas sur un nuage. Souvent, les actes pratiques illuminent au moins autant que des heures de méditation.

Dans un tirage

L'arcane du Mécène délivre un message fort d'ouverture et d'action en direction des autres : être généreux vis-à-vis de ceux que nous côtoyons. Voilà une invitation à prendre conscience du privilège de nos situations et un signe de la nécessité de donner et de s'engager sur les *Voies* de la réalisation de l'*Être*, aussi bien dans un axe social que spirituel. La richesse intérieure n'est pas tributaire d'un capital matériel ou financier.

Le Mécène interroge le consultant : où investir son énergie, son temps, son argent ? Et de quelle manière ? Dans quel but ?

C'est parfois difficile de donner. Ce peut être un effort, un sacrifice, un Renoncement. Tirer la lame du Mécène est une invitation à se donner sans compter... gratuitement. Mais attention, l'ego et l'orgueil sont toujours prêts à tout récupérer.

VOIE DE LA DÉVOTION

Le Sceptique
apprenti de la *Voie de la Dévotion* : la résistance

Voie de la Dévotion : la Foi
La prière, le pardon, la connexion

Pratique recommandée par la *Voie de la Dévotion* : le Rituel, la Prière

Comme saint Thomas, dans les Évangiles, le SCEPTIQUE ne croit qu'en ce qu'il voit ou en ce qui est mesurable et reproductible. Il ne veut être ni abusé, ni superficiel ou crédule.

Alors que certains sont avides de croyances et de certitudes, le SCEPTIQUE s'en méfie. Comme un scientifique, il examine, étudie, dissèque et discute le contenu des dogmes, croyances ou de toutes « vérités » émises de manière péremptoire. Il en relève les incohérences et les failles. Selon lui, la vérité absolue n'existe pas et la *Raison* fait LOI.

Le doute crée le discernement et donne profondeur, puissance et richesse d'argumentation : ce qui est avancé peut être prouvé et défendu. Les théories scientifiques et les thèses philosophiques mais aussi les doctrines spirituelles s'enrichissent de l'apport critique de SCEPTIQUE. Cependant, exclure le subjectif de l'argumentation ampute l'observation d'une part importante : le « FÉMININ » (le domaine du sensible et du ressenti).

La *Foi* du SCEPTIQUE est essentiellement fondée sur la logique, il se méfie du ressenti, en particulier celui des autres. Pour lui, la pensée donne sens et l'amour, par exemple, a peu d'intérêt car on ne peut le prouver et le mesurer.

Est-ce que sa blessure d'amour-propre est si forte quand il se trompe, qu'il préfère ne croire que dans les évidences ? Ou est-ce parce qu'il s'est profondément senti abusé ou manipulé que le SCEPTIQUE doute de tout ? Est-ce parce qu'il se croit plus clair que l'autre, qu'il remet en question les thèses et les affirmations qu'on lui soumet ? Ou encore est-ce encore parce qu'il prend plaisir à détruire ce qui sécurise ses interlocuteurs ?

En tous cas sa position est parfois perçue comme négative et agressive. Personne n'aime être contredit ni déstabilisé par des arguments produits par l'adversaire. L'issue de ces polémiques peut même être humiliante. Cependant, on aime les interventions du SCEPTIQUE lorsqu'il respecte ses interlocuteurs et que ses arguments sont portés par l'amour dans un but constructif.

L'HOMME-NOUVEAU est parfois perçu comme un SCEPTIQUE. Sa quête de vérité, son exigence de qualité et de pureté alliées à l'expérience du « FÉMININ sacré » qui fonde sa *Foi* et dont il n'hésite pas à témoigner, rendent certaines conversations parfois âpres et déstabilisantes pour des ADEPTES trop crédules. Mais elles sont toujours riches et respectueuses. Il voit, en effet, derrière les croyances naïves de certains, l'aspiration à la vérité ; ce qu'il estime profondément. Mais s'il le peut, en prenant des précautions d'AMBASSADEUR, il saura les éclairer sans être trop protecteur.

L'HOMME-NOUVEAU reste tranquille dans les polémiques car il ne cherche ni à avoir raison ni à convaincre. Il sait pour lui-même et personne ne peut détruire son expérience. Ouvert, cependant, à toutes remises en cause, il s'enrichit des contradictions.

Sur le chemin de l'HOMME-NOUVEAU, certains SCEPTIQUES sont en danger : trop de pragmatisme et une attitude scientiste[1] gênent l'ouverture du CŒUR et empêchent l'accès au

1. Le scientisme est une philosophie qui affirme que la science nous fait connaître la totalité des choses qui existent et que cette connaissance suffit à satisfaire toutes les aspirations humaines.

FÉMININ. Certaines expériences ne peuvent être reproduites et sont non mesurables mais cela ne veut pas dire qu'elles n'ont pas de sens ou sont le fruit du hasard. D'autres SCEPTIQUES manquent d'humanité quand ils sont face à des ADEPTES candides dont ils aiment casser les croyances. Peut-être est-ce par jalousie ou manque de tolérance ou croient-ils détenir la vérité en détruisant les vérités des autres ?

Dans un tirage

La lame du SCEPTIQUE convie certains consultants à s'ouvrir aux énergies subtiles, à faire confiance à leur ressenti et à s'ouvrir réellement à l'expérience des autres sans critiques. L'amour, l'ouverture, la tolérance et le respect sont à considérer avec autant d'attention que la logique, le pragmatisme et le réalisme. Les MYSTÈRES de la vie s'abordent aussi avec la sensibilité.

Pour d'autres, le message de l'oracle préconise d'être critique, de remettre en question certaines croyances qui freinent l'avancement et l'élargissement de la conscience.

Mieux vaut-il être heureux mais crédule (inconscient ou dans l'erreur) ou bien conscient mais malheureux par manque de « Vérité Absolue » concernant le sens de l'existence ? La réponse juste est peut-être un mélange bien dosé de ces deux positions !

L'Adepte
compagnon de la *Voie de la Dévotion* :
la croyance

Voie de la Dévotion : la Foi
La prière, le pardon, la connexion

Pratique recommandée par la *Voie de la Dévotion* : le Rituel, la Prière

L'ADEPTE, le compagnon de la *Voie de la Dévotion*, suit les préceptes d'une voie spirituelle ou religieuse. Il est en quête de réponses au sujet des MYSTÈRES de la vie et de la MORT : pourquoi vit-on ? Qu'est-ce que l'âme, l'*Esprit* ? À la recherche de sens, il pratique des enseignements spirituels, prie ou médite. Entré au sein d'un mouvement spirituel ou religieux, il y reçoit des réponses, des préceptes sur une manière de vivre et surtout la chaleur et le soutien d'une communauté de croyants qui cheminent avec lui. L'ADEPTE a besoin de croire en « une vérité collective » pour être en paix et heureux.

Les pratiques, prières, mantras, livres et rituels sacrés sont les outils transmis par des MAÎTRES spirituels pour ouvrir la conscience au domaine du *Sacré*. Mais parfois, même de bons outils freinent l'évolution individuelle, lorsque le pratiquant cherche seulement à se rassurer et à calmer ses angoisses existentielles et métaphysiques. Toute pratique censée conduire à la LIBÉRATION peut enfermer les croyants crédules et en quête d'espoir dans un système de croyances toutes faites, mais peu propice à l'élargissement de la conscience.

Tant que l'ADEPTE n'a pas fait l'expérience profonde du *Soi*, il reste focalisé sur la forme. Il associe et confond croyances et vérité. Comme le dit *Le chant du Mahamudra de Tilopa* : « *Quiconque s'efforce de pratiquer le Dharma (la forme) ne trouve pas la vérité de ce qui est au-delà de la pratique* ». Et cette dernière ne peut conduire, seule, à l'éveil, c'est ce qu'a senti le MYSTIQUE.

L'homme en quête cherche une *Voie*, persuadé qu'une pratique le conduira à faire l'expérience du *Soi*. Ouvert aux différentes traditions spirituelles, il est convaincu de la possibilité pour lui d'accéder au statut d'HOMME-NOUVEAU. La différence entre ce dernier et *l'homme en quête*, est la *Foi*. Tous les deux peuvent se côtoyer dans un temple et être ADEPTES de la même tradition. L'un cherche à connecter le *Divin* dans la forme, dans le dogme, à l'extérieur de lui, alors que l'autre a goûté en lui la réalité du *Soi Divin*. L'HOMME-NOUVEAU est assez peu attaché à la tradition car il connaît l'universalité de son expérience. Et la solitude de sa démarche ne l'affecte pas.

Le risque majeur de l'ADEPTE, par son attachement à la forme, est de devenir fanatique. C'est ainsi qu'éclatent les guerres religieuses, les pogroms, les croisades qui opposent les fidèles au nom de *Dieu*. Mais au-delà du domaine spirituel et religieux, le manque de tolérance et l'excès de certitude causent des dégâts équivalents : ceux qui veulent toujours avoir raison, par exemple. D'autres ADEPTES se comportent aussi comme des candides. Ils croient naïvement à des balivernes qui les gardent prisonniers d'un mouvement ou de croyances. Ils recherchent seulement à se rassurer et à se débarrasser de leurs angoisses métaphysiques voire existentielles.

L'un et l'autre devront, tôt ou tard, abandonner les croyances pour trouver la *Foi*. Le processus ressemble à celui de l'enfant qui quitte sa mère ou la MATRICE pour s'émanciper.

Dans un tirage

L'Adepte invite le consultant à suivre la Discipline d'une *Voie* spirituelle ou à s'impliquer davantage dans la *Voie* déjà pratiquée. Attention, cependant, à ne pas sombrer dans le fanatisme ou *a contrario* dans la naïveté et la crédulité.

Cette carte propose aussi de s'interroger sur ses croyances, sa peur de la solitude et son besoin de sécurité. Elle demande de ne pas confondre le fond et la forme, l'idée et l'expérience. Les croyances reposent sur des systèmes de pensée. Il est suggéré ici de croire en son ressenti, en son expérience, d'avoir Foi en *Soi* et de contempler les Mystères de la vie sans fuir l'inquiétude et la solitude qu'ils génèrent par des croyances rassurantes.

L'Adepte est également la lame de la tolérance : tolérance envers les autres et leurs croyances, indulgence envers soi-même (pas d'ascétisme exagéré).

L'Officiant

maître de la *Voie de la Dévotion* : le sacerdoce

Voie de la Dévotion : la Foi
La prière, le pardon, la connexion

Pratique recommandée par la *Voie de la Dévotion* : le Rituel, la Prière

Alors que le Mystique s'adresse directement à Dieu, l'Officiant, engagé dans une voie sacerdotale par vocation, est un animateur de la vie religieuse. Il entretient le cadre et le lieu du culte, églises ou temples, pour présider à des cérémonies et faciliter la pratique de rituels. Les Adeptes supposent qu'il connaît parfaitement le chemin de la « *reliance au Sacré* ». Considéré comme une référence, un père spirituel dévoué, on consulte l'OFFICIANT pour l'interroger sur sa connaissance des dogmes, des rituels et textes sacrés ainsi que pour se référer à son expérience et s'inspirer de sa sagesse.

Bien des rituels ont un sens que les néophytes ne comprennent pas car la dimension sacrée s'aborde souvent par le symbole qui est une image ou un signe qui véhicule un concept significatif pour un groupe de personnes averties. Une petite INITIATION, ou une explication, est souvent nécessaire pour résonner à son contenu. Et certains rituels confrontent ou interrogent l'ADEPTE dans le but de créer des insights[1] et d'ouvrir le pratiquant à la conscience du *Sacré*, du divin ou d'évoquer les MYSTÈRES de l'existence. L'OFFICIANT maîtrise aussi bien la pratique que le sens des symboles qu'il manipule.

Lorsqu'il exerce son sacerdoce sincèrement et de façon impliquée, son rôle est spécialement important lors d'événements particuliers marquant la vie de chacun : deuils, naissances, unions, etc. L'OFFICIANT est ouvert et compatissant. Il partage la joie mais aussi la peine d'autrui et trouve les mots justes qui soutiennent pour accompagner judicieusement les ADEPTES dans ces moments cruciaux. Sa place dans une société religieuse est donc très importante.

L'HOMME-NOUVEAU, même s'il a été éduqué dans un cadre religieux, n'est plus attaché aux formes spécifiques des dogmes et pratiques. Mais relié et conscient du principe créateur, il est un excellent OFFICIANT. Par sa qualité de présence et son aspiration à rendre GRÂCE, il inspire son entourage. Par exemple, comme le faisaient les Anciens, il se recueille un instant avant de manger ou de boire, quelles que soient les circonstances et remercie la vie pour la nourriture

1. L'insight est un mot anglais qui signifie révélation, illumination. Elle vient spontanément du *Soi* en réponse à un problème ou un mystère.

qu'il va manger. Qu'il adhère ou non à une religion, il crée facilement, n'importe où, les meilleures conditions à la méditation. La terre est son Temple.

L'OFFICIANT encourt trois risques majeurs. L'habitude, d'abord. Elle étouffe l'intensité des rituels en les vidant de leur contenu vivant. Les cérémonies dépendent de la qualité de présence et du CŒUR que l'OFFICIANT implique dans son exercice. C'est lui qui contribue à en véhiculer le contenu spirituel et, par résonance, le public en perçoit la densité, ou non...

Le deuxième risque qui guette les OFFICIANTS est de s'attacher excessivement à la forme : le rituel n'est pas la Vérité. D'autres formes de pratiques existent, ont existé et existeront et elles sont aussi valables. Les symboles ne vivent pas, ils véhiculent seulement des concepts et des intentions. L'adaptation du rituel à son temps et au public garde le culte attrayant. Et pour les ADEPTES, le MYSTÈRE de la vie se réalise à travers l'OFFICIANT, dans la cérémonie. Ses habits sacerdotaux, ses insignes ainsi que le rite impressionnent les candides. Mais c'est une gageure de les enfermer dans la croyance que cela suffit pour devenir un HOMME-NOUVEAU.

Et enfin, le troisième écueil de l'OFFICIANT serait de tirer profit de sa position. Organiser et présider des cérémonies ou des rituels confèrent un statut qui génère l'admiration et fascine les esprits fragiles. Les profits, de tous ordres, retirés de l'exercice sacerdotal sont à proscrire.

Dans un tirage

L'OFFICIANT rappelle au consultant l'importance des rituels. Ces instants sont propices au centrage sur la *Présence Sacrée*, à condition que les symboles utilisés et la qualité de présence de l'OFFICIANT portent les ADEPTES vers la conscience de l'*Être*.

Toute action, chaque moment peut être sacralisé, particulièrement les grands moments de la vie : les anniversaires de mariage, par exemple ou les naissances...

Attention cependant, un rituel sans conscience, sans Cœur, ou pratiqué par habitude détourne de son but initial. L'Officiant engage également le consultant à être vigilant : le rituel est un moyen parmi d'autres. La conscience du Sacré est indépendante de tout cadre.

Le symbole, la cérémonie, l'habitude : voilà des sujets de réflexion pour le consultant.

VOIE DE LA RELATION

Le Serviteur

apprenti de la *Voie de la Relation* : l'aide

Voie de la Relation : la Fraternité
Le partage, la coopération, l'humanité

Pratique recommandée par la *Voie de la Relation* : le Service

Le SERVITEUR est au service des autres sans être soumis ou esclave. Il est libre et volontaire. Il obéit à un MAÎTRE ou à un donneur d'ordres mais il arrive qu'il serve à sa propre initiative. Il peut se sentir important et aimé ou au contraire exploité voire humilié, selon la manière dont les ordres lui sont transmis et selon son état d'âme.

Quelle que soit l'activité, on peut la vivre joyeusement comme un service à la communauté ou bien comme une corvée pénible voire avilissante. Nettoyer la vaisselle, aider un aveugle à traverser la rue ; enlever une crotte sur le trottoir, faire la cuisine, donner un coup de main... tout peut être un service vécu avec plaisir ou subi comme une contrainte déplaisante et parfois même humiliante.

Lorsque le SERVITEUR sert volontairement, la joie ressentie donne sens à son existence. Un fort sentiment d'appartenance et de présence peut être vécu. Le service devient une bénédiction, une faveur, un cadeau de la vie. Mais parfois, la position de SERVITEUR demande de s'effacer et l'ego est alors confronté : le sujet important n'est plus soi mais l'autre ; ce vrai défi à la fierté exige de l'humilité et sollicite une réelle ouverture du CŒUR.

Cependant le plaisir de servir ou tout au moins la tolérance à la pénibilité dépend du sens ou de l'intention donnés au service. Il est plus facile de choisir « son » service ou « son » MAÎTRE (telle une personne qu'on sait d'avance reconnaissante) ; et c'est beaucoup plus ingrat et confrontant de servir des êtres désagréables ou tyranniques. Voilà le vrai challenge qui bouscule l'orgueil et se révèle être un enseignement spirituel puissant. La reconnaissance, l'amour ou les intérêts reçus en échange du service ne satisfont pas toujours. L'ego est frustré. Un effort de *Transcendance*[1] s'impose pour transformer ce sacrifice, ce RENONCEMENT de l'ego, par l'ouverture du CŒUR, en amour. Le plaisir d'aimer supplante alors les frustrations et le vrai bénéficiaire (pour celui qui vise l'évolution spirituelle) est le SERVITEUR. Le service est donc une marche incontournable sur le chemin de l'HOMME-NOUVEAU pour qui tout devient service...

Servir de façon juste n'est pas aisé et des pièges se présentent sur la route du SERVITEUR. Le service est gratuit et pertinent : devancer les besoins de l'autre envahit parfois son « espace de désir ». Et nourrir ses propres intérêts : comptabiliser ou utiliser les services rendus pour mettre l'autre en dette et obtenir des contreparties est autant contraire à l'esprit du SERVITEUR que de s'enorgueillir des services rendus.

Un autre écueil jalonne la route du SERVITEUR : abandonner fierté et amour propre pour adopter une position soumise ou devenir esclave. On risque de se replier sur soi-même, de se couper de ses énergies de vie et, à terme, de se croire VICTIME et déshérité par la vie. D'autres, à l'inverse, refusent par orgueil tout lien de service dès qu'ils suspectent la moindre humiliation. Ils se méfient de l'autre et manquent de confiance autant dans la vie qu'en eux-mêmes. Ils voient le service comme une tentative d'avilissement les menant à la servitude : le REBELLE en eux, trop sensible et suscep-

1. La *Transcendance* est une petite gymnastique intérieure, une ouverture qui transforme la pénibilité d'un effort en plaisir.

tible, promet de ne jamais se soumettre. Manquant d'objectif spirituel, ils choisissent l'illusion égotique. Dommage car il est possible de créer l'amour et de devenir l'ARTISTE de son existence, quoiqu'il arrive.

Le SERVITEUR, grâce à son discernement, reste MAÎTRE de son choix de vie. Sa démarche a un sens. C'est pourquoi le SERVITEUR est un personnage important parmi les *Cartes de l'HOMME-NOUVEAU* : il a opté pour un chemin d'humilité afin de « travailler » son ego. Sa motivation n'est ni l'argent, ni la performance, ni une attente d'amour ou de reconnaissance. Son but est de progresser en conscience, de lâcher son « petit moi » et d'ouvrir son CŒUR le plus possible en attendant que son amour devenu inconditionnel embrasse même ceux qui l'ont maltraité. Il sert la vie, en résonance d'*être* à *être*. Plus rien n'est à « faire » pour servir, c'est la nature profonde, au-delà de l'ego, qui exprime l'amour coulant naturellement en *Soi*.

Dans un tirage

Le SERVITEUR engage le consultant à centrer sa motivation sur l'amour dès que son orgueil est malmené, à aider ceux qui sont dans le besoin et à se mettre au service de la vie. S'il ressent de l'humiliation, qu'il n'oublie pas que la *Transcendance* ouvre le CŒUR. C'est même un cadeau, une opportunité unique de progression sur le chemin de l'HOMME-NOUVEAU.

Cependant pour certains, trop soumis, voilà peut-être le signal de préserver leur intégrité en mettant fin à une situation sans issue. Il s'agit de servir et non d'être esclave. D'autres « MAÎTRES » sauront sûrement reconnaître leur valeur et leur donner une juste reconnaissance.

Enfin, pour ceux qui se dévouent facilement : ces services sont-ils vraiment utiles et à qui ? N'est-ce pas un moyen pour être reconnu ou aimé ou encore de prouver sa « perfection » ?

L'Ami
compagnon de la *Voie de la Relation* : le partage

Voie de la Relation : la Fraternité
Le partage, la coopération, l'humanité

Pratique recommandée par la *Voie de la Relation* : le Service

L'Ami est une lame très douce qui parle d'amour, de fraternité et de confiance, de respect et d'honnêteté, de fidélité et d'intégrité, etc. L'amitié est désintéressée, c'est une relation d'être à être, intense, pure et durable. La rencontre d'un Ami est un cadeau de la vie.

Il est souvent dit que les vrais Amis se comptent sur les doigts d'une main pour souligner la rareté et la préciosité de la relation très privilégiée qui les unit. Les liens d'amour, en famille ou en couple n'ont pas la même « consistance » car l'amitié est libre de contraintes et les Amis créent la relation à leur mesure. L'intimité qu'ils partagent exclut la sexualité (sinon, ils seraient Amants), ainsi que la séduction, ce qui rend le lien plus confortable.

Bien des amitiés se nouent dans l'enfance. L'Innocence, l'ouverture du Cœur et la confiance sont des bases sur lesquelles s'établissent facilement des relations intimes. Mais il arrive que des amitiés solides se fondent entre individus peu enclins, *a priori*, aux échanges sentimentaux. Un but identique, l'honneur, le partage de moments intenses ou dangereux, ou encore des intérêts communs ou complémentaires favorisent l'éclosion d'amitiés originales. L'autre est alors vécu comme un « allié » qui a fait ses preuves ou un autre soi-même ou bien encore comme un exemple qu'on voudrait égaler ou dont on s'inspire !

Le partage de plaisirs entretient l'amitié qui s'élabore très souvent sur un contrat relationnel tacite. Cela génère parfois des quiproquos et des crises qui nécessitent des mises au point. Quand un AMI n'a ni les mêmes goûts ni des valeurs identiques, la relation est mise à l'épreuve. Certains vivent alors un fort sentiment de trahison lorsqu'ils découvrent qu'un de leurs AMIS se désolidarise, voire même s'oppose à eux.

Il existe deux axes principaux sur lesquels se construisent les liens d'amitié : *l'avoir* (profiter) et *l'être* (partager). Bien sûr, les circonstances imposent de mélanger ces deux types de relations humaines. Mais, lorsqu'on attend soutien et complicité ou que l'on fuit l'ennui et la solitude, l'AMI est « objétisé ». On ne supporte pas qu'il se comporte d'une certaine façon ou qu'il pense différemment. Ce n'est plus *l'autre* qu'on recherche mais un miroir de soi-même et surtout avoir raison ou être mis en valeur. La dépendance affective crée des relations de complicité ou de complaisance qui ressemblent à l'amitié mais, sans intégrité, celles-ci ne sont que « marché de dupes ».

Bien différent est de rechercher la compagnie de quelqu'un simplement pour être avec lui : le découvrir, partager, échanger pour s'enrichir mutuellement. Alors, être avec un AMI ouvre le CŒUR, élargit la conscience. L'amitié vraie, supporte les « DIFFÉRENCIATIONS » car il n'est pas nécessaire de vivre une relation fusionnelle pour la cultiver. D'ailleurs, être flatté, se satisfaire et s'excuser mutuellement facilement n'est pas stimulant, surtout pour ceux qui ont entrepris une démarche d'évolution personnelle et spirituelle. A. de St Exupéry disait : « *Si tu diffères de moi, mon Ami, loin de me léser, tu m'enrichis* ».

Chacun a besoin de relations, de liens doux et nourrissants. C'est vrai ! Et il est important de se sentir aimé, compris, respecté et en confiance. Mais accueillir les critiques d'un AMI, ou prendre le risque de perdre une amitié en parlant vrai est une vraie DISCIPLINE relationnelle impérative pour l'HOMME-NOUVEAU.

L'Homme-Nouveau tisse des liens fraternels avec la plupart des personnes qu'il rencontre parce qu'il se sent relié à chacune et il trouve toujours en chacun un peu de lui-même. Les différences des uns ou des autres lui plaisent car il s'enrichit de la diversité et il aime percevoir « l'âme en quête ». Il accepte l'autre sans condition ; il n'attend pas de lui une adhésion totale à ses choix de vie ou à ses positions ni un ralliement sans discernement. La vérité, le juste n'appartiennent à personne ; l'important, c'est le respect de soi et de l'autre associés à l'ouverture au différent et à la différence ainsi qu'au Mystère de l'autre et de l'amour.

Dans une consultation

L'Ami invite le consultant à se positionner dans toutes relations de manière intègre et à prendre en référence les valeurs de l'être. Sur la route de l'Homme-Nouveau, perdre une amitié est préférable à se compromettre.

La carte de l'Ami propose de rester ouvert aux autres et de les aimer quoiqu'il arrive plutôt que de chercher leur amour.

La fraternité est une aspiration légitime et accessible, le consultant est convié à l'incarner et à participer à son avènement.

L'Ambassadeur

maître de la *Voie de la Relation* : la diplomatie

Voie de la Relation : la Fraternité
Le partage, la coopération, l'humanité

Pratique recommandée par la *Voie de la Relation* : le Service

Un bon AMBASSADEUR est un fin diplomate et un redoutable NÉGOCIANT. Il représente parfois un pays à l'étranger ou bien il défend les intérêts d'un groupe de personnes ou d'une entreprise. Ses dons relationnels, sa qualité de communication et sa compétence le rendent persuasif auprès d'un auditoire parfois hostile, mais puisqu'il est un « porte-parole », on le respecte.

Quelquefois délégué ou mandaté par une assemblée pour parlementer avec des autorités, l'AMBASSADEUR s'emploie à désamorcer des conflits ou à plaider des causes auxquelles il adhère. Sa sincérité est évidente et on estime sa parole. Les qualités requises pour exercer cette fonction sont nombreuses : pondération, recul émotionnel, douceur mais aussi fermeté, adresse verbale, pédagogie et charisme.

Dans tous les milieux, il existe des AMBASSADEURS détachés par un groupe pour négocier avec des instances adverses. Les syndicalistes, les hommes politiques, les délégués du personnel et même les représentants de commerce se retrouveront facilement dans cette figure. Mais aussi ceux qui font office de médiateur dans un petit groupe.

L'HOMME-NOUVEAU est un excellent AMBASSADEUR. La cause pour laquelle il plaide est empreinte d'universalité ; c'est la conscience, la présence aux MYSTÈRES de l'existence. Sincère et intègre, il communique son goût pour la profondeur et la quête de vérité. Il est écouté et respecté car ses propos dépassent les polémiques partisanes des religions ou des mouvements spirituels. Ses paroles rassemblent et font l'unanimité car elles sont vraies, sans parti pris. Pourtant, passionné, il pondère ce qu'il dit en fonction de son auditoire sans trahir le fond de sa pensée. Pour lui, la parole est sacrée alors il ne triche et ne ment pas.

Les risques encourus par l'AMBASSADEUR sont évidents : l'hypocrisie et le mensonge mais aussi la récupération de l'intérêt qu'il suscite. Certains commerciaux beaux parleurs embobinent consciemment leur « clientèle ». Des hommes politiques font des promesses inconsidérées avant les élections, tout en sachant pertinemment qu'ils n'accompliront pas le dixième de ce qu'ils proposent.

D'autre part, certains AMBASSADEURS se laissent emporter par leur fougue. Leur conviction est telle que la passion avec laquelle ils défendent leurs causes les discrédite. Ils créent de l'opposition au lieu de trouver le terrain d'entente et la conciliation qu'ils étaient venus chercher. Et enfin certains AMBASSADEURS s'identifient exagérément à leur parti et ils font une affaire d'orgueil d'emporter l'adhésion de l'auditoire à leur conviction, et manquent singulièrement de respect et de douceur relationnelle.

Dans un tirage

Le consultant ayant tiré la carte de l'AMBASSADEUR est interpellé sur sa manière de communiquer. Il lui est conseillé, ici, d'être diplomate, d'agir avec précaution tout en restant respectueux, honnête, intègre et doux. Il est invité à explorer la profondeur dans ses relations. Des occasions de médiation lui seront peut-être présentées. Qu'il n'hésite pas, la défense de l'intérêt des autres enrichit celui qui sait rester neutre à condition de ne pas prendre parti.

L'oracle attire cependant l'attention de certains consultants qui pourraient profiter de situations où ils sont en position de négociation pour manipuler et en tirer des profits personnels ou de l'orgueil.

VOIE DE L'ÉCONOMIE

Le Consommateur
apprenti de la *Voie de l'Économie* : les besoins

Voie de l'Économie : l'Equilibre
Envie, confort, adaptation

Pratique recommandée par la *Voie de l'Économie* : la Transse

Depuis l'aube de l'humanité, l'être humain consomme pour assouvir ses besoins et satisfaire ses désirs. Le CONSOMMATEUR est une figure parmi les *Cartes de l'HOMME-NOUVEAU* qui concerne chacun dans la gestion de son quotidien. Le plaisir, la satisfaction et le contentement sont fondateurs du bonheur sans en être l'essence et lorsque les besoins vitaux ne sont pas satisfaits, il est très difficile d'être en paix. La souffrance tenaille le corps et l'âme car la survie est en jeu. Vivre sans manger, boire, excréter, dormir, etc., est impossible et en être privé un temps crée stress, souffrances, angoisses et folie.

De nos jours, le CONSOMMATEUR doit aussi gérer ses envies et désirs. La société crée des objets qui apportent confort, sécurité et qui favorisent l'esthétique. Tout cela est très séduisant. Mais la consommation facile induit un plaisir qui, pour certains, ressemble à une ivresse. Rentrer dans un magasin où sont achalandés tous les produits qu'on désire fait perdre la tête. Les jours de soldes dans certains magasins sont d'ailleurs souvent appelés : « les jours de folie ».

Certains privilégiés peuvent s'offrir tout ce qu'ils veulent alors que d'autres ont tout juste de quoi survivre. Il y a là de quoi créer des jalousies bien compréhensibles... !

L'HOMME-NOUVEAU sait comme tout le monde que l'argent ne fait pas le bonheur... alors il ne veut pas qu'il fasse son malheur. L'important pour lui est de rester connecté aux valeurs qui favorisent l'épanouissement de son être. Rester focalisé sur une envie est une hérésie puisqu'une autre envie apparaîtra très vite, juste après sa satisfaction : un cycle sans fin de tension et de petits plaisirs éphémères. Il vaut mieux faire des sacrifices et suivre une DISCIPLINE qui créent de la frustration, certes, mais elle peut être transcendée. D'autre part, désirer est un plaisir pour celui qui sait se dégager de l'urgence de trouver satisfaction ; c'est se sentir en vie !

L'HOMME-NOUVEAU trouve plus de plaisir et de sécurité dans sa pratique spirituelle quotidienne que dans le confort d'être propriétaire ou actionnaire. L'estime de lui-même ne passe pas par une reconnaissance venant de l'autre mais par l'attention et l'amour qu'il ressent provenant de la GRÂCE. Il perçoit que c'est elle qui satisfait ses besoins. C'est pourquoi il prend son temps avant de consommer. Cela entretient le désir, fortifie la volonté et surtout ouvre la conscience à la *Transcendance*. C'est ce que faisaient les Anciens quand ils rendaient GRÂCE avant de manger alors qu'ils étaient affamés par une longue journée de labeur.

Le CONSOMMATEUR est exposé à de grosses ornières sur le chemin de l'HOMME-NOUVEAU. Tout le monde sait qu'on ne peut pas tout acheter : l'amour, la Conscience du *Divin*, par exemple. Mais certains comblent leurs manques par une consommation effrénée, par une boulimie qui nuit à la santé, au respect de soi comme de l'autre mais aussi induit une conduite peu écologique.

Et puis la course aux richesses entraîne des populations entières, si bien que ne pas participer à ce fonctionnement de la société marginalise. Un des challenges du CONSOMMA-

TEUR est donc de discerner l'indispensable du futile ou du superflu et ce n'est pas toujours aisé. Consommer facilement dévalorise les acquis car c'est l'effort qui crée la vraie valeur. Certains CONSOMMATEURS jettent l'objet acquis dès que le plaisir de la possession s'évanouit alors qu'il est toujours utile ou portable, etc. Cette attitude pour le moins insouciante et irresponsable est méprisante pour ceux qui sont dans le besoin. En plus, cela nuit à la vie spirituelle et génère des jalousies. Alors que le CONSOMMATEUR préoccupé d'écologie culturelle et spirituelle s'investit dans une « sobriété heureuse » ; il sait que la terre n'est pas un gisement de ressources intarissables et que malgré la surabondance actuelle, on ne peut pas acheter la joie, le bonheur et l'amour.

Dans un tirage

La lame du CONSOMMATEUR encourage le consultant à se satisfaire de ce qu'il a. Gagner plus ou avoir plus ne le comblerait pas davantage. Investir ses efforts dans la quête spirituelle lui procurera des satisfactions bien supérieures.

La conscience d'être en vie est un cadeau toujours neuf qu'on peut apprécier à chaque instant, aussi le CONSOMMATEUR invite le consultant à « rendre GRÂCE » lorsque ses besoins sont satisfaits. Désirs et envies cachent, au plus profond de *Soi*, une soif de plénitude que seule la démarche spirituelle satisfera.

Cette lame invite également à différer la consommation afin de mieux en profiter mais surtout apprivoiser la frustration qui ouvre à la *Transcendance*.

Le Joueur
Compagnon de la *Voie de l'Économie* : l'obstination

Voie de l'Économie : l'Équilibre
Envie, confort, adaptation

Pratique recommandée par la *Voie de l'Économie* : la Transse

Le JOUEUR présente une grande variété de facettes : du sportif au bouliste en passant par l'habitué des casinos et des salles de jeux, habituellement la motivation du JOUEUR est de gagner, d'être le meilleur et d'y prendre du plaisir ou de vivre une excitation, une exaltation. Et jouer seul n'empêche ni le plaisir ni le challenge.

Pour les enfants, les jeux diffèrent selon leur sexe et développent chez eux la créativité, l'imagination, l'adresse, l'endurance parfois et stimule l'émotivité. Jouer à la poupée intéresse assez peu les garçons alors que les filles n'apprécient guère les jeux de guerre. Cependant, pour les deux sexes, copier les activités des adultes tout en reconnaissant l'aspect fictif du jeu est une grande source de plaisir mais aussi une manière de s'initier à leurs futures occupations d'adultes. Chacun sait que c'est un jeu, sans contraintes existentielles ni obligation à « réussir » si bien que le plaisir partagé en jouant crée les premiers AMIS.

La jubilation ressentie en jouant génère souvent le rire : l'impossible, l'inattendu, l'incongru sont acceptables, voire même souhaitables, mais à condition que chacun s'implique dans le jeu avec légèreté. Dès qu'un des partenaires prend le résultat ou le « déroulé du jeu » au sérieux ou bien attend quelque chose de particulier (prouver une compétence par exemple), des tensions apparaissent qui parasitent la bonne humeur et transforment présence et vigilance en stress. En effet, en jouant, beaucoup font des efforts, aiguisent certaines facultés et dépassent des limites. C'est décevant de donner le maximum de soi et de ne pas être reconnu ou de constater une insuffisance. Le plaisir disparaît et les egos se hérissent pour se protéger des blessures d'orgueil ou d'amour-propre.

L'Homme-Nouveau joue seulement pour le plaisir. Ni la performance, ni les honneurs ni le gain sont ses buts ; seules les sensations et les relations entretenues pendant le jeu sont importantes. D'ailleurs, il conçoit sa propre vie comme un grand jeu qu'il prend au sérieux, certes, mais dont il n'attend ni validation ni preuves de son importance. Il se sent *Être* sans rien chercher de particulier : être le plus fort, le plus habile, etc. La contemplation des événements quotidiens lui procure un sentiment d'appartenance « au jeu cosmique » qui le comble de joie, et, comme un enfant, il savoure la légèreté d'être en vie, présent à son existence comme le serait un Témoin de la Grâce et cela le ravit au-delà de toutes prétentions égotiques.

Certains Joueurs ne prennent rien au sérieux, ni les autres, ni eux-mêmes et encore moins la vie. C'est un écueil sur la route de l'Homme-Nouveau quand tout est tourné en dérision mais aussi quand l'ego cherche des prétextes pour poser à chaque occasion des challenges, paris, spéculations et provocations au destin. L'*Être* ne peut s'épanouir et reconnaître le *Jeu Divin* dans ces conditions. Quelquefois, il arrive que certains Joueurs mettent en péril leur équilibre économique et acculent leur famille à la faillite. En fait la passion du jeu et leur égoïsme les poussent à provoquer la Loi à laquelle ils devront se soumettre malgré tout. Même le plus fort et le plus chanceux ne sera jamais un Dieu qui maîtrise la chance.

D'autres prennent tellement au sérieux le jeu qu'il leur est impensable de perdre sans inonder l'entourage de leur mauvaise humeur (ou en cas de succès : d'une exubérance déplaisante).

Dans un tirage

La carte du JOUEUR invite le consultant à la légèreté, au recul. Mais cela ne veut pas dire abandonner le sérieux dans ce qu'il entreprend.

Il est proposé également au consultant de prendre des risques, dans le respect de Soi, de l'autre et de la vie, sans s'identifier aux résultats, et de retirer du plaisir de ses entreprises.

Enfin, le JOUEUR encourage chacun à s'en remettre au *Jeu Cosmique*, à considérer les événements de son existence comme des opportunités de grandir en conscience.

Le Gestionnaire
maître de la *Voie de l'Économie* : la gestion

Voie de l'Économie : l'Équilibre
Envie, confort, adaptation

Pratique recommandée par la *Voie de l'Économie* : la Transe

Tout bon GESTIONNAIRE gère les dépenses en fonction des recettes. L'équilibre financier des entreprises et des collectivités dépend de la maîtrise du budget et du choix de ses investissements. Certains projets sont éliminés car trop coûteux alors que d'autres font l'objet d'études et de préparation, et si les bénéfices envisagés sont suffisants, des économies sont réalisées en vue de leurs réalisations. Le but en est l'expansion, l'enrichissement et l'épanouissement de chacun.

Chacun dans sa vie doit gérer un budget, ses relations mais aussi ses forces. La stabilité et l'harmonie dans sa vie dépendent de la Loi de la juste répartition de ses énergies. Le corps a ses besoins, le Cœur aussi tout comme l'intellect. Certains privilégient leur vie affective, d'autres leur vie professionnelle et d'autres encore leur vie intellectuelle ; mais un bon Gestionnaire répartit son temps et son énergie de manière à préserver son équilibre général.

Lorsqu'on surinvestit un domaine ou un autre de son existence, des déséquilibres sont à craindre. Des souffrances, des carences compensent les excès et des maladies ou des crises rappellent à l'ordre. Vivre dans l'inactivité et l'oisiveté rend paresseux et ramollit l'esprit. Ne rien aimer ni personne, entraîne la dépression. Ne s'intéresser à rien si ce n'est à sa petite personne appauvrit et dessèche le Cœur.

L'Homme-Nouveau a une priorité : sa vie spirituelle qu'il gère de manière responsable, en conscience. S'il est chargé de famille par exemple, il ne négligera pas femme et enfants pour pratiquer exagérément une méditation ou une ascèse, parce qu'il sait que son avancée spirituelle dépend seulement de son investissement intérieur et non de son activité. Tout est spirituel pour lui ; son intention et la qualité de présence qu'il porte à son *Être* et aux autres suffisent à élever sa conscience. Il inclut chaque moment vécu dans sa démarche. S'il fait du sport ou lit un livre ou encore fait l'amour, c'est avec la volonté d'en faire un instant Sacré, si bien que l'Homme-Nouveau crée l'unité dans son existence tout en respectant ses équilibres vitaux.

Le Gestionnaire en route vers l'Homme-Nouveau rencontre bien des dangers. L'un d'eux serait de gérer sa vie de façon trop administrative, trop rigide et cérébrale. L'organisation, sans prise en compte les différents aspects de l'existence, déséquilibre et appauvrit l'être et mène à la superficialité. Certains bureaucrates et fonctionnaires coincés dans l'illusion de l'importance de leur tâche ou d'eux-mêmes en sont de bons exemples.

Le gaspillage ou le surinvestissement dans un domaine de l'existence (le corps, l'affectif ou l'intellect) est une grave erreur qui finit par coûter cher. Certains GESTIONNAIRES se donnent corps et âme dans des activités à tel point qu'ils finissent par perdre le sens de leur existence ou... leur partenaire.

Un autre danger, aussi grave, serait de se contenter d'un équilibre médiocre ou pire, de faire l'impasse sur les projets d'élargissement de conscience. L'HOMME-NOUVEAU est un bon GESTIONNAIRE parce qu'il diffuse la spiritualité dans tous les domaines de sa vie. Cela l'unifie et il entretient sa bonne santé par une DISCIPLINE.

Dans un tirage

La lame du GESTIONNAIRE indique au consultant que la gestion de sa vie est à observer de près. L'HOMME-NOUVEAU inclut tous les aspects de l'existence : le corps, les sentiments et l'affect, les domaines intellectuels et culturels mais il le fait toujours dans l'intention et la conscience d'unifier son *Être*.

Le consultant négligerait-il l'un de ces domaines ? Ou serait-il trop organisé, trop rigide, manquant de spontanéité ? Verrait-il ses interlocuteurs comme des « cas », des dossiers à régler ?

L'oracle recommande ici d'investir toute son énergie, sans compter, dans une démarche d'élargissement de conscience tout en restant pragmatique et responsable, et en assumant ses choix de vie, dans le respect de son environnement.

LES 14 LAMES DE *MUTATION*

La Matrice :
lame de *Mutation*

Dans les cartes de l'HOMME-NOUVEAU, la figure de la MATRICE présente deux aspects. Elle protège et nourrit, mais aussi, elle enferme et empêche de sortir de l'espace qu'elle crée. Les temps de gestation sont importants, ils préparent à l'émancipation future. Mais ils freinent le développement et la maturation de ceux qui s'attachent trop à la sécurité ou au confort.

La MATRICE est liée à la symbolique de la Déesse Mère, connue en Asie mineure sous le nom de Cybèle, Gaïa ou aussi Ishtar dont le culte était très développé au néolithique. Elle témoigne d'une vie en symbiose fusionnelle avec la Nature qui représentait le « *Grand-Tout* ».

De la conception à la naissance, la MATRICE nourrit le fœtus, le protège et comble ses besoins bien avant qu'ils effleurent sa conscience. Fœtus, nous étions en fusion avec la MATRICE maternelle, absorbant ce que notre mère mangeait et ressentant ses émotions. Ce que notre mère vivait, nous le vivions par résonance.

La MATRICE représente ainsi une atmosphère matriarcale où la mère engendre, nourrit, soigne et décide pour le bien de son enfant. La MATRICE donne sans compter et le fœtus reçoit sans discuter et sans s'opposer. Il se nourrit, se développe et s'épanouit sans effort.

Symboliquement, la MATRICE est présente chaque fois qu'on se trouve dans une situation agréable, confortable, sécurisante, le temps s'écoule, tout se répète immuablement, nul besoin de faire. C'est le moment de se remplir, de prendre des forces avant de s'émanciper. Mais attention, l'apathie, la léthargie et la somnolence guettent et conduisent à la paresse.

Et puis arrive le temps où ce qui nourrissait n'est plus suffisant. Il devient impossible de grandir et l'espace de liberté se rétrécit jusqu'à devenir insupportable. Il est temps de quitter cet ancien paradis surtout quand un « au-delà » mystérieux est de plus en plus perceptible. Malgré la peur de l'inconnu, l'ÉRECTION devient vitale. Pour jaillir de cette MATRICE qui résiste à l'*accouchement*, une lutte sera momentanément nécessaire.

Une fois né, chaque être humain explore de nouvelles MATRICES : la famille, les amis, le travail... Sur sa route, l'HOMME-NOUVEAU en traverse bien plus. En effet, l'homme en quête cherche à s'émanciper des illusions induites par la réussite sociale ou matérielle afin d'accéder à la *liberté d'Être*. Pour lui, le vrai bonheur ne se trouve pas dans la sécurité matérielle ou affective.

Une mémoire très prégnante du temps fœtal nous habite tous. Il est même probable que la nostalgie de ces premiers temps soit le moteur inconscient d'une démarche vers le bien-être, d'une recherche du confort et de nos aspirations aux amours fusionnelles. La manière dont nous gérons les crises, insatisfactions et frustrations ne serait-elle pas aussi influencée par le passage intra-utérin ?

Aux premiers temps de la vie, la MATRICE maternelle joue un rôle considérable, fondateur, mais il est important pour l'enfant qui grandit, de s'en séparer et de développer son autonomie. Certaines MATRICES instillent des sentiments de culpabilité (l'ACCUSATION) quand l'enfant cherche à prendre son indépendance. L'« enfant courageux » s'en affranchit et dépasse sa peur de l'inconnu afin d'entrer dans un nouveau monde. Le mythe du Héros illustre ce processus. Au travers d'ÉPREUVES, il se sépare de l'influence de la Mère, et animé de l'énergie du GUERRIER, il part vers de nouvelles conquêtes.

Dans son chemin d'individuation, l'homme évolue par le biais de MATRICES devenues inconfortables. Elles stimulent son aspiration à la liberté et à l'autonomie. Il peut alors explorer d'autres espaces plus vastes, comme ceux que révèlent la *Quête de la Vérité*. Chaque fois que « l'homme en quête » émerge d'une MATRICE, il se confronte à de nouveaux MYSTÈRES ; il gagne en *Connaissance* et en qualité d'*Être*.

Dans un tirage

Dans certains cas, la MATRICE convie le consultant à se reposer, à se recharger pour mieux s'impliquer par la suite. Mais la MATRICE interroge aussi le consultant sur son besoin de sécurité et/ou de connexion. Parfois, les deux sont diamétralement opposés. Souhaite-t-il retrouver la sécurité, le confort du giron maternel et fuir l'entrave et les limitations dans un simulacre de quête spirituelle ? Son aspiration profonde est-elle la dilution de son ego dans le « *Grand-Tout* » ?

Lorsque les souffrances et les frustrations cessent de motiver la quête spirituelle ou que les peurs, les résistances deviennent très fortes, certains quêteurs fuient dans une MATRICE confortable. Pour ceux-là, il est temps de se (re) mettre en route ! Le choix doit être fait : confort et sécurité mais limitations, ou bien engagement sincère, profond, prises de risques et expansions possibles ?

L'HOMME-NOUVEAU s'émancipe des MATRICES et se confronte aux LOIS de l'incarnation. Même s'il ressent le vertige lorsqu'il perçoit les MYSTÈRES de la vie car la liberté impressionne, il suit l'énergie de son ÉRECTION et il persévère dans sa démarche ! Il reste particulièrement vigilant à la paresse qui, sournoisement, l'endormirait dans un confort illusoire.

L'Innocence
lame de *Mutation*

L'INNOCENCE aborde une partie commune à chacun : « l'enfant intérieur ». Cette lame véhicule plein de sentiments quelquefois contradictoires : la pureté, l'énergie et la spontanéité ; l'émerveillement et la curiosité ; la candeur mais aussi l'ignorance et la superficialité ; la confiance et la dépendance ; l'irresponsabilité et l'inconscience ; le jeu mais aussi l'hyperémotivité, l'hypersensibilité. Sur le chemin de l'HOMME-NOUVEAU, l'adulte réanime son enfant intérieur afin d'en retrouver les aspects positifs. L'INNOCENCE favorise l'ouverture au différent, à la nouveauté et à l'inconnu.

L'enfant, en soi, ne meurt jamais. Même devenu vieillard, le *Puer Aeternis*, l'enfant éternel, restera présent au fond de chacun, plus ou moins visible et quelquefois caché. Car cette part de soi est fragile, vulnérable et certains croient la protéger en la masquant. Garder l'INNOCENCE vivante et présente, fait se sentir éternellement jeune, quel que soit son âge. En effet, l'enfant intérieur jouit de chaque moment de la vie. Il joue avec tout et rit d'un rien, quelquefois même au milieu d'une situation grave, ce qui détend chacun et dédramatise. Et parfois, il pleure sans vraie raison apparente : il est triste, c'est tout.

INNOCENCE et inconscience sont indissociables chez l'enfant. Il veut juste s'amuser, jouir de la vie, aimer et être aimé. Et dans son INNOCENCE, il croit être le centre de l'univers. Alors, la DIFFÉRENCIATION est rude à assimiler. Petit à petit, il découvre les LOIS et règles de vie, les limites et interdits. Cela crée des frustrations, freine sa spontanéité et gêne les plaisirs faciles. Une part de lui refuse cette réalité déplaisante pour son « petit moi » en construction.

L'éducation impose de maîtriser le calcul et la stratégie (le STRATÈGE) voire la manipulation, très utilisée dans le monde du travail (le NÉGOCIANT). Et dans bien des milieux professionnels, l'INNOCENCE est considérée comme une faiblesse. Mais parfois, l'enfant intérieur surgit de façon inopinée chez certains adultes qui l'ont refoulé. Il sabote leurs entreprises et leur rend la vie impossible (actes manqués, sabotages, phobies...).

D'autres fois, lorsque l'INNOCENCE de l'enfant a été maltraitée au point d'être profondément blessée, elle se protège, se cache au fond de soi. Elle se réfugie dans l'univers du RÊVEUR ou encore reste figée dans une superficialité navrante. Et parfois, par compensation, elle se dissimule derrière la personnalité du REBELLE ou du RESTAURATEUR. Un travail de « nourrissement » et de sécurisation de l'enfant intérieur est le premier pas à accomplir pour intégrer le statut de l'HOMME-NOUVEAU.

La figure de l'INNOCENCE présente des aspects sombres. En effet, dans son OMBRE se tapit l'inconscience, le rejet de la LOI et la prétention à la toute-puissance voire la méchanceté. Parfois l'enfant intérieur revendique tout l'espace au détriment de l'adulte. Il cherche à prendre alors les commandes. Éternellement petit et fragile, il s'écarte des responsabilités et refuse de s'engager comme le font les adultes. C'est l'effet *Peter Pan*, ce personnage de conte qui ne veut pas grandir. Il reste superficiel et incapable de sentiments profonds bien que très charmeur. Il est incapable de faire la différence entre le jeu et la réalité. Quelquefois cruel par inconscience ou méchanceté, il n'accepte pas de voir l'illusion de ses prétentions, ce qui induit souffrance et déception.

L'INNOCENCE a besoin d'être « re-connue ». Devenue une alliée, elle se révèle source d'énergie créatrice et de joie de vivre et est une clé essentielle de l'ouverture du CŒUR. La sagesse de l'HOMME-NOUVEAU s'enracine dans le discernement de l'adulte combiné à la pureté de l'INNOCENCE. Les MYSTÈRES de la vie révèlent leurs secrets aux CŒURS purs mais engagés et responsables.

Dans un tirage

L'INNOCENCE est une carte fondamentale pour cheminer rapidement sur la route de l'HOMME-NOUVEAU. Elle est à la base de nos énergies vitales et psychiques. Plus un enfant grandit et sort de la MATRICE, plus il devient conscient. Mais souvent la maturation se fait au détriment de l'INNOCENCE ! Cette lame suggère de la préserver tout en osant se confronter au « réel » ; aux MYSTÈRES et aux LOIS du monde et des hommes.

Cette carte, tirée seule, invite à accueillir sans réticence les événements et les rencontres. L'INNOCENCE est pure. Elle reste ouverte et curieuse, sans jugement.

Tirée conjointement avec d'autres cartes, elle apporte parfois une énergie positive de légèreté, de spontanéité, de joie de vivre, et d'autres fois elle met en garde contre l'insouciance, l'inconscience, la superficialité et la TENTATION de la prétention à la « toute-puissance ».

La Différenciation
lame de *Mutation*

La DIFFÉRENCIATION s'inscrit au tout début du processus d'individuation (devenir pleinement soi-même). Cette phase est souvent douloureuse car elle confronte au MYSTÈRE de *l'Autre*, du différent qui échappe au contrôle du « petit moi », de l'ego. Et elle induit un risque de solitude. Encore immergé dans l'INNOCENCE et imprégné d'un sentiment fusionnel illusoire, le jeune enfant réalise petit à petit que « moi » est séparé et différent de « l'autre ». De plus, l'autre (souvent les parents ou les adultes) est plus fort que lui et cela contrarie certains de ses désirs. Beaucoup de conflits et « l'objétisation » de l'autre et de l'environnement sont les conséquences d'une DIFFÉRENCIATION mal intégrée.

Le Mystère de *l'Autre* inonde de sentiments contradictoires : frustration, colère, révolte, peur mais aussi amour, solitude et dépendance. Pour les gérer convenablement, l'enfant reçoit très tôt les premières Initiations à la Loi des hommes qu'il intègre plus ou moins.

Sorti de la Matrice utérine, l'enfant adhère à la Matrice familiale (le nom de famille et le sentiment d'appartenance) puis il en sortira pour adhérer à d'autres Matrices de plus en plus vastes. S'il va au bout des possibilités que lui offre la conscience, il s'identifiera à une corporation professionnelle, une nationalité, une race, l'humanité et... jusqu'à la dilution dans l'univers, dans le « *Grand-Tout* ».

Le Mystère de *l'Autre* confronte à un paradoxe : se séparer ou se différencier sans s'opposer ! Beaucoup d'entre nous se sont construits en opposition aux autres plutôt que dans une complémentarité qui unifie. Et puis certains se sont sentis rejetés ce qui a provoqué une blessure de l'âme qui en garde longtemps les stigmates. À la moindre occasion, la cicatrice réactualise la souffrance mal assumée.

Nous sommes tous différents les uns des autres et pourtant tous les mêmes. Nous partageons la même aventure et sommes placés devant cette énigme majeure qu'est la vie. Lorsque la Différenciation n'est pas parfaitement intégrée, nous restons en quête d'un sentiment d'identité. Et nous cherchons à travers les différentes particularités qui nous distinguent, que nous nous reconnaissons ou que nous envions, à adhérer à des groupes qui servent de nouvelles Matrices.

Ce n'est pas facile de quitter ce qui satisfait, même si on est attiré par « l'ailleurs », par des espaces ou des Matrices plus vastes. Et c'est encore plus difficile de s'en extirper lorsque ces dernières ne souhaitent pas la séparation et nous retiennent de toutes leurs forces. L'enfant dans sa relation à sa mère, puis à sa famille vit parfois cette tension mais l'adulte aussi lorsqu'il appartient à des groupes (religion, parti politique, club d'opinion, etc.) avec lesquels il doit ou veut prendre de la distance. L'ÉPOUX, l'AMANT ou l'AMI également quand une séparation s'impose.

Pour se différencier de sa mère et se séparer d'elle, l'enfant a besoin du soutien de son père (parfois sans que l'enfant le souhaite). Pratiquement, la DIFFÉRENCIATION s'opère pleinement avec l'appui d'un tiers. Devenu adulte, se référer à la LOI des hommes en cas de controverse désarme les conflits et musèle l'ACCUSATION. Faire confiance aux LOIS apporte la paix intérieure et donne un cadre à l'expression des désirs de chacun, dans un respect mutuel. L'autre se sent reconnu et respecté autant que nous par lui. Il est alors possible de se différencier et de trouver les complémentarités d'où naîtra l'amour.

La DIFFÉRENCIATION fait peur pour plusieurs raisons. Quand la MATRICE maternelle refuse la séparation et réagit contre les TENTATIONS d'émancipation de l'enfant par une colère abusive, celui-ci se sent menacé d'être rejeté et a peur de ne plus être aimé d'elle. Or la peur de l'abandon bride l'élan vers l'autonomie. Pour l'adulte, la peur d'être rejeté par un groupe qui l'a porté un temps en est l'écho. Pourtant, assumer la peur de l'inconnu est une étape cruciale pour le développement de l'*Être*. Cela confronte à la solitude et aller vers *l'Autre*, celui qu'on ne connaît pas, impose de prendre le risque qu'il nous rejette ou nous « engloutisse » en niant notre identité et nos particularités. Réussir la DIFFÉRENCIATION oblige à s'appuyer sur une ÉRECTION ferme, d'être motivé et volontaire mais aussi confiant en « *Soi* ».

L'HOMME-NOUVEAU est un être confiant en la vie et en lui-même mais aussi en l'Autre. Son identité, basée sur le plein contact du « *Soi* », n'est pas menacée par la fréquentation de personnes aux us et coutumes radicalement différents ni aux façons de penser opposées. Il se sent être « lui » et personne ne peut lui retirer cela. Les différences lui plaisent car il y trouve toujours enrichissement et il est émerveillé face à la diversité du monde.

Dans un tirage

La Différenciation est une lame qui incite à repérer les Matrices dont il devient nécessaire de sortir pour accéder à une stature qui rapprochera de celle de l'Homme-Nouveau.

Les séparations font peur et font souffrir. Qu'elles soient voulues ou subies, elles engendrent des déchirements de l'âme mais on en sort toujours grandi et renforcé. En effet, la Différenciation signe simultanément les premiers pas vers l'autonomie.

La peur des réactions des groupes ou des personnes quittés est normale mais elle n'empêche pas d'agir, et dépasser ses appréhensions donne de la puissance et de la confiance en *Soi*. Le nouveau, l'autre, fait toujours découvrir des espaces enrichissants qui ouvrent à une « dimension d'être » supérieure.

La Différenciation est la porte de la complémentarité. Cette route mène à l'amour.

La Tentation
lame de *Mutation*

Tous les grands Maîtres, tous les initiés, ont été éprouvés dans leur conviction et leur démarche : Bouddha avant son éveil et Jésus juste avant son baptême. Ils ont été tentés par Mara pour le premier, par Satan pour le second, deux noms désignant cette même énergie maligne, tentatrice, qu'on appelle aussi le « mental ». Dans toutes les traditions spirituelles, il est question d'une énergie ou d'un personnage qui attire vers le bas et freine la réalisation du *Soi*. Dans les *Cartes de l'Homme Nouveau*, nous nommons une de ses facettes : La Tentation. Notre ego (allié du mental) et nos pulsions coalisées l'utilisent pour détourner « *l'homme en quête* » de son chemin vers le statut de l'Homme-Nouveau.

La Tentation est une attirance irraisonnée qui se nourrit généralement d'une pulsion d'espèce (attirance sexuelle, domination, gourmandise), d'un accroissement de statut social (richesse, honneur) ou de pouvoirs surnaturels (immortalité, toute-puissance). Elle pousse à satisfaire un plaisir immédiat dont la satisfaction vient à l'encontre d'un bien ou d'un épanouissement futur.

La Tentation agit sur chacun et à tout instant elle peut chercher à nous séduire. Dans l'iconographie populaire, elle prend la forme d'un petit diable qui s'oppose à notre « bonne conscience ». Elle nous invite à céder à la gourmandise, à l'attrait pour une femme ou à céder à une habitude néfaste, etc. La Tentation est une Épreuve qui éprouve nos convictions, teste notre détermination et notre capacité à avancer sur la route de la réalisation du *Soi*. Elle flatte l'ego et fait miroiter les mirages de futurs merveilleux. Et souvent, elle provoque la Loi.

La Tentation est l'expression d'un conflit en soi qui se révèle entre deux puissantes polarités intérieures : la pulsion et la Loi, l'instinct et la raison, « *l'avoir et l'Être* ». Mais être tenté prouve qu'on est en chemin car vouloir obéir à la Loi démontre la bonne volonté de se conformer aux exigences présumées de la réalisation du *Soi*, de *Dieu* ou de percer le Mystère. La Tentation éclaire une absence d'unité intérieure, elle dévoile le manque de force intérieure ou une carence d'amour du quêteur envers lui-même (le *Soi*). Mais elle permet aussi d'évaluer le chemin accompli et de mesurer ses motivations. Alors comment gérer la Tentation ?

La Tentation génère du jugement et révèle la division, la dualité. La refouler et la juger l'entretient ou l'amplifie : il suffit d'interdire à un enfant de faire quelque chose pour qu'il soit encore plus tenté de le faire !

Après avoir cédé à la Tentation, beaucoup jugent leur faiblesse. Ils ont l'impression de descendre de leur piédestal et de ne pas assumer leur aspiration à la perfection. C'est une autre facette du « *Malin* » qui intervient et relance la division intérieure par le sentiment de culpabilité : l'ACCUSATION. Mais quand le « juste » sort vainqueur de son duel intérieur et que le « *démon* » de la TENTATION est terrassé, l'ego peut encore se sentir rasséréné : il est fort et a gagné. Cela va à l'encontre d'une identification au *Soi*. Car se satisfaire de soi-même, de sa force ou de ses choix nourrit l'ego qui alimente la dualité intérieure.

Alors que parfois, le simple fait de rechercher en soi la source d'une TENTATION détourne la pression qu'elle exerce. Et focaliser son attention ailleurs, par exemple sur l'*Être* en se centrant sur la respiration, évacue la tension. C'est une technique employée par l'HOMME-NOUVEAU. Sa motivation comme ses pratiques sont axées sur l'*Être*. Il souhaite établir en lui l'harmonie que génère le plein contact avec le *Soi* qui est Un et Indivisible.

Pour détourner la pression de la TENTATION, un entraînement est indispensable. La DISCIPLINE d'une pratique quotidienne et les petits efforts répétés préparent à faire un deuil plus important. Elle nourrit l'appétit d'une satisfaction future plutôt qu'un plaisir immédiat. Par exemple, celui qui, matin et soir, consacre un temps à des pratiques spirituelles, vivra sûrement des petites frustrations et des dépassements de lui-même. Mais ses efforts seront couronnés d'un agréable sentiment de *Transcendance*, dont le souvenir est très utile quand d'autres TENTATIONS, plus puissantes, émergent. Et surtout il repèrera qu'il peut la mettre à distance. Ce recul détend et autorise l'émergence de la raison qui rétablit la cohérence et l'unité de l'*Être*.

Dans un tirage

La présence de la carte de la TENTATION signifie que le consultant est testé : ses motivations, ses engagements et l'authenticité de ses choix sont vérifiés. Ou bien est-il invité à repérer ses addictions et habitudes néfastes afin de s'en débarrasser ?

Il arrive que, lorsque la paix est installée dans sa vie, le quêteur soit tenté par une « pause ». Alors, celui-ci est convié de reprendre sa marche.

La TENTATION est une lame de *Mutation* qui incite le consultant à dominer ses instincts et à privilégier l'*Être* pour gagner en maîtrise de lui-même. C'est ainsi que l'HOMME-NOUVEAU gagne en puissance et qu'apparaît un renouveau de sa personnalité.

L'Accusation
lame de *Mutation*

Dans les traditions orientales, l'ACCUSATION est l'arme favorite du « *mental* ». Et dans les traditions occidentales, elle est appelée Satan « l'adversaire » ; le maître de la dualité. Sa racine sémite signifie « l'accusateur », « le haineux ». Diable vient du grec *diabolos* : séparer. L'ACCUSATION oppose, condamne et divise. Elle provoque les disputes, par exemple, dans un couple lorsque l'un accuse l'autre de tous les travers. Elle dresse les peuples les uns contre les autres, et se délecte des tortures qu'on s'inflige à soi-même. C'est une instance tyrannique qui vit au fond de chacun. Elle juge et condamne aussi bien les autres que soi-même. Et elle ne tolère pas que quelqu'un puisse penser différemment de soi ou simplement, qu'il soit différent de ce qu'on attend.

Nous passons beaucoup de temps à comparer, évaluer, juger et condamner ce et ceux qui nous entourent, même nos proches, ceux que nous aimons... ! Se décharger des torts sur le dos de l'autre est une TENTATION qui évite de se responsabiliser, de se remettre en question. Et dans le processus psychique de la « projection », on prête à autrui les défauts, les faiblesses, les peurs qu'on ne veut pas voir en soi. Et parfois on croit même savoir par avance ce qu'on n'aime pas. Cela préserve la prétention du « petit moi », de l'ego à être parfait et à détenir la vérité.

Parfois aussi, nous nous jugeons très sévèrement ; c'est nous-même que nous dévaluons. Nous condamnons notre conduite, nos pensées, nos goûts et, bizarrement, s'il est assez régulier de contester un jugement émis sur nous par autrui, il nous est, en revanche, difficile de voir l'absurdité d'une telle ACCUSATION envers nous-même. Pourtant elle paralyse, inhibe, nuit à la relation et empêche d'être libre et en paix. Pire, elle rend malade et provoque parfois des dépressions. Face à une autocondamnation douloureuse, nous ne créons d'autre alternative que de vouloir être parfait. Et nous ne voyons pas que c'est cette exigence ou cette prétention qui cause notre souffrance.

L'Autre est un MYSTÈRE, il est différent de soi et cela gêne et fait peur. Souvent, on espère ou on veut qu'il corresponde à nos attentes. Et quand il nous déçoit et que la DIFFÉRENCIATION n'est pas bien intégrée, émerge une souffrance, une frustration. Beaucoup l'expriment par les reproches de l'ACCUSATION ou de la colère. Mais derrière cette ACCUSATION se cache la désillusion du manque de maîtrise de l'Autre qui menace la prétention infantile de toute-puissance.

Pour désarmer l'ACCUSATION, il n'y a guère d'autre solution que de s'exposer ; d'assumer son ressenti (déception, frustration, etc.) ainsi que ses attentes, en les disant. L'Autre est alors dégagé de la responsabilité de notre bonheur mais cela laisse apparaître notre vulnérabilité et compromet notre illusion égotique.

Dans la société, en cas de conflit, des LOIS existent pour protéger chacun, pour départager et trancher. Certaines LOIS sont des codes de « bonne conduite ». Elles servent de tiers, de référent et n'appartiennent à personne. Dans le processus de l'ACCUSATION, le « petit moi » occupe deux places : celle d'une des parties impliquées et en même temps celle du tiers, de la LOI. L'ego tente de s'approprier cette dernière car il veut avoir « raison » et être le plus fort. Il est facile, dans ces conditions de condamner ou disqualifier l'Autre s'il occasionne de la souffrance par ses différences. Mais cela le chosifie ou « l'objétise » ; ce qui ne conduit pas à l'harmonie dans la relation.

Parfois, en cas d'impuissance ou de désaveu de la LOI, l'ego veut rester gagnant : il crée un « dialogue » intérieur et l'OMBRE en profite pour se manifester : la colère et la haine ou la tristesse et le « manque de chance » entretiennent alors le processus. La VICTIME a souvent le beau rôle : triste, voire désespérée, elle peut se plaindre et mobiliser des partisans. Alors que le REBELLE rêve de vengeance et compense ses défaites en s'enorgueillissant de ses victoires passées. Mais ni l'un ni l'autre ne pacifie la relation. Ils restent accrochés à une histoire passée qui conforte la dualité.

Contempler la LOI du MYSTÈRE de l'Autre réduit l'ACCUSATION et ouvre la porte de la LIBÉRATION. *L'Autre* ne peut pas envahir le *Soi* et « je » ne peux pas posséder *l'Autre*. Les corps peuvent être « forcés » mais cela est condamné par la LOI ; les coutumes peuvent être empêchées ou imposées et les actes interdits mais les pensées, les sentiments et l'*Être* restent à l'abri de toutes appropriations et ingérences. Personne ne peut obliger qui que ce soit à penser ou ressentir comme lui et personne ne peut contester le ressenti d'autrui.

L'*Homme en quête* cherche à retrouver l'INNOCENCE d'*Être* alors il reste ouvert au nouveau sans réticences et le FÉMININ ré-émerge à sa conscience. Ce qui favorise l'épanouissement de l'humanité faite d'unité intérieure, de tolérance, de compassion, d'humilité et de pardon.

L'HOMME-NOUVEAU ne prétend pas détenir la vérité. Mais il présente dans son argumentation ses ressentis, ses goûts, ses attentes et ses pensées sans chercher à les imposer. Vigilant à ne pas juger ou condamner l'Autre s'il ne répond pas à ses attentes, l'HOMME-NOUVEAU assume ses déceptions et frustrations. En témoignant de son ressenti, il se dégage du jugement et de l'ACCUSATION. Mais en cas de conflit, si le compromis n'est pas possible, il trouvera un tiers, une LOI qui déterminera le juste et il s'en remettra à son jugement. L'ACCUSATION s'atténue par la reconnaissance et l'acceptation de sa propre imperfection. Et quand l'HOMME-NOUVEAU inflige un préjudice, il assume les réparations imposées par la LOI. Sa responsabilisation le dégage du sentiment de culpabilité.

Dans une consultation

La carte de l'ACCUSATION recommande à chacun d'être vigilant à son ressenti, à le témoigner et à ne plus écouter le « petit tyran » intérieur qui est toujours convaincu d'avoir raison. Le vécu du consultant est « sa vérité » mais elle n'est pas absolue. L'Autre a le droit d'aimer et de penser différemment. Cette lame invite à se préserver des jugements qui engendrent une sanction négative ou une disqualification.

La « bonne » et la « mauvaise » conscience sont productrices de transformation car elles influent sur le présent, alors que l'ACCUSATION et la culpabilité, qui s'enracinent dans le passé, pourrissent le présent et hypothèquent le futur si on n'y prend pas garde.

L'HOMME-NOUVEAU se méfie des *a priori* sur les personnes comme sur les événements car il devine que l'ACCUSATION se cache derrière.

La confrontation au MYSTÈRE de l'Autre est la seule issue. Elle transforme les peurs en curiosité. L'INNOCENCE peut émerger et cela prépare à l'ouverture du CŒUR.

En cas de lèse, le recours à l'arbitrage d'un tiers introduit la LOI : un psychothérapeute, un MAÎTRE, une référence neutre et de confiance, est la seule solution viable.

La Discipline
lame de *Mutation*

La DISCIPLINE est un pilier essentiel (avec l'ouverture du CŒUR) de la démarche du disciple. Par elle, le consultant met en pratique les enseignements d'un MAÎTRE ou d'une voie spirituelle. Quand la souffrance ou les aléas de la vie déstabilisent, la DISCIPLINE donne un ancrage, un repère qui aide à passer les phases difficiles avec plus de sérénité. Elle sert de cadre et d'appui. Et lorsque la vie personnelle est stabilisée et qu'on est parvenu à un certain équilibre (les traumatismes de l'enfance cicatrisés et l'épanouissement social réalisé) et que l'urgence de trouver Sens à son existence est calmée, la DISCIPLINE devient le moteur de la transformation.

La DISCIPLINE est souvent mal perçue car elle évoque l'esprit militaire, l'effort, la contrainte, l'ordre sec et quelquefois la rigidité voire l'aridité et la sécheresse de la vie. Elle paraît interdire, du moins limiter les plaisirs. Mais en fait, par la DISCIPLINE, nous concrétisons notre engagement sur le chemin de l'HOMME-NOUVEAU. Et elle constitue un moyen majeur de transformation de l'ego. Elle enrichit l'être, forge le caractère, participe à l'évolution de l'humanité et aide à donner sens à l'existence.

La DISCIPLINE spirituelle impose rigueur et volonté car les pratiques sont exigeantes. Elles confrontent aux faiblesses, aux carences et aux manques. Face à l'ACCUSATION qui se manifeste en cas de manquement (la souffrance, l'imperfection et les failles tourmentent le pratiquant sincère), *l'homme en quête* n'a d'autre ressource que de sublimer. Les efforts et sacrifices éduquent à la *Transcendance* qui est une sorte de petite gymnastique intérieure. Elle transforme la pénibilité d'un effort, la douleur ou la souffrance en satisfaction. Dans ce processus, le pratiquant contacte facilement son FÉMININ intérieur.

Pratiquer chaque jour un peu de méditation ou la prière constituent les premiers pas d'une ascèse, d'une DISCIPLINE spirituelle. La régularité en est la principale exigence mais elle repose aussi sur un engagement personnel intègre : être vrai et « congruent », synchroniser les pensées, les paroles et les actes, agir sans remettre au lendemain, etc. Elle impose de la rigueur, de la précision et de la qualité de présence. La DISCIPLINE aiguise la volonté et mobilise l'adhésion de l'être entier pour forger un caractère fort, apte à reconnaître la GRÂCE en toutes circonstances.

Les MAÎTRES spirituels dénoncent la complaisance, la paresse et la négligence qui sont des poisons très puissants utilisés par l'ego et le *mental* pour détourner l'HOMME-NOUVEAU de son chemin. Mais lorsqu'on associe l'ouverture du CŒUR à son ascèse ou la dévotion pour son MAÎTRE à sa pratique, le chemin parait plus facile. Les sacrifices, la douleur, les frustrations et la souffrance sont transcendés aisément. Alors la paix et l'harmonie nourrissent l'humanité du disciple. Dans la kabbale, Rigueur et Miséricorde sont aussi les deux piliers de Vie qui produisent, combinés, l'harmonie.

Mais quand la DISCIPLINE devient *pénitence*[1], qu'elle est dissociée du CŒUR, elle dessèche l'âme ou alimente le masochisme du pratiquant. Il arrive que celui-ci devienne dur, indifférent voire méprisant pour ceux qui n'ont pas la même exigence de vie. Et l'ascèse devient un champ de courses à la performance. Orgueil et prétention, amertume et désillusion, jugements et ACCUSATIONS entretiennent sournoisement l'ego du disciple dont la route s'éloigne de celle de l'HOMME-NOUVEAU.

Il arrive que la vie confronte à des circonstances difficiles : la solitude, la maladie, la MORT, etc., et parfois, c'est le doute qui s'immisce dans l'esprit de l'ADEPTE ou du disciple. S'il s'accroche à sa DISCIPLINE, cela l'aidera à traverser les

1. La pénitence était une discipline recommandée par certaines religions pour expier les "péchés". Souvent, elle était vécue comme une punition ou une demande de pardon.

dernières Épreuves que l'*homme en quête* trouve sur la route de la réalisation du *Soi*.

Dans un tirage

La Discipline, lame de *Mutation*, invite le consultant à cadrer sa vie, à se mettre au travail sérieusement et à éviter la complaisance. L'engagement sur le chemin de l'Homme-Nouveau réclame de la rigueur, de la ténacité, de l'abnégation et de la patience.

L'intégration d'une Discipline régulière, quotidienne entretient la démarche des quêteurs qui, par Suffisance ou épanouissement dans leur vie, seraient tentés d'oublier la prégnance des Mystères de la vie et de la Mort.

Elle demande aussi de ne pas tomber dans le piège de la rudesse excessive, car l'ascèse dénuée d'amour n'ouvre pas la porte de la Libération.

Le Féminin
lame de *Mutation*

Le Féminin, dans les Cartes de l'Homme-Nouveau, n'est pas l'exclusivité de la femme ni le masculin celle de l'homme. De nombreuses traditions avancent aussi que l'être humain abrite ces deux polarités subtilement mélangées : le yang et le yin dans la terminologie chinoise des énergies ; l'animus et l'anima dans l'univers de la psychologie jungienne ; etc.

Le masculin, le yang est actif, agressif même et privilégie la pensée, le « cérébral » alors que le Féminin, le yin est passif, sensible, sensuel et réceptif. À l'extrême, leurs comportements sont opposés mais pourtant complémentaires : « le masculin se focalise sur le but alors que le Féminin s'intéresse à la route ». Il va de soi que personne n'est totalement yin ou yang. Dans chacun(e) on trouve les deux polarités en proportion plus ou moins importante. Mais dans les siècles passés, les rôles de chacun étaient imposés par le genre sexuel : l'homme, le masculin, travaillait à l'extérieur et la femme, le FÉMININ, s'occupait du foyer.

Le FÉMININ trouve sa source dans l'image de la mère et l'homme cherche à travers sa femme des échos de cette relation qui a formaté l'amour à la fusion tout en luttant pour se distinguer d'elle (la DIFFÉRENCIATION). L'amour est un sentiment qu'on confond souvent avec la possessivité et l'attachement.

Les femmes de nos jours revendiquent l'épanouissement de leur masculinité, dans le monde du travail par exemple, alors que les hommes peinent à libérer leur FÉMININ. L'image de l'homme viril et accompli, véhiculée par le patriarcat depuis des siècles, reste pour certains celle d'un homme insensible, dur et invincible ou presque.

Fonder une relation amoureuse en cherchant inconsciemment dans sa partenaire l'image maternelle, ou au contraire en la fuyant (selon l'histoire personnelle) conduit à des échecs parfois douloureux. On peut imaginer les difficultés relationnelles créées et vécues dans un couple où l'homme, par exemple, a peu accès à son FÉMININ, alors que sa femme est en pleine possession de son masculin. La crise des couples contemporains[1] s'explique en grande partie par ce déséquilibre. Pour qu'une relation reste harmonieuse, et en reprenant les deux exemples donnés plus haut : les deux partenaires doivent s'intéresser autant à la route qu'au but du voyage et chacun dans le couple doit doser son implication à l'intérieur comme à l'extérieur du foyer.

L'HOMME-NOUVEAU reconnaît sa vulnérabilité et c'est fondamental. Ce sentiment, avoué et montré, est la porte du

1. Selon les données wikipédia (janvier 2010) 45% des mariages se terminent par un divorce dans les 5 ans.

FÉMININ de l'homme. Sans admettre et oser montrer sa vulnérabilité, l'homme ne peut pas reconnaître et investir sa part féminine. Il reste coupé de son INNOCENCE et refoule sa sensibilité. Il est alors incapable de vraiment recevoir et ce qui touche les sentiments, les émotions et la sensualité le dérange. L'intériorité ne lui est accessible que par la pensée. Le FÉMININ de l'homme ouvre également la porte de sa créativité, de son expression artistique et poétique. En ce qui concerne la spiritualité, il en va de même : c'est l'union du masculin et du FÉMININ en *Soi* qui déclenche et entretient la vraie démarche.

L'HOMME-NOUVEAU, parce qu'il s'est imprégné de la nature du MYSTÈRE de *l'Autre*, de sa polarité complémentaire (le FÉMININ pour l'homme et le masculin pour la femme), a unifié son monde intérieur. Il reçoit et apprécie ce qu'on lui donne. Et, en quête de l'UNION SACRÉE, il donne dans le même registre que ce qu'il reçoit. Les sentiments et le corps comme l'esprit font l'objet d'échanges, de partages avec l'autre mais aussi avec le cosmos. Comment ressentir l'amour divin si les sentiments sont dévalorisés et qu'on refuse d'être « touché » émotionnellement ou corporellement ? L'ouverture réelle du CŒUR reste impossible sans l'acceptation et l'intégration du FÉMININ intérieur.

Des hommes se méfient du FÉMININ à cause de ses débordements émotionnels qui, lorsqu'ils ne sont pas canalisés, envahissent et deviennent étouffants. L'hystérie féminine lui fait peur. Pourtant, dans les stades ou à la guerre, « l'hystérie masculine » est beaucoup plus dangereuse et dévastatrice. Fréquemment, c'est le souvenir de la relation à leur mère, souvent trop fusionnelle, qui résonne. La peur de disparaître ou de rester prisonnier de la MATRICE originelle empêche également certains hommes de s'abandonner en confiance au FÉMININ. Cependant d'autres, au contraire, privilégient à l'excès leur féminité au point d'affaiblir leur masculinité, de paraître efféminés et de perdre leur puissance.

Dans un tirage

La lame du FÉMININ invite le consultant à se laisser aller au ressenti de son intériorité. Les sentiments, les émotions qu'il perçoit sont légitimes, normaux : recevoir sensuellement ou/et affectivement également. Donner en retour est juste et être comblé du partage, de l'échange est humain. Cela ouvre la perspective de connaître l'UNION SACRÉE.

Le consultant est convié à s'intéresser intensément au fonctionnement de l'autre sexe. Il découvrira un autre monde, d'autres repères, d'autres joies. Le FÉMININ est une lame de *Mutation* car l'homme qui s'ouvre au monde FÉMININ s'ouvre au MYSTÈRE de l'Autre, au différent et ce peut être le début de la quête et de la transformation.

Le Cœur
lame de *Mutation*

L'amour est un MYSTÈRE. Ouvrir son CŒUR ne dépend pas de la volonté et se trouver amoureux est rare et cela surprend. Pourtant, lorsque l'amour emplit le CŒUR, les souffrances et les tracas perdent plus ou moins de leur importance et cela comble d'espoir et de bonheur. L'amour est complexe et présente de nombreux aspects : la passion, la tendresse et l'affection, l'estime, l'attention, le désir et l'échange de plaisirs, l'attachement mais aussi l'extase, la jubilation et la béatitude.

Malheureusement, aimer réveille parfois l'instinct de possession. Il est facile d'attribuer l'origine de l'amour à la personne ou à l'objet sur qui il se porte. La névrose, mais aussi le temps, les contraintes et des paramètres mystérieux (l'énergie, une fragilité passagère, etc.) influent sur son intensité. Il arrive aussi à certains de confondre leur besoin d'amour avec la sincère ouverture d'un CŒUR qui se donne et qui aime. Aimer est différent d'une prière à être aimé. Cela demande une réelle acceptation de l'autre dans sa différence.

L'INNOCENCE est le socle de l'amour. Nous recherchons la fusion originelle, celle dans laquelle nous avons baigné dans le ventre de notre mère (la MATRICE). Lorsque l'amour maternel fut toxique ou suite à la souffrance d'un amour non partagé ou encore après une trahison amoureuse, pour se protéger de la souffrance, certains ont fermé la porte de leur CŒUR. Et ils se sont intimement promis de ne plus aimer. Et malheureux sont ceux qui sont restés fidèles à ce serment, car ce faisant ils ont fermé l'accès à une partie essentielle d'eux-mêmes ! Parfois ils ne savent même plus comment ouvrir leur CŒUR car ils en ont perdu la clé. Un long travail est alors nécessaire pour retrouver l'INNOCENCE et la vulnérabilité.

Il est sans doute vrai que l'amour paraît plus naturel aux femmes (cf. Thérèse d'Avila), peut-être parce qu'il est inscrit dans la chair de la future mère prête à tout donner à ses enfants mais aussi à cause de la prévalence du FÉMININ en elles. Mais lorsque le CŒUR d'un homme s'ouvre, en témoignent les poètes ou les grands mystiques, l'amour qu'il ressent est un feu sacré qui l'amène à faire l'expérience intime du MYSTÈRE de la Vie. Ouvrir son CŒUR, c'est faire tomber l'armure de l'ego, et s'ouvrir à sa part de FÉMININ sans pour autant devenir une « femmelette ». Mais pour que l'amour dure dans le temps, il doit être entretenu par des efforts gratuits (la DISCIPLINE).

C'est pourquoi il est important de soigner ses blessures, de se laver des trahisons subies, de sortir du statut de VICTIME et de passer de l'ACCUSATION au pardon. Car pour vraiment aimer, il faut commencer par s'aimer soi-même, sans exiger des autres l'impossible mission de combler nos manques.

L'amour sain et spirituel, le CŒUR dans les *Cartes de l'HOMME-NOUVEAU*, engage l'*Être*, entièrement. Aimer, c'est donner sans attente de retour, gratuitement, car l'empathie envers autrui ouvre le chemin de la fusion avec le « *Grand-Tout* ». Et cette route fait écho à la fusion matricielle originelle. Il n'est de relation au divin que dans l'affection et la compassion que nous portons aux autres.

Lorsque notre CŒUR est prêt à s'ouvrir, la GRACE survient, et nous faisons l'expérience de cet amour inconditionnel, détaché de tout objet. Le *Divin* est là, dans la beauté du monde, et à l'intérieur de nous, dans cette sublime ivresse du corps et du CŒUR. Reliés à tout ce qui nous environne, nous sommes heureux d'être un élément de la Création, du « *Grand-Tout* ». Conscient, TÉMOIN et acteur à la fois du *Jeu Divin* dans tous ses aspects, nous faisons l'expérience d'une profonde LIBÉRATION ; nous sommes libres d'aimer sans limite.

Dans d'un tirage

Cette carte invite le consultant à écouter et impliquer son CŒUR dans toutes ses entreprises et à s'ouvrir aux autres, à l'amour et à la Vie. La vulnérabilité est la porte du FÉMININ et de l'INNOCENCE. Aimer, c'est prendre le risque de perdre et d'avoir mal mais lorsque le CŒUR est vraiment ouvert, il n'y aucune crainte à avoir car la *Source d'Amour* est en *Soi*.

Cette lame recommande également de soigner les blessures de l'âme, de se pardonner comme aux autres et de s'exercer au don, au partage sans retenue. Le CŒUR s'ouvre parfois petit à petit pour découvrir les horizons merveilleux qui bordent la route de l'HOMME-NOUVEAU. Un sentiment de plénitude, d'amour inconditionnel accompagne le voyageur jusqu'au terme de son voyage.

L'Initiation
lame *Mutation*

Dès la naissance, l'identité de l'être humain se construit sur une division : un bébé naît soit garçon, soit fille. Adulte, à la question « qui es-tu ? », on déclinera habituellement son genre sexuel, sa nationalité, sa fonction sociale, etc. Malheureusement, fonder son identité sur ces bases, ou sur toutes autres spécificités personnelles, peut créer de la division, voire de l'opposition. La DIFFÉRENCIATION est le premier pas vers l'individuation. Mais lorsqu'un parti veut asseoir son pouvoir sur l'autre (ou les autres) pour en tirer des privilèges, elle mène à l'opposition, à l'exclusion, à la hiérarchie et souvent au conflit.

C'est ce que l'homme a fait durant des siècles en asservissant et dominant les femmes et en cultivant certains critères de naissance induisant une supériorité (l'aristocratie par exemple ou les castes en Inde ou encore ces dernières décennies, en survalorisant les professions « intellectuelles »). Pourtant, il existe d'autres manières de combiner identité et vie sociale dans l'harmonie et la paix.

Personne n'ignore ce qu'est une INITIATION : nous avons tous été initiés un jour ou l'autre à une technique, un sport, une pratique spirituelle, etc. Et cette INITIATION nous a permis d'accéder à un savoir-faire ou à une connaissance qui a transformé notre quotidien. D'ailleurs, souvent l'INITIATION n'est qu'un début ; l'essentiel reste à faire. Ainsi être initié à une technique de méditation, ne garantit pas une réalisation de *Soi* rapide, ou un gain en sagesse.

Lorsque rien n'est à disputer ou à prouver (à soi et aux autres), le calme intérieur s'établit. Or le silence et la tranquillité intérieure favorisent l'émergence du *Soi*, quintessence de notre identité à tous, hommes et femmes, petits et grands, de toutes races, athées, chercheurs ou ADEPTES. L'individuation, aboutissement de la quête d'identité, nourrit la complémentarité avec le « différent », et non l'opposition. Son fondement repose sur le « sentiment d'Être », ressenti indéniable, et non pas sur l'idée qui est toujours contestable. Par exemple, se sentir homme ne crée pas la femme inférieure mais établit une vraie sécurité identitaire. Alors que vouloir (se) prouver qu'on est un homme se fait en résonance aux femmes, au FÉMININ et malheureusement, souvent en opposition à celles-ci et à leur détriment.

Dans certaines sociétés dites « primitives », des rituels de passage, initiatiques, proposent aux adolescents, garçons et filles, de quitter leur statut d'enfant pour gagner leur place dans le monde adulte, participer à la marche de la société, et appartenir alors pleinement à la tribu.

Certaines sociétés secrètes ou semi secrètes proposent une INITIATION incluant une appartenance au groupe. Tel le franc-maçon attaché à sa loge et à son obédience, (sans pour autant perdre son autonomie et sa liberté), l'HOMME-NOUVEAU se sent appartenir à l'univers, à la « *Création* » entière. Se sentir partie du « *Grand-Tout* », ce but ultime, nécessite une indispensable série d'INITIATIONS : se sentir Homme, puis utile socialement, se sentir PÈRE, adopter une DISCIPLINE spirituelle, etc. ; sortir de l'appartenance à des MATRICES de plus en plus vastes jusqu'à la LIBÉRATION.

Certaines INITIATIONS transforment radicalement la conscience et la personnalité de celui qui la reçoit. Par exemple : être confronté au MYSTÈRE de la MORT ou ingérer des « produits ou médecines psychotropes ». L'initié est alors propulsé dans un état de conscience qui influencera à jamais sa perception de la vie, de lui-même, des autres et de son environnement. (Cf. les ouvrages de Carlos Castaneda, de Timothy Leary, d'Elisabeth Kübler Ross.)

Toute INITIATION rapproche de la *Connaissance*[1] et marque

1. Nous distinguons la *Connaissance* du savoir par le fait qu'elle n'est pas de nature intellectuelle. L'apprentissage de l'écriture et de la lecture est une initiation qui fut d'ailleurs interdite aux femmes dans le passé. Le savoir intellectuel ouvre accès à des espaces de compréhension, mais ce n'est pas parce qu'on lit les écrits du sage ou

certaines étapes qui ponctuent le développement de l'homme. La confrontation aux MYSTÈRES de l'existence (*Dieu*, la MORT, l'infini etc.) constitue autant d'INITIATIONS majeures et transformatrices qui mènent au statut de l'HOMME-NOUVEAU.

Dans un tirage

Tirer cette lame encourage le consultant à chercher une technique, une pratique, une DISCIPLINE à laquelle il devra être initié. Est-ce pour intégrer harmonieusement son identité masculine et ouvrir son CŒUR ou exercer une fonction sociale ou encore se lancer sur le chemin spirituel ?

L'INITIATION marque souvent un temps de confrontation aux MYSTÈRES de la vie et l'irruption radicale d'un nouveau champ de conscience. Parfois, c'est l'annonce de la sortie d'une MATRICE, d'une limitation à la conscience du *Soi*. L'INITIATION parle d'identité et d'appartenance et les *Cartes de l'HOMME NOUVEAU* suggèrent une identification large, très large : être une manifestation consciente et devenir autant acteur que TÉMOIN du jeu cosmique.

La Suffisance
lame de *Mutation*

Les honneurs, la réussite, le confort et le bien-être, même s'ils sont fort agréables à vivre ou à recevoir, se révèlent parfois des pièges ou des freins sur le chemin de l'HOMME-NOUVEAU. Au départ, c'est souvent la souffrance et l'insatisfaction qui motivent la quête.

---

d'un PHILOSOPHE qu'on acquiert sagesse ou philosophie. La *Connaissance*, expérience intime du *Soi*, peut être témoignée mais elle ne peut se transmettre d'un individu à l'autre. Son essence, comme sa quête, est paradoxalement personnelle, et commune à chacun.

La SUFFISANCE et la complaisance constituent des ennemis sournois qui sapent la motivation des plus enthousiastes. Car, avec le temps, la confrontation aux MYSTÈRES de l'existence devient moins oppressante. Des aménagements sont parfois concédés à la pratique et l'exigence perd son intensité. Le quêteur risque de s'endormir sur ses lauriers. Certains deviennent même paresseux lorsque le feu de la quête était alimenté exclusivement par la peur et la souffrance. La dynamique de la quête doit s'entretenir par une DISCIPLINE spirituelle. Sans quoi les motivations se perdent au gré des aléas de la vie ; rencontre amoureuse, investissement professionnel et projets de vie divers détournent du but initial.

Nos personnalités se sont structurées dans un certain ordre. Bébés, nous avions besoin de soins et d'amour. Notre dépendance était à son apogée. Il est évident que notre reconnaissance envers nos parents était à la mesure des satisfactions ou des plaisirs dispensés. En grandissant, la variété des petits bonheurs se complexifie : des plaisirs du ventre et de l'âme, l'enfant passe à la fierté de conquérir son autonomie (parler, marcher, apprendre, etc.). Les compliments ponctuent chaque progrès ou réussite. Devenir le meilleur, le 1er de la classe, le plus fort ; la course au renflement de l'ego est lancée par l'ensemble de l'entourage qui concourt lui-même à cette compétition effrénée. Chacun de nous, à un degré ou à un autre, prétend à la singularité, l'originalité, l'unicité. Nous sommes passés subtilement de la quête naturelle d'amour et de validation existentielle, à l'adhésion aux motivations sociétales : l'avoir, le pouvoir et la performance.

Il semble que certains d'entre nous n'aient pas suffisamment grandi et restent en quête de reconnaissance. Ils recherchent toujours louanges et distinctions, non pas parce qu'ils prétendent être des personnes exceptionnelles, mais pour compenser le manque d'amour et de reconnaissance de leur famille.

La SUFFISANCE est une lame de *Mutation*, car la célébrité, quelle qu'en soit l'envergure, nationale, régionale ou limitée à son proche environnement, place dans une position risquée : s'identifier à la gloire, se nourrir de sa renommée et pire, en tirer un profit qui alimente l'ego. Cela éloigne de l'identification totale à l'*Être*.

Pourtant, les honneurs mérités et le succès sont souvent les récompenses légitimes d'un travail acharné ou de performances inspirantes pour l'environnement. Les efforts fournis, s'ils tendent à affermir la volonté ou s'ils sont réalisés dans un but collectif, représentent des repères inspirants pour les TÉMOINS. Il est donc juste de discerner des distinctions qui valident la reconnaissance ou la gratitude envers des individus à la conduite exemplaire. Elles stimulent aussi l'entourage. Lorsque celui qui les reçoit met « son point d'honneur » à être à la hauteur de la considération reçue, c'est une excellente chose. Cependant, ce n'est pas une fin en soi. Recevoir des satisfécits recèle un piège, sur la route de l'HOMME-NOUVEAU : celui de s'identifier à un personnage singulier. La SUFFISANCE et l'orgueil guettent le quêteur de Vérité.

Il n'y a pas de récompense, de médaille, de diplôme ou de prime sur les chemins du développement personnel et spirituel. Les seules motivations sont le bonheur et surtout l'espoir de trouver la Vérité ou de percer les MYSTÈRES de la vie. Cependant des places en vue attirent le respect et l'admiration : le ROI, le HIÉROPHANTE, le CHAMANE ou le PHILOSOPHE et même le MAÎTRE. Ces derniers sont dans une situation *a priori* privilégiée puisqu'ils exercent des fonctions qui sont au cœur de leur pratique. Ils ont sûrement fait l'expérience de l'unité intérieure (l'UNION SACRÉE) et peut-être même approché de près les MYSTÈRES de la vie et de la MORT. Reconnus, quelquefois adulés, ils ont des raisons d'être fiers de leur réussite tant sociale que spirituelle. Mais attention, si la fierté est un sentiment dont se nourrit la dignité, son frère est « dangereux » : c'est l'orgueil... !

L'identification à une fonction professionnelle ou à une image, quelle que soit son importance, ouvre la porte à la SUFFISANCE.

La SUFFISANCE est une lame qui présente donc deux facettes constituant des écueils sur le chemin de l'HOMME-NOUVEAU : se prendre pour une sommité et se contenter d'un bonheur relatif.

Dans une consultation

Le consultant est invité à porter son attention sur ce qui nourrit son ego. Ce qu'il entreprend pour se distinguer lui est toxique spirituellement. Il vaudrait mieux qu'il cherche à « faire parfaitement », avec plaisir et amour, et c'est tout. Le succès est grisant mais éloigne parfois de l'humilité qui est une qualité basique de l'HOMME-NOUVEAU. C'est pourquoi l'oracle suggère au consultant d'aller travailler assidûment dans l'anonymat à des tâches subalternes afin de tuer sa vanité et son orgueil. Il lui est recommandé également de ne pas s'identifier à la réussite et à la renommée.

La SUFFISANCE dénonce un piège sur la route de la réalisation du *Soi* : la tranquillité de l'âme n'est pas l'issue de la quête. Le bout du chemin n'est peut-être pas loin, la motivation doit être entretenue !

Et enfin, pour certains, voilà peut-être un clin d'œil de l'univers qui salue leur existence. Serait-il question de guérison et de validation narcissique. Que cela ne leur monte pas à la tête !

L'Épreuve
lame de *Mutation*

La vie est semée d'embûches, de difficultés, d'événements pénibles et désagréables que chacun doit affronter. La liste des Épreuves se renouvelle en permanence et ne sera jamais exhaustive. À tous les âges de la vie, Épreuves physiques et psychiques tissent une histoire singulière. Pour l'enfant, l'Épreuve peut être abandon, violence subie, désintérêt des parents. Chez l'adolescent, elle sera examen en vue d'un diplôme, découverte de l'autre sexe et initiation à la sexualité mais aussi Tentations d'expérimenter les paradis artificiels et confrontations aux Mystères de l'existence. Pour l'adulte, les conditions existentielles (travail, vie affective, solitude, discriminations diverses, etc.) représentent autant d'Épreuves. Souffrir, vieillir et voir mourir ceux qu'on aime étant parmi les plus pénibles. Mais ceux qui souhaitent gravir les marches du développement personnel choisissent un chemin difficile où, ils le savent, les Épreuves ne manqueront pas.

L'Épreuve nous plonge tout à la fois dans la difficulté, le ressenti intime, la peur, l'effort, la souffrance, la douleur physique, morale ou intellectuelle et la solitude. Elle est désagréable, si bien que nous la redoutons et avons tendance à la fuir ou tout au moins à l'éviter. Pourtant, accepter le défi des Épreuves forcit le caractère. Et chaque fois que nous évitons d'affronter ce qui est difficile, nous perdons de notre aura, de notre vitalité. Nous restreignons notre espace intérieur. Ne pas essayer est le seul échec que l'homme puisse vivre.

Qu'elle vienne de l'extérieur : un licenciement, l'annonce du décès d'un Ami, une agression, etc. ; ou de l'intérieur : la routine, la fatigue, une douleur, etc. ; l'Épreuve contrarie, secoue et crée de l'incertitude car son issue est toujours incertaine. À cette occasion, l'Ombre se révèle : révolte, dépression ou résignation, etc., émergent.

L'ÉPREUVE demande de se dépasser ou d'être créatif sinon elle soumet celui qui la subit. Le courageux mobilise sa puissance, use d'audace et surmonte ses peurs. Alors que le rusé s'applique à détourner les difficultés. L'un comme l'autre ont un but : gagner ou préserver leurs acquis, leur confort, leurs intérêts...

Certains « vainqueurs d'ÉPREUVES » deviennent des Héros lorsque leur implication en a influencé l'issue alors que leur but était partagé par un grand nombre. Ils deviennent des modèles inspirants. Leurs valeurs et qualités servent d'exemples à la postérité. Les Héros ne manquent pas. Il y en a dans toutes les *Voies* : *Voie du Combat, de l'Aventure, de la Beauté, du Soin*, etc.

Indépendamment du résultat, succès ou échec, l'ÉPREUVE forme l'humain. Mais elle ne le grandit que lorsque c'est par le *Soi* qu'est accompli son dépassement ; quand celui-ci procède d'une ÉRECTION de l'Être. Les motivations mentales et égotiques ainsi que la récupération du résultat à son propre profit éloignent du statut de l'HOMME-NOUVEAU. Ce dernier ne fuit pas les ÉPREUVES mais il se méfie des performances. Même si les « énergies » de ces Héros sont en lui, son objectif n'est ni de se faire remarquer ni de nourrir son ego. Les qualités humaines l'inspirent et non pas les résultats : quand les Œuvres accomplies par ces Héros l'impressionnent, il voit en elles les efforts de CŒUR qu'elles ont réclamés.

D'après l'HOMME-NOUVEAU, les petites ÉPREUVES de la vie sont des entraînements qui préparent à la confrontation au MYSTÈRE de la MORT. Et quand « *l'homme en quête* » s'endort dans la MATRICE de la SUFFISANCE et du bien-être, parfois une ÉPREUVE le réveille ou l'aide à accélérer le pas. Il regarde donc celle-ci comme un cadeau du « ciel ». Accepter « ce qui est » crée du sens et procure de la joie. Et refuser le désagréable et les efforts occasionnés par l'ÉPREUVE (se battre contre elle), mène à l'absurde et engendre de la peine, de l'incompréhension et du désintérêt. Il ne s'agit là ni de se résigner à l'adversité ou d'être fataliste ni de rechercher les difficultés mais d'adhérer, de faire un avec les raisons cachées qui régissent le *Plan Divin* et d'impliquer tout son *Être* à chaque instant. La vie est un MAÎTRE spirituel pour celui qui sait l'écouter et s'ouvrir à son enseignement.

Dans un tirage

Le consultant qui tire la carte de l'ÉPREUVE reçoit l'indication de se battre dans sa vie. C'est peut-être le temps pour lui des réussites ou des échecs... peu importe. L'important est d'impliquer son CŒUR, de trouver sens à tout ce qui lui arrive et de s'attacher à percer les MYSTÈRES de la vie.

Il lui est peut-être demandé de faire ses preuves, de s'affirmer, de construire son ego sainement. Mais pour un consultant déjà en chemin vers la réalisation de l'*Être*, évidemment, il s'agit sûrement de dépasser les limites de l'ego, de se distancier des perspectives personnelles afin de découvrir les horizons de la *Lila*[1]. Mais ce n'est pas avec le mental qu'on peut percevoir celle-ci.

L'ÉPREUVE est une lame de *Mutation* car à travers les aléas difficiles que nous propose l'existence, il est possible de se dépasser, de grandir, de lâcher prise, de faire confiance... totalement et surtout de sentir le souffle de la vie nous animer et nous aimer.

1. Pour les Hindous, la Lila est le plan divin.

Le Renoncement
lame de *Mutation*

Le RENONCEMENT est une lame qui paraît aride. Il est vrai que cet arcane parle de sacrifice et de privation. À l'extrême, on pourrait s'imaginer une absence de plaisir ou son refoulement. Ce n'est pourtant pas vraiment de cela qu'il s'agit, mais plutôt de la décision et de l'engagement à ne plus rechercher volontairement des plaisirs connus ou de ce qui, croit-on, devrait procurer sécurité et bonheur. Car la GRÂCE n'est perceptible que lorsque la qualité de présence est maximale dans l'« *ici et maintenant* » et le « lâcher-prise » total.

Le RENONCEMENT est un choix respectueux du *Soi*. Il est ouvert aux circonstances offertes par la vie. Il n'est point besoin de renoncer à des objectifs ou projets : une action peut être différée ou retardée. Et les plaisirs qui adviennent spontanément restent bienvenus au même titre que la satisfaction intense que procure l'expérience profonde de soi-même. L'important est de ne s'attacher à aucune satisfaction, aucun plaisir particulier. Accueillir ce qui advient sans filtrer, choisir ou planifier. Mais surtout, le RENONCEMENT n'est pas à confondre avec la mortification, la pénitence ou le masochisme spirituel.

La finalité du RENONCEMENT n'est pas de générer le sentiment de *Transcendance*[1] qui est encore une création du « petit moi » mais de consacrer son aspiration à faire l'expérience du *Soi*. Cependant la *Transcendance* est un outil bien utile sur le chemin de l'HOMME-NOUVEAU. Par exemple, le pardon, fondé sur le RENONCEMENT, provoque l'Ouverture du CŒUR. Et le pardon est requis pour abandonner toute doléance légitime même en cas d'offense. Il apporte purification et transformation. Renoncer, c'est faire le deuil de rechercher

1. Ici, la Transcendance doit être entendue comme un sentiment, fruit d'une gymnastique intérieure ou d'un dépassement de soi-même, qui transforme la douleur, la frustration et la souffrance en Amour ou en plaisir.

ce qu'on aime, ce à quoi on est attaché, ce à quoi on a droit ou ce qui nous est facile ; ou encore, cesser d'investir dans les prétentions du « petit moi » : avoir raison, croire en la sécurité matérielle, etc.

Nous fuyons l'insécurité qui paraît pourtant, être une LOI de la vie. Notre imaginaire et l'expérience des autres créent un système qui pousse à trouver des solutions à des situations problématiques qui ne sont pas d'actualité. Et nous croyons que le bonheur dépend d'une maîtrise d'événements hypothétiques. Nous recherchons la sécurité et le bonheur dans le monde matériel.

L'ego veut tout contrôler : les peines comme les joies. Il refuse de souffrir, corporellement, sentimentalement, spirituellement et cherche le plaisir, la sécurité et le pouvoir. Il s'égare dans de vains espoirs, des résistances inutiles et des pouvoirs illusoires. Identifiés à ce « petit moi », nous considérons la vie comme un combat plutôt que comme un cadeau mystérieux dont l'origine et la raison profonde nous échappent. Si bien que nous passons notre temps à nous battre contre elle, parfois les uns contre les autres, et nous évitons soigneusement les situations qui réveillent le doute ou bien induisent l'insécurité existentielle et métaphysique. Ce faisant, notre ego masque la réalité de l'unité des êtres et nous prive de percevoir l'harmonie de l'univers. Nous faisons moins confiance à la vie et au *Soi* qu'à notre ego. Nous comptons sur lui pour surmonter notre peur de l'inconnu, du lendemain et de la Vie. Le RENONCEMENT à tout contrôler est une véritable ÉPREUVE.

L'HOMME-NOUVEAU a compris l'inutilité de ce fonctionnement aveugle. Il adopte l'attitude inverse. Il renonce aux plaisirs programmés, à la sécurité illusoire et aux croyances préfabriquées qu'il considère comme les parasites de la conscience. Il accepte ses propres limites et « ce qui est ». Mais, bien que conscient de l'absurdité de vouloir tout contrôler, il agit pour améliorer la vie des autres. Et il investit totalement son temps, son énergie et ses aspirations dans la quête intérieure. Percer les MYSTÈRES de la vie et de la mort l'intéresse plus que tout. Pour renoncer à son ego, il s'applique à se connaître lui-même car parfois, entre l'aspiration du Soi et les attentes du « petit moi », la différence est mince et subtile. Il est, en effet, difficile de renoncer à son ego alors qu'on est identifié à lui.

Alors, comment l'ego peut-il renoncer à lui-même, dans ces conditions ? Le travail spirituel assidu, les enseignements, la vigilance à *Soi* et la fréquentation d'un MAÎTRE facilitent le discernement. Et puis l'ouverture du CŒUR et la DISCIPLINE préparent à la perception de la GRÂCE. Mais ni le dépassement du corps, ni le « ça-avoir » ni même la confrontation aux MYSTÈRES ne garantissent l'accès à l'*Éveil* ou procurent à coup sûr la LIBÉRATION. Par contre, l'HOMME-NOUVEAU développe la richesse intérieure et il devient sage ; il trouve une vraie paix métaphysique qui l'encourage à persévérer.

Dans un tirage

Le RENONCEMENT demande au consultant d'étudier son attitude face aux autres, face à la vie. Il lui est demandé de donner de lui-même sans rien attendre en retour, de renoncer aux satisfactions faciles et immédiates que lui présente son ego et de ne pas céder aux TENTATIONS du « petit moi ».

Le RENONCEMENT n'a rien à voir avec le masochisme. Elle est une lame de *Mutation* car souvent, ce qui est sacrifié est un attachement, une identification, et ce choix, ce deuil, est une véritable bascule pour s'immerger dans l'essence de l'HOMME NOUVEAU.

Confiance, lâcher-prise, engagement et ne pas redouter de se confronter au vide de satisfaction et au manque de sécurité... Voilà les « maîtres-mots » du RENONCEMENT.

La Libération
lame de *Mutation*

La lame de la LIBÉRATION parle de liberté bien sûr, mais surtout de celle qu'on ressent en atteignant le but du chemin spirituel. La LIBÉRATION, dans les traditions spirituelles orientales, serait la fin des souffrances.

La vie nous impose de nombreuses contraintes : le temps, les autres et la matière nous limitent. Nous nous sentons parfois handicapés, enchaînés à des conditions existentielles pénibles. La société impose la pression de l'éducation, et donne des perspectives de liberté et de bonheur réservées à des élites : les riches, les personnes en bonne santé, etc. Lorsque s'allège une de ces contraintes, nous vivons un soulagement, un apaisement que nous nommons liberté. C'est une petite LIBÉRATION. Mais la Vraie LIBÉRATION est autre chose : la MORT des contraintes qui causent la souffrance et contrecarrent la plénitude. Mais on ne peut modifier les contraintes existentielles, ni le monde, ni les autres.

Même les différentes religions promettent le bonheur et la LIBÉRATION. Mais c'est au paradis, plus tard ; et à condition de suivre leurs préceptes. En attendant, il faut assumer le quotidien, et espérer... ! Voilà donc un MYSTÈRE : comment se sentir libéré sans changer les conditions extérieures ? Un travail intérieur (dépassement de soi) et un changement de point de vue semblent nécessaires pour accéder à cette conscience. La course à la liberté est un mirage, une illusion. Beaucoup, d'ailleurs, confondent confort et liberté, plaisir et bonheur, paix et sécurité.

Notre société ne distingue plus ce qui concerne l'avoir de ce qui est du domaine de l'*Être*. La LIBÉRATION s'adresse à l'*Être* et la liberté est relative aux différents registres de *l'avoir*. En effet, il est possible d'être « *libéré* » tout en étant privé de liberté : Satyam Nadeen, dans son livre *De la prison à l'éveil*, aux éditions le Relié, nous le décrit avec la plume inspirée d'un MAÎTRE. Et Aldous Huxley, philosophe et écrivain du siècle dernier, avait coutume de dire que : « *la Vraie Liberté s'acquiert dans une prison* ». La LIBÉRATION, dans beaucoup de traditions spirituelles, marque la fin de la quête de l'avoir. La satisfaction d'*Être* en vie, pleinement conscient et en adhésion à « ce qui est », prépare la sortie de la dualité et la perception de l'unicité en *Soi*.

Ceci dit, parler de LIBÉRATION à un affamé, ou à quelqu'un en souffrance, est souvent inutile parce qu'il aspire à l'apaisement, à moins qu'il n'ait déjà compris que la seule vraie issue des peines, des frustrations et des souffrances est en lui-même.

Pour certaines traditions et selon bien des MAÎTRES spirituels, la LIBÉRATION est la finalité du chemin par la désidentification à l'ego, au « petit moi » et l'immersion dans la conscience universelle, du *Soi* !

Être libéré de ce qui empêche d'être heureux n'est pas chose facile. On attend que la vie corresponde à nos besoins et désirs. Être libéré des entraves qui limitent la connexion au « *Grand-Tout* », la sentir puis l'intégrer, est encore plus difficile car la vraie LIBÉRATION se trouve en Soi, au fond de l'être et dépend donc d'un intense travail personnel.

Nous sommes tous soumis à nos croyances et à notre attachement à un système valorisant l'ego, la performance, la productivité, l'avoir... Un long travail de déconditionnement est indispensable, ainsi qu'une cicatrisation des traumatismes liés à l'histoire. Puis la DISCIPLINE de l'ascèse aidera à dépasser les embûches qui jalonnent le chemin de l'HOMME-NOUVEAU. Celui-ci, libéré et en paix, perçoit l'*Unité* partout, aussi bien en lui-même que dans le monde où qu'il soit, quoi qu'il fasse. Il est guidé par la perception qu'il a du « *Grand-Tout* », dont il se sent être une partie active et à la fois TÉMOIN. Un sentiment de liberté profonde, indépendante des circonstances de vie, l'habite.

Il est parfois difficile d'admettre que nous créons notre vie. Pourtant, si on n'attend pas une forme ou un contenu particulier ; si nous acceptons pleinement ce qui est, quoi qu'il se passe ; alors nous sommes créateurs du vécu de notre vie. C'est la LIBÉRATION des croyances sur le bonheur. Nous sommes « Un » avec « Ce qui est ».

Dans un tirage

Tirer cette lame peut signifier au consultant que la LIBÉRATION d'une contrainte est proche. Ce peut être aussi un changement d'optique, de point de vue, ou un changement de vie radical qui mène à l'intégration et à la réalisation de l'HOMME-NOUVEAU.

Les indications données par les autres cartes seront précieuses. Elles renseigneront sur les moyens propices au consultant d'accélérer son processus d'évolution. Peut-être lui faudra-t-il redoubler d'efforts et d'implications dans la pratique. L'ouverture de la conscience se fait petit à petit mais la conscience de l'absolu demande un engagement total et constant.

La LIBÉRATION est une lame de *Mutation* ; il est clair que de sentir ne serait-ce qu'une petite seconde la *Liberté* que procure un plein contact avec le *Soi* transforme à jamais et donne envie de retrouver cet espace intérieur.

La Mort
lame de *Mutation*

Cette carte puissante est bien sûr un rappel ou une invitation à sonder le plus grand et le plus bouleversant des MYSTÈRES auxquels l'être humain est confronté. Elle indique également que quelque chose se termine ou doit cesser dans la vie du consultant. Est-il nécessaire pour lui de mettre fin à une activité, une attitude, une relation, un attachement ou à un mode de fonctionnement ? Peut-être une croyance limitant le développement de l'*Être* va ou doit tomber, etc. En tout cas, un « non-retour » se dessine.

Chaque instant passé ne reviendra jamais et tout ce qui est né doit mourir ; nous sommes soumis à la Loi majeure qui gouverne « le manifesté » : l'*impermanence*, dont parlent les bouddhistes. Nous ne pouvons qu'intégrer le deuil comme une facette vivante de la réalité de chaque seconde. Et paradoxalement la Mort nous ramène à la vie, à la nécessité de vivre pleinement, de ne pas rater la moindre occasion pour se sentir vivant et heureux.

La Mort secoue les fondements du sentiment de sécurité et provoque l'assise de la confiance en *Soi* et en la vie. Sans un *Sens* transcendant, il est difficile de profiter de l'existence. C'est pourquoi la Tentation d'oublier cette évidence s'empare de chacun. Comme si la vie, dans l'inconscience, pouvait être une partie de plaisir !

La carte de la Mort est plutôt positive puisqu'elle marque une étape importante : la fin de quelque chose. Du neuf va certainement surgir. L'ouverture, la confiance et le *lâcher-prise* sont donc requis. Cette phase peut être difficile à vivre : tout deuil secoue quand on le refuse. Car il confronte à des sentiments exacerbés lorsqu'on s'accroche à un passé qui ne peut plus perdurer. La seule solution est d'être pleinement dans le présent, ouvert, confiant, sans attente et... Philosophe : « de toutes manières, tout à une fin ». Sauf l'*Être* !

Ceux qui profitent à fond du présent ont moins de regret à le quitter, même s'il est satisfaisant car l'*Être*, lui, ne meurt pas. « Rien ne meurt, tout se transforme » et il est possible d'apprécier de nouvelles formes.

Ceux qui ont été « cliniquement morts » reviennent totalement transformés de cette expérience. Leur vie change et leur conscience s'ouvre. On appelle cela les N.D.E. (Near Death Expérience) ou E.M.I. (Expérience de Mort Imminente). Des études ont été réalisées à ce sujet un peu partout dans le monde[1]. Un travail spécifique sur ce thème est à envisager.

L'HOMME-NOUVEAU s'est confronté au MYSTÈRE de sa propre MORT et les valeurs qui gouvernaient son existence ont changé. Depuis, c'est à l'*Être* qu'il accorde de l'importance.

Travailler sa MORT, sous une forme ou une autre, provoque un bouleversement des valeurs, et un changement de plan de conscience en découle.

Dans un tirage

Le consultant qui tire la lame de la MORT sera sans doute confronté au deuil, ou est invité à se préparer au « grand voyage », celui qui surviendra un jour ou l'autre et dont personne n'est revenu ! Qu'il se rassure, c'est souvent l'affaire de toute une vie... longue, parfois !

La MORT propose l'irruption de la spiritualité par le deuil. Certaines techniques semblent particulièrement indiquées : le *rebirth*[2], par exemple ou les *lyings*[3] (travail sur « les *vies antérieures* ») ; et puis certains CHAMANES travaillent avec des « plantes médecines » : l'ayahuesca, l'iboga ou le peyotl, par exemple, qui confrontent à la MORT et aux MYSTÈRES de l'existence.

La MORT est une lame de *Mutation*, car de toute évidence après un état survient un autre. Tout se transforme, la mutation est inévitable. L'accepter, vraiment, est un grand bouleversement !

1. Un très bon livre traite de ce sujet : *La mort transfigurée* de l'association IANDS paru aux éditions L'âge du Verseau, en 1992. C'est un ouvrage collectif où de nombreux spécialistes, scientifiques et philosophes ont donné leurs lectures ou « expériences » du phénomène.

2. Le rebirth est une technique de respiration très éprouvante qui provoque un état modifié de conscience où le pratiquant peut parfois avoir le sentiment de mourir. En découlent des transformations importantes dans le psychisme du pratiquant.

3. Les lyings proposent un travail sur les vies antérieures : pour ceux qui y croient ! Ce travail donne souvent sens et résout des souffrances psychiques travaillées sans succès avec d'autres techniques.

LES 6 LAMES *TALISMANS*

L'Érection
lame *Talisman*

L'ÉRECTION est une des lames maîtresses du jeu. Elle met en image la virilité de l'homme mais elle implique l'être humain (hommes et femmes) dans son ensemble : le corps, les sentiments, l'*Esprit* ainsi que la relation sont concernés. Cette carte est particulièrement importante car elle représente un aspect majeur, une caractéristique centrale du masculin qui se manifeste par l'élan primaire dans l'action : la quête d'élévation, de plaisir, de pouvoir, de possession, de confort, etc.

Le FÉMININ (à distinguer de la femme dont le clitoris présente également des ÉRECTIONS) est passif, il reçoit et accueille, alors que le masculin est en mouvement et va de l'avant, pénètre et envahit l'espace. Cet arcane concerne donc aussi les femmes dans leur polarité masculine.

L'ÉRECTION est souvent motivée par la curiosité viscérale que suscite le MYSTÈRE de l'autre : la femme[1], l'origine. Physiquement, quand elle est écoutée, l'ÉRECTION pousse à la pénétration puis au plaisir et à la jouissance. Elle jaillit par instinct mais l'amour et l'intention peuvent aussi la provoquer ou se joindre à son mouvement. La testostérone[2]

1. L'homme (le masculin) est visuel : il est facilement excité sexuellement par des phantasmes érotiques dont le support est fait d'images alors que le processus qui mène la femme à désirer est inverse. Ce sont les sentiments, les « mots doux », etc., qui provoquent excitation, phantasmes et désir. (Pour certaines femmes, c'est le « toucher » qui est le sens inducteur du désir et pour d'autres les odeurs.) Si bien qu'on peut dire que l'homme va du sexe vers le cœur alors que la femme, elle, va du cœur vers le sexe.

2. Il est important de noter qu'hommes et femmes sont assujettis aux fluctuations de la testostérone.

est l'hormone inductrice du désir sexuel et de l'ÉRECTION. Son taux dans l'organisme influence aussi l'agressivité (ce qui pousse à aller de l'avant) si bien que cette énergie est brute, animale. Lorsqu'elle est mal contenue, elle conduit à la violence. Il est donc nécessaire de l'apprivoiser, de la civiliser et de la maîtriser pour qu'elle s'imprègne d'amour. Elle devient alors l'essence de la transformation et de l'élévation.

L'ÉRECTION marque le premier pas en direction de la découverte des MYSTÈRES. Et elle confronte aux LOIS : par exemple, lorsque le désir n'est pas partagé, elle induit de la frustration et de la souffrance. Or le respect des limites de l'autre conduit à l'amour, ce qui enrichit et donne sens à la relation. Et quand le « masculin » utilise son ÉRECTION pour se satisfaire égoïstement ou nourrir son ego (par exemple : l'accumulation de conquêtes féminines mais aussi de biens matériels), il se prive lui-même de vivre une réelle alliance qui ouvre à la dimension spirituelle.

Dans une perspective plus vaste que la sexualité, la dynamique de l'ÉRECTION explique l'attrait du masculin pour la dilatation, l'expansion et la maîtrise. Elle est le moteur de la découverte, de la conquête, de l'évolution et de l'élévation ; de la spiritualité. L'attirance exercée par les MYSTÈRES (de l'autre, du territoire inconnu, de l'origine ou encore de la MORT) la motive. Et cette fascination se trouve aussi bien au cœur de l'impulsion primaire que dans la relation ou dans la quête de satisfaction, de paix, d'harmonie et de « Sens ».

Parfois, l'ÉRECTION entraine l'acte sexuel puis la fécondation. Dans l'histoire lointaine de l'humanité, la naissance d'un enfant était considérée comme un miracle, un MYSTÈRE. La mère était divinisée (la Déesse-Mère[1]) car elle

1. Imaginez l'homme de la Préhistoire : il ne connaissait pas encore le rôle du sperme dans la reproduction. L'acte sexuel était, à ses yeux, sans conséquences. (De nombreuses peintures rupestres témoignent de l'importance de la mère qui était sacralisée : la « Déesse Mère ». Alors que les filles faisaient l'objet de trocs et d'échanges avec les tribus voisines !) Lorsque l'homme a compris qu'il était co-créateur de l'en-

était considérée comme la seule créatrice de sa progéniture. Quand l'homme a compris son rôle dans la pérennisation de l'espèce, sa relation aux femmes, et bien sûr sa sexualité, en furent transformées ainsi que sa place dans la société. En découvrant le statut de PÈRE, il devenait « co-créateur » et ainsi « *Dieu* » de son enfant. Il créa la famille pour se protéger des incertitudes qu'une sexualité libre lui imposait : la femme ne peut douter de sa maternité mais le mari, lui, peut douter de sa paternité. Ses responsabilités augmentèrent et son humanité s'élargit : la dimension d'amour mais aussi la possessivité et la soif de pouvoir influencèrent la qualité du lien. Ce changement de statut lui donna aussi des devoirs tels protéger, nourrir et éduquer. L'engagement signe une évolution et procède aussi de l'énergie de l'ÉRECTION. Mais s'engager expose à l'attachement, à la possessivité et à la prise de pouvoir. L'amour vrai exige le partage dans la liberté. C'est le travail que nos contemporains ont entrepris : de nos jours, dans la culture occidentale, l'homme et la femme sont quasiment sur le même pied d'égalité et partagent les responsabilités, ce qui révèle l'élévation de la qualité d'amour.

L'ÉRECTION évoque également le redressement : le passage de l'animal à l'humain. Lorsque l'*homo erectus* s'est levé pour la première fois, il a découvert un espace plus vaste. Par la station debout, il a conquis le territoire environnant jusqu'à s'approprier la terre entière. Depuis, l'évolution et les progrès semblent avoir été essentiellement motivés par des

---

fantement, la famille fut créée et la société devint patriarcale : « Dieu le Père » qui est devenu surpuissant. Et la société s'est organisée autour de lui, le chef de famille. Il s'est arrogé les pouvoirs sociaux, familiaux et spirituels. Depuis, la maîtrise de la fécondation par l'utilisation des contraceptifs et le droit à l'avortement ont changé les enjeux de la sexualité. Les places et rôles de l'homme et de la femme s'équilibrent. L'homme ne redoute plus autant que sa création (ses enfants) lui échappe. Et les familles recomposées imposent aux hommes d'éduquer des enfants qui ne sont pas les siens. Si bien que les relations « hommes femmes » se détendent et une nouvelle spiritualité basée sur la sacralisation réciproque de l'homme et de la femme adultes et sexués est en train d'émerger. « Dieu le Père » perd peu à peu son emprise.

désirs « égotiques » où les volontés de domination visent le confort matériel : plus de moyens, de soins... Récemment la société a évolué à travers la gestion des relations humaines : politiques, sociales, familiales, etc. Aujourd'hui, il s'agit de découvrir et de maîtriser l'espace intérieur dans une nouvelle spiritualité pour « investir l'espace divin ».

La carte de l'ÉRECTION exprime ainsi une possibilité de transformation, de changement de plan, une mutation individuelle menant à l'autonomie, à la maturité spirituelle et au plein accès au monde intérieur. Elle parle aussi d'une mutation sociétale qui mènera chacun à participer, à sa façon et de sa place, à la création d'une nouvelle humanité.

C'est pourquoi cette carte est particulièrement importante. Pour l'homme contemporain, elle a triple sens (physique, affectif ou relationnel et spirituel). Elle pointe des transformations qui marquent l'avènement de l'HOMME-NOUVEAU. À l'aube de ce nouveau millénaire, chacun est convié à prendre part activement à cette étape majeure d'évolution. Dans les *Cartes de l'HOMME-NOUVEAU*, elle signale la possibilité d'une transformation à venir : la sortie d'une MATRICE, une émancipation ou la découverte de nouveaux espaces à explorer.

Mais bien des pièges guettent ceux qui suivent son impulsion : exercer des pressions, user de la force ou de la ruse pour « avoir » l'autre et le posséder, annexer les territoires explorés, confondre *Connaissance* et savoirs, etc.

Car lorsque l'ego ou le désir de toute-puissance dominent la conscience de l'homme, il viole et *objétise*. Par exemple : la femme, par la pornographie ou certaines publicités qui l'avilissent. Et à un degré moindre, c'est une violence que l'homme inflige à sa partenaire lorsqu'il ne cherche que sa jouissance personnelle. D'ailleurs, beaucoup de ceux qui se comportent ainsi manquent également de respect envers la Nature : nature de la femme, nature de la *Terre-Mère*. Et certains considèrent la terre comme un objet à exploiter au lieu d'y voir une partenaire à aimer qui mérite respect et considération. Cela dénote un manque de conscience induit par une attitude ancestrale qui devient fort heureusement caduque. Ceux qui se conduisent de cette façon mépriseraient-ils également leur propre FÉMININ...?

Aujourd'hui, l'*homo erectus*, sur la voie de l'HOMME-NOUVEAU, est appelé à se réveiller et à s'élever en se transformant de l'intérieur. En changeant de plan, il appréhendera une nouvelle verticalité liée à la spiritualité et à la quête de sens et sa sexualité sera vécue dans la sublimation. Le MYSTÈRE de l'au-delà reste le même, de génération en génération et c'est le moteur de l'évolution. Peut-être est-ce le temps de le regarder en face ?

Dans un tirage

Le *Tarot de l'HOMME-NOUVEAU* propose une lecture adaptée au niveau de conscience et aux interrogations du consultant qui, lorsqu'il tirera cette lame, s'interrogera sur l'axe donné à ses énergies : les femmes, la conquête d'horizons existentiels ou le domaine spirituel ?

L'ÉRECTION traduit l'élan naturel et viscéral de l'homme vers l'inconnu, l'Autre, le MYSTÈRE.

En canalisant ses énergies, le consultant est encouragé à les diriger vers de nouvelles directions. Des transformations sont annoncées qui pourraient induire une véritable mutation. Des choix seront à faire qui exigeront du consultant constance et engagement.

L'Ombre
lame *Talisman*

L'Ombre est une figure puissante. Elle a pris quelques noms prestigieux dans l'histoire, tels que Satan, le Malin, le Diable, Ahriman, Lucifer, Méphisto ou Māra, le tentateur de Bouddha. L'Ombre règne dans l'obscurité de notre psychisme et cache des sentiments refoulés, inavoués voire inavouables : la peur et la jalousie, la haine et la méchanceté par exemple. Elle se trouve là où la lumière de l'esprit, de la conscience est la plus difficile à percevoir. Elle se nourrit de l'ignorance, du jugement, de la dualité et de la souffrance. Souvent tapie derrière des instincts primaires, l'Ombre crée l'absurde, le vice et la folie si bien qu'elle fait peur et parfois, fait mal quand on en prend conscience.

Elle cache ce dont nous nous défendons : l'opposé de ce que nous souhaitons être et montrer. Elle est alimentée par l'égoïsme, l'orgueil et la lâcheté, et se dissimule derrière l'inconscience et le sentiment d'infériorité. Elle génère le mensonge, la trahison et la malfaisance. L'Ombre se camoufle également derrière les tentatives de prise de pouvoir et derrière les tendances à l'avidité et à la consommation. Ainsi il est difficile pour le *petit moi*, à l'origine de l'Ombre, de la voir car seule la lumière de la conscience la dissipe. Elle illusionne et empêche d'être conscient de l'unité et de l'interdépendance des manifestations de la vie sur terre. Elle crée partout des ennemis ou des dangers, même là où il n'y en a pas.

L'Ombre cache au fond d'elle-même la souffrance refoulée : détresse, vulnérabilité, abus subis et faiblesses. Quand l'Innocence est blessée, un processus de protection incite à refouler des sentiments sains et douloureux. Honte et mépris succèdent souvent aux blessures de l'âme. En effet, au service de l'ego, l'Accusation refuse d'intégrer ce qu'elle considère comme une défaillance.

L'ACCUSATION et la TENTATION sont les deux « bras » de l'OMBRE. Elles génèrent orgueil, arrogance, vanité, méchanceté, égoïsme, et au-delà : dissociation, séparation et conflit. L'OMBRE divise et oppose. Elle coupe des autres, de la vie, et tiraille intérieurement ; la vie et les rencontres deviennent des dangers dont on se méfie et contre lesquels on lutte. Englué dans la honte, la culpabilité, le jugement et le ressentiment, il est alors impossible de trouver paix et bonheur. On ne vit plus que stress, tension et difficultés.

Contrairement à la croyance populaire, ce n'est pas en combattant le Mal qu'on le supprime. En projetant la faute sur l'autre, nous nous soumettons en réalité au pouvoir de l'ego et en partant en croisade contre le Mal, nous ne servons que l'OMBRE. Ce n'est pas non plus en laissant croître son OMBRE qu'on devient heureux ou qu'on progresse sur le chemin de l'HOMME NOUVEAU, bien au contraire.

L'HOMME NOUVEAU est un être humain, adulte, responsable et conscient, dont le but est d'élargir de plus en plus son champ de conscience, d'éclairer son existence et de créer des relations harmonieuses partout où il se trouve. L'*Homme en Quête* de sens s'élève et structure aussi bien son psychisme que son rapport au monde en éclairant par sa conscience son OMBRE. Il se remet en question et s'interroge sur le bien-fondé de ses comportements. Ainsi, les souffrances et les sentiments dégagés de l'OMBRE, donnent accès à une véritable LIBÉRATION ouvrant au bonheur et à l'harmonie. L'unité s'établit dans sa vie et dans son CŒUR.

Pourquoi l'OMBRE ? À quoi sert-elle si elle nous éloigne de notre image idéale ? Dans certaines traditions, elle est considérée comme « notre double » et sa fonction serait de nous illusionner et d'entretenir la *Lila*[1]. L'OMBRE reste un

1. La Lila est un concept hindouiste. La conscience, le cycle des vies et des morts participerait à un grand jeu cosmique dont nous serions les acteurs.

MYSTÈRE qui évoque le néant et l'infini. Son opacité recule en même temps que la lumière de la conscience se répand. En effet, il suffit que la conscience éclaire le « trouble » en soi pour que les enjeux de l'ego s'illuminent et se dissipent comme par enchantement. Cependant, l'aide d'un tiers, THÉRAPEUTE, MAÎTRE ou AMI permet de gagner du temps.

Dans un tirage

L'OMBRE, tirée seule, propose de ressentir en soi tout ce qui est nié : les sentiments, les émotions, les pensées et les jugements dont on est peu fier pour devenir pleinement conscient et responsable de ses actes.

Associée à d'autres cartes, l'OMBRE met en valeur leurs aspects sombres. Par exemple, l'OMBRE avec le ROI dénoncera l'orgueil, avec le FOU, le manque de discernement et la dissociation psychique, avec l'ADEPTE, la naïveté et la crédulité, etc.

Reconnaître sa part d'OMBRE est le premier pas vers la conscience et l'évolution personnelle. C'est la lumière de la conscience qui chasse l'OMBRE ! Plus l'HOMME-NOUVEAU avance sur son chemin, plus sa route s'éclaire et plus il devient lui-même lumineux.

L'Union Sacrée
lame *Talisman*

Parfois, une expérience bouleversante nous saisit, sans raison apparente ou lors d'une pratique intense (méditation, travail sur soi, « médecines » psychotropes, sexualité...). Vécue comme une illumination, une extase, elle provoque une sorte d'unification de la personnalité. Dans le *Tarot de l'HOMME NOUVEAU*, nous la nommons : « UNION SACRÉE ».

Les religions, même les plus réfractaires à la sexualité, ont compté des MYSTIQUES qui ont décrit des orgasmes ou extases cosmiques. Dans certaines traditions (tantrique, chamanique, hindouiste, ésotérique...), l'Essence de l'univers est féminine et il serait possible de se fondre en elle. Des sentiments d'amour, de fusion et de jouissance particulièrement puissants et transformateurs deviendraient accessibles.

La carte de l'UNION SACRÉE représente l'union du masculin avec le FÉMININ Sacré. La jouissance vécue lors de cette « union intérieure » est telle qu'elle dépasse très largement celle de l'orgasme ordinaire. Elle surpasse les instants de bonheur les plus mémorables. Ressentie comme une montée d'énergie à travers les chakras, celui qui la connaît sera à tout jamais transformé. La jouissance commence dans les parties génitales, puis inonde tout le corps et entraîne l'être entier dans une jubilation indescriptible. Ce n'est plus le corps qui jouit, mais l'être entier qui vibre d'allégresse et découvre un espace infiniment transcendantal. Le CŒUR est envahi d'amour. C'est l'UNION SACRÉE ! Un ravissement de l'âme, un délice pour le corps, et une ouverture de l'esprit à une « com-préhension » globale des MYSTÈRES de la vie !

Elle peut laisser l'impression d'avoir fait l'amour avec l'univers. La quête spirituelle s'apaise, car l'expérience a répondu aux questions et comblé les manques. Le cheminement continue, mais la motivation n'est plus la même. Le MYSTÈRE de l'amour s'est révélé et l'appétit de le rendre constant est aiguisé. Celui qui a vécu cela ne cherche plus le bonheur à l'extérieur car il a ouvert son CŒUR, et il sait qu'il est inutile de chercher à retrouver cet état. Il suffit de s'ouvrir et de recevoir, de dire « oui » à ce qui est, de tout son CŒUR et de toute son âme, comme le font les futurs ÉPOUX.

Ainsi, faire l'amour prend une autre dimension : le partenaire devient un *dieu* ou une *déesse* qui mérite vénération. Chaque geste, chaque instant prennent une dimension sacrée. Les événements sont vécus comme des cadeaux. Tout ce qui se passe dans l'existence est perçu comme un geste d'amour de l'univers, comme un clin d'œil du divin qui interpelle chacun dans son jeu cosmique.

L'UNION SACRÉE est inoubliable et reste une expérience majeure dans la vie de celui qui a eu la chance de la vivre.

Dans un tirage

Le consultant qui tire la lame de l'UNION SACRÉE reçoit un magnifique présage : rencontre, chance, amour, expérience paroxystique à venir ? Elle indique que la dimension sacrée du FÉMININ lui est accessible et que l'opportunité d'union se présente, soit dans la relation avec sa partenaire, soit par la méditation.

Voilà également une invitation à dire « oui » à tout ce qui se présente. L'engagement envers la vie et la présence dans l'instant favorisent l'UNION SACRÉE. Elle est à la portée de ceux qui s'offrent pleinement.

L'Homme-Nouveau

lame *Talisman* (spécialiste du MYSTÈRE de l'amour)

Cette lame est particulièrement importante ; elle est la carte centrale du *Tarot de l'HOMME NOUVEAU*. Elle incarne l'homme en quête de la réalisation de « *Soi* », l'homme en cours d'accomplissement qui cherche à résoudre les MYSTÈRES de l'existence et particulièrement celui de l'amour. Cet homme s'applique à suivre la LOI de l'attraction vers l'Amour. Peu importe sa fonction dans la société, peu importe sa culture, sa religion, sa race et sa nationalité, il reconnaît ses frères de route avec lesquels il entretient des relations stimulantes et harmonieuses.

Son implication constante dans une Discipline spirituelle, son intégrité courageuse et la pureté de sa motivation le conduisent à maîtriser son mental et à dépasser ses pulsions égotiques. La Grâce l'a touché, il l'a reconnue et il voue son existence à intégrer la dimension sacrée. Son vœu le plus intime est de s'immerger dans la conscience divine pour atteindre la Libération.

Quelquefois, une Initiation, la rencontre d'un Maître ou la confrontation à la Mort l'ont mené à cette dimension intérieure. Parfois, la fréquentation d'un Fou ou d'un Hiérophante, ou la puissance d'un Roi l'a inspiré. D'autres fois, ce fut la sagesse d'un Philosophe ou l'accès aux secrets d'un Chamane qui l'y ont mené. Ainsi s'est-il mis en route avec l'objectif de réaliser le *Soi Divin* qui nous constitue tous.

Cet Homme-Nouveau, apparemment ordinaire, a vécu bien des expériences. Il s'est émancipé de Matrices et s'est confronté à l'Accusation qui entravaient son développement et l'empêchaient d'accéder à la liberté intérieure. Il utilise sa puissante énergie masculine représentée par la lame de l'Érection, pour s'unir à son Féminin intérieur et réaliser l'Union Sacrée. Ni la Suffisance, ni les Épreuves, ni aucune Tentation n'entament sa détermination. Il s'est engagé avec Innocence, de tout son Cœur et grâce au Renoncement aux illusions matérielles, il a diminué le dictat de son ego.

Sa parole est ferme et vraie, ses mots sont emplis de sens, et il ne se disperse pas dans des activités futiles. L'Homme-Nouveau, homme de confiance, impose le respect par ses qualités humaines et son intégrité. Il se préoccupe du bien commun avec impartialité, prend des responsabilités et s'engage sans s'attacher à des profit ou à la satisfaction d'intérêts personnels.

L'Homme-Nouveau est rare. Même si beaucoup d'entre nous espèrent atteindre ce statut intérieur, peu développe cette qualité d'être.

L'Homme-Nouveau n'est pas forcément destiné à devenir un Maître spirituel. Par contre, il a éclairé son Ombre intérieure et concilié la Différentiation, ce qui le mène à sublimer son ego. Il n'est plus identifié à sa petite personne mais se considère comme une partie du « *Grand Tout* ».

Autonome, au masculin bien affirmé, en harmonie avec son Féminin, l'Homme-Nouveau n'a plus rien à prouver ni aux autres ni à lui-même. Témoin de la vie, rempli de gratitude, il célèbre à chaque instant le Mystère de l'Amour et de la Conscience. Pour lui, plaisirs et bonheurs liés à la réalisation sociale, professionnelle et affective sont devenus accessoires. Ses relations sont harmonieuses, aussi se sent-il en accord profond avec lui-même, avec son environnement et le cosmos.

Dans un tirage

Le consultant qui tire la lame de l'Homme-Nouveau est un homme chanceux. L'oracle lui donne les grandes directions de son chemin pour parvenir à intégrer et exprimer le meilleur de lui-même. Les autres cartes indiqueront les axes à travailler prioritairement. Il devra particulièrement s'interroger sur l'idéal qu'il a de lui-même : est-il sclérosé dans des croyances et certitudes sur lui-même, sur le sens de la vie ? Résigné à ne jamais incarner son essence, à ne jamais réaliser le meilleur de ce qui l'anime ? S'est-il arrêté sur le chemin de la Vérité et de la quête de l'ultime ?

Cette lame incite fortement à se mettre ou se remettre en route et à s'impliquer de tout son Cœur ! L'Homme-Nouveau étant le spécialiste du Mystère de l'Amour, le consultant est invité à s'y intéresser intensément. Des ouvertures, des transformations, des perspectives d'évolution importantes se présentent et des moyens s'annoncent... !

Le Maître
lame *Talisman*

Il arrive que nous ayons, ponctuellement, un rôle d'initiateur ou d'accompagnant d'ouverture de la conscience. Les parents, le PÈRE particulièrement, exercent cette fonction auprès de leurs enfants. Les PROFESSEURS et les AMIS favorisent l'abandon de MATRICES aliénantes qui limitent la liberté d'*Être* et donnent accès à de nouveaux espaces de *Connaissance*[1]. Le PROFESSEUR transmet ses savoirs ; le PÈRE, son éducation ; les AMIS, de nouveaux horizons de vie ; alors que le MAÎTRE transmet ce qu'il *Est*. Il convient d'aborder cet arcane avec humilité et précaution car nous ne sommes pas des MAÎTRES spirituels, mais des êtres en devenir.

La lame du MAÎTRE, dans le *Tarot de l'HOMME-NOUVEAU* évoque un personnage hors du commun, exceptionnel. Peu de ceux qui s'engagent sur un chemin spirituel atteignent la réalisation du *Soi*, l'éveil ou la LIBÉRATION. Aussi, les MAÎTRES sont-ils des personnages très rares. Cependant, l'*Être* existe en soi. Lorsqu'il a été contacté, il peut prendre l'aspect d'une instance intérieure de sagesse et la qualité du « MAÎTRE ». Parfois, c'est la présence introjectée du MAÎTRE qui parle au *Soi*, comme s'il était réellement dans l'*Esprit* du disciple.

De nombreuses traditions religieuses et spirituelles présentent à leur tête un MAÎTRE : il y a toujours, par exemple un Pape, un Imam, un Dalaï Lama, etc, qui porte le flambeau de la tradition et qui est le garant de la transmission

1. Certaines traditions nomment la finalité de la quête spirituelle : la Connaissance, bien différenciée du savoir. Et nous distinguons la Connaissance du savoir par le fait qu'elle n'est pas de nature intellectuelle. L'apprentissage de l'écriture et de la lecture est une INITIATION qui fut d'ailleurs interdite aux femmes dans le passé. Le savoir intellectuel ouvre accès à des espaces de compréhension, mais ce n'est pas parce qu'on lit les écrits d'un sage ou d'un PHILOSOPHE qu'on acquiert sagesse ou philosophie. La Connaissance, expérience intime du Soi, peut être témoignée mais elle ne peut se transmettre d'un individu à l'autre. Son essence, comme sa quête, est paradoxalement personnelle, et commune à chacun.

des enseignements. Certains sont désignés à la mort de leur prédécesseur. Pourtant, de véritables MAÎTRES, connectés par la GRÂCE, éveillés par « accident », ont transmis des enseignements qui ont obtenu la reconnaissance publique. Ainsi de grands MAÎTRES spirituels n'ayant pas été avalisés par un MAÎTRE vivant ou une tradition spirituelle sont devenus des références planétaires.

Le « MAÎTRE vivant » peut être vu, écouté et touché. Il est possible de lui parler, de l'interroger et c'est un privilège d'en rencontrer un dans sa vie. Par sa simple présence, par ses paroles, ou d'un simple regard, il inspire et facilite au disciple la perception de la GRÂCE et le plein contact de l'*Être*. En effet, le MAÎTRE a plongé au cœur du MYSTÈRE de la vie et de la conscience. Il en connaît les LOIS et il en est devenu le « canal ». Comme le fait un miroir, il reflète la réalité de l'*Être* qui se présente à lui : sa lumière comme son OMBRE.

Le MAÎTRE sait accompagner ses disciples au cœur des MYSTÈRES de l'*Être* ; il transmet les LOIS et enseignements qui donnent la richesse intérieure. Il connaît parfaitement les embûches et les pièges tendus par le mental et l'ego qui maintiennent le quêteur dans l'illusion. L'intention du MAÎTRE n'est pas de se mettre en valeur, il répond à la demande de son propre MAÎTRE d'enseigner. Aussi le disciple ressent-il à son égard deux sentiments très particuliers nommé Foi et Dévotion. Cette dernière est un mélange d'amour, de respect, de reconnaissance, et de confiance inconditionnelle. Ces sentiments sont des moteurs puissants lorsque des ÉPREUVES décourageantes altèrent la motivation du disciple.

À quoi reconnaît-on un vrai MAÎTRE ? Il y a en effet, de nos jours, pléthore de personnages qui prétendent exercer cette fonction auprès d'ADEPTES. Certains se font parfois abusés par des escrocs du « business spirituel » ou par des sectes avides de pouvoir ou de richesses. Le vrai MAÎTRE est exemplaire : ce qu'il prêche, il l'incarne ! Ses enseignements apportent la richesse intérieure aux pratiquants et non pas une sécurité métaphysique qui conforte les croyances faciles. Au contraire, le MAÎTRE casse les certitudes pour faciliter la confrontation aux MYSTÈRES de la vie et de la MORT. Le cadre qu'il propose et les pratiques enseignées laissent le disciple libre de vivre selon ses choix. En fait, un MAÎTRE authentique ne propose que cela : le retour vers sa propre source, l'*Être*, l'essence du *Soi*. Ainsi le disciple découvre que ce qu'il cherche est ce qu'il *Est*. Un dicton hindou dit : « le MAÎTRE arrive quand le disciple est prêt ». Une ascèse, une DISCIPLINE spirituelle et un sincère appel du CŒUR préparent la rencontre.

Dans un tirage

Cette lame invite le consultant à s'engager entièrement dans une voie spirituelle, à chercher un MAÎTRE, un initiateur et à le suivre. En attendant de le trouver, il lui est conseillé de se préparer intérieurement par des pratiques spirituelles : méditations, prières, etc.

Lorsque le consultant suit déjà un MAÎTRE, l'oracle lui conseille de faire grandir en lui la dévotion qui l'aidera à abandonner certitudes et formes de pensées néfastes à sa progression.

Il ne s'agit pas cependant de s'engager auprès du premier venu. Le discernement et l'intuition guideront le consultant. L'intention et la GRÂCE feront le reste.

Cette carte incite également à écouter et à suivre cette petite voix au fond de soi, celle de son MAÎTRE intérieur, qui parle avec sagesse et amour.

La Grâce
lame *Talisman*

La Grâce est une notion universelle au-delà d'une certaine connotation chrétienne donnée dans notre société. Dans de nombreuses traditions, religieuses, spirituelles ou même ésotériques, il est fait référence à la conscience du don inconditionnel du Divin, de la Vie, de l'Énergie cosmique qui inonde les consciences et les existences d'Amour et de Sens.

La Grâce a permis que nous naissions et devenions un élément de la Nature, c'est-à-dire une infime partie de la Vie qui peut être consciente d'elle-même à travers nous. Elle est toujours là, manifestée en permanence sans que nous la voyons. Quelquefois, elle se fait si présente qu'on ne peut attribuer les événements au hasard. Une volonté « supérieure » paraît agir : c'est la Grâce. Ressentir son « existence » rappelle la *reliance* au *Grand-Tout*.

Les Mystères de la vie, de la Mort sont percés, résolus sans passer par l'intellect. La perception suffit : c'est une illumination ! La Loi de « Dieu », du *Grand-Tout,* devient évidente : l'Amour ! Rien que l'Amour !

Les Maîtres, les Sages et les Éveillés disent que recevoir la Grâce ouvre à la conscience du paradis, du Royaume de l'Éternité, rempli d'un amour cosmique incomparable ; un ravissement qui inonde le Cœur et l'âme ; une jubilation perçue dans le corps qui inonde l'être entier ! Celui qu'elle « touche » voit sa conscience et sa vie transformées. Tous rappellent également que la Grâce est l'essence de tout, toujours présente, mais que nous, hommes en chemin, en sommes rarement conscients. Lorsque l'humanité comptera un grand nombre d'hommes et de femmes ayant perçus la Grâce en *Soi*, la vie sur terre en sera transformée.

Peut-on recevoir la GRÂCE et obtenir le Salut par un travail particulier ? Rien ne le garantit. Certains, par la prière, la méditation ou les actions gratuites, se sont efforcés de se rapprocher du divin. D'autres ont voyagé, exploré les MYSTÈRES de la vie, bâti des temples, ou vécu une stricte ascèse de MYSTIQUE sans un signe de la GRÂCE, sans goûter à l'*Amour Divin*. Mais parfois, on cesse de prier, renonçant à l'idée même de quête spirituelle. On s'abandonne dans une ouverture de gratitude et d'amour, pour être seulement là, tel que l'on est, et soudain la GRÂCE divine vient nous emplir. Alors notre CŒUR s'ouvre et on perçoit un flot d'amour, une extase qui comble nos désirs et nos envies, un amour inconditionnel dirigé vers tous les êtres de la création.

Aucune pratique, aucune substance, ni aucun autre moyen ne permettent de s'approprier la GRÂCE divine ; elle est un don de « Dieu », du *Grand-Tout*. Il peut sembler contradictoire et paradoxal de chercher sans chercher, de pratiquer sans rien attendre, de donner et aimer sans espérer un retour. Mais si la GRÂCE est parfois accordée à des hommes qui n'avaient ni « lâché prise » ni abandonné leurs prétentions égotiques, ceux qu'elle touche sont généralement dans une démarche spirituelle. Ils souhaitent se rapprocher de la Source Divine. Ainsi, le travail spirituel nous rapproche-t-il de Sa Présence et il donne sens et richesse intérieure à nos existences confrontées aux MYSTÈRES de la vie et de la MORT.

Certains signes nous aident à la percevoir au travers de *synchronicités*[1]. Nous avons tous vécu des coïncidences trop troublantes pour être imputées au hasard. Lorsque nous nous abandonnons à la Vie, leur fréquence augmente, nous confirmant dans notre démarche. Et parfois, alors que nous ne l'attendions plus, la GRÂCE nous atteint, comme une

1. La synchronicité est un terme inventé par C.G. Jung, psychanalyste suisse du début du XXe : « *La synchronicité est l'occurrence simultanée d'événements qui ne présentent pas de causalité entre eux, mais dont l'association prend un sens pour la personne qui les perçoit* ».

illumination, ou comme une explosion d'amour. Une intelligence cosmique naît en nous, le « petit moi » se laissant guider de plus en plus par le *Soi.* Une intuition intérieure nous conduit, nous relie à tous les êtres, nous ouvre à la Conscience, dans la Sagesse et l'Amour.

Dans un tirage

La GRÂCE augure d'une phase de vie très particulière pour le consultant. Il lui est demandé d'ouvrir les yeux : le « Divin » se manifeste ici et maintenant. Une ouverture aux MYSTÈRES de la vie se crée. Des *synchronicités* éveilleront sûrement la perception d'une intelligence invisible au-delà des apparences. Cependant, il ne sert à rien de les rechercher : il suffit juste d'être présent, ici et maintenant, et de les recevoir avec gratitude ! La GRÂCE est toujours là ! C'est une invitation à regarder dans la bonne direction.

La GRÂCE ne va pas toujours dans le sens de notre mental et on ne peut imaginer comment elle se manifestera. Ce qu'on aime et ce qu'on n'aime pas ne devraient pas limiter notre perception de la GRÂCE.

Voici venu le temps où il est demandé au consultant de se lever pour devenir un HOMME-NOUVEAU.

LES 5 GARDIENS DE SAGESSE

Le Philosophe

gardien de sagesse (spécialiste du Mystère du moi)

Le PHILOSOPHE représente la Sagesse humaine, élaborée par la raison, l'analyse et l'expérience. La carte du PHILOSOPHE ne renvoie pas au professionnel de la philosophie, mais à l'amoureux de sagesse (*philo-sophia*), qui fait de la *Connaissance*[1] sa principale raison de vivre. Le PHILOSOPHE est, en effet, le spécialiste du MYSTÈRE de l'Esprit et de sa LOI. La *Connaissance*, au-delà du savoir (ça-avoir), est régie par l'Esprit et personne ne peut saisir l'*Être*.

Qu'il prône le contentement par l'expérience simple des sens et la vie communautaire comme Épicure, ou la distance au monde comme les stoïciens, le véritable PHILOSOPHE vit sa doctrine et ne se limite pas à l'écrire. Ni ERMITE, ni marginal, il assume dans le monde les responsabilités de la vie sociale et de la condition humaine. Il tente d'élever la conscience du monde et de guérir les hommes des maux qui les accablent, par la raison, le discours et l'exemple. Son dessein est de faire sortir les hommes de la caverne de l'ignorance pour les éveiller à la lumière de la quête de la Vérité, afin que, fidèles à l'éthique et à l'intégrité, ils prennent conscience de leur humanité et de leur responsabilité. Le Bien et le Mal, le Beau, la Nature du monde et de la *Connaissance*,

1. Nous distinguons la Connaissance du savoir par le fait qu'elle n'est pas de nature intellectuelle. L'apprentissage de l'écriture et de la lecture est une INITIATION qui fut d'ailleurs interdite aux femmes dans le passé. Le savoir intellectuel ouvre accès à des espaces de compréhension, mais ce n'est pas parce qu'on lit les écrits d'un sage ou d'un PHILOSOPHE qu'on acquiert sagesse ou philosophie. La Connaissance, expérience intime du Soi, peut être témoignée mais elle ne peut se transmettre d'un individu à l'autre. Son essence, comme sa quête, est paradoxalement personnelle, et commune à chacun.

la volonté et l'action, sont ses thèmes de prédilection mais il n'est pas un aspect de la vie qui ne puisse être passé au crible de sa réflexion. Il s'intéresse à tous les MYSTÈRES de la vie et de la MORT.

Suivant une démarche rigoureuse basée sur le doute, le PHILOSOPHE récuse des vérités issues d'analyses peu crédibles ou d'opinions toutes faites diffusées dans les médias.

Le PHILOSOPHE est un grand SCEPTIQUE. En quête de sagesse et de vérité, il conteste ce que d'autres tiennent pour vrai et cherche la faille dans les argumentations. Il dénonce les prétentions dans les discours si ces derniers ne procurent paix, bonheur et harmonie. Découvrir le sens caché derrière les mots et les choses l'aide à trouver l'essence de l'être, dans la sagesse et la joie, dans la plénitude de son engagement dans la vie.

Le PHILOSOPHE, être de recherches, est aussi un PROFESSEUR particulièrement charismatique. Il convainc facilement son auditoire par ses arguments solides et par son rayonnement hors du commun. Comme Socrate, prêt à dialoguer avec tous, il cherche à transmettre sagesse et *Connaissance*. Le Philosophe « accouche » les âmes et provoque de la stupeur chez ses élèves qu'il confronte à leurs contradictions : il leur fait découvrir la Vérité nécessaire pour les délivrer des illusions et des certitudes dérisoires véhiculées par le conformisme. Dans son enseignement, le PHILOSOPHE interpelle chacun sur la réalité profonde des choses et du monde au-delà des apparences. Pour cela, il utilise la raison, la réflexion et la pensée sous toutes ses formes. La pensée, bien qu'abstraite, n'est jamais simple théorie, car elle cherche la Vie, la Vérité. En cela, elle est l'Esprit qui se cherche lui-même dans la compréhension du monde, toujours en devenir perpétuel, en quête de sagesse et qui s'incarne dans l'action.

Cependant, le PHILOSOPHE risque d'entraîner ses interlocuteurs dans son mode de pensée et d'imposer son point de vue. Dans ce cas, il devient sophiste : il utilise la raison pour dominer et vaincre par tous les moyens dans les joutes oratoires. Ainsi agissent certains politiciens, démagogues ou autres prédicateurs, avides de capter l'opinion à leur profit, employant la langue de bois « passe-partout » pour jouir d'une notoriété confortable mais usurpée ou infondée.

Dans un tirage

Tirer la lame du PHILOSOPHE invite le consultant à se remettre en question en profondeur par la réflexion, l'analyse et le recul : « connais-toi toi-même » aimait dire Socrate.

Elle lui demande d'aller plus profondément sur les chemins de la Sagesse et de la *Connaissance*, de ne pas se satisfaire de croyances superficielles et de s'interroger sur la nature et sur le MYSTÈRE de l'Esprit. Qu'est-ce que le monde ? Qu'est-ce que la vie ? Qui suis-je ? Quelle est mon action dans le monde ? Qu'est-ce que l'intelligence ?

Cette figure met aussi en garde le consultant sur l'usage démesuré de la raison et sur la volonté de convaincre à tout prix et elle invite à la vigilance à l'égard des prédicateurs très convaincants.

Le Roi

gardien de sagesse (spécialiste du Mystère de l'Autre)

Le ROI, figure archétypale puissante des *Cartes de l'HOMME NOUVEAU*, représente la plus haute instance temporelle. Son autorité, exercée avec noblesse, est rarement contestée. Bienveillant, protecteur, charismatique, il inspire le respect mais aussi la crainte. Parfois le plus fort, quelquefois le plus rusé, le ROI est considéré par son peuple comme étant le plus apte à le conduire. Leader puissant, empreint de sagesse, il est très courtisé et ses *sujets* le vénèrent. Avoir les faveurs du ROI est une garantie de succès, de facilités mais aussi parfois de jalousies. À la tête du gouvernement, le ROI veille au progrès et à la prospérité de chacun et il assume la responsabilité de transmettre et faire appliquer les LOIS des hommes régies par le MYSTÈRE de l'Autre.

Le ROI véhicule des archétypes très puissants, tel celui du Roi Arthur, qui fut reconnu ROI en retirant son épée magique, Excalibur, d'un rocher. Il tire son autorité de son courage, certes, mais aussi de la GRÂCE de *Dieu*, devant lequel il ne peut que s'incliner. Il incarne ainsi un maillon humain reliant l'homme et le divin, et devient un exemple pour tous. Il est aussi reconnu pour ses qualités de discernement et de décision, tel le ROI Salomon dans la Bible, dont la sagesse et l'équité (en cela il se rapproche du JUGE) furent louées par tous.

Sur la route de l'HOMME-NOUVEAU, chacun est convié à s'approprier et à devenir ce ROI vivant au fond de nos psychismes. Toutes proportions gardées, il peut nous arriver de nous sentir libres de toutes contraintes, d'être reconnus, écoutés, courtisés, jouissant d'un statut qui confère puissance et responsabilité. Mais beaucoup n'osent pas rencontrer leur ROI intérieur, et incarner dans le monde cette puissance autoritaire et bienveillante. Ils se refusent la légitimité de se sentir ROI par peur d'eux-mêmes mais aussi de subir des jalousies.

Comme l'a si bien écrit Marianne Williamson : *Notre peur la plus profonde n'est pas que nous ne soyons pas à la hauteur, notre peur la plus profonde vient de ce que nous sommes puissants au-delà de toute limite. C'est notre propre lumière et non pas notre obscurité qui nous effraye le plus*[1].

1. « *Our deepest fear is not that we are inadequate. Our deepest fear is that we are powerful beyond measure. It is our light, not our darkness that most frightens us* ». Marianne Williamson. *Return to Love*. Phrase attribuée de manière erronée à N. Mandela.

C'est dommage, mais il est vrai que le Roi court des risques : l'exigence, la tyrannie, la prétention, le despotisme ou l'exploitation de ceux qui l'honorent. Et il arrive aussi que certains, placés dans cette position enviable, en profitent pour assouvir des instincts peu respectables. L'impérieuse fascination du pouvoir absolu en a conduit quelques uns à devenir cruels et d'autres ont nourri le rêve de devenir le « maître du monde », au-dessus des autres, de la Loi, du divin (fascination que le Roi partage d'ailleurs avec la plupart des *Gardiens de sagesse*). L'engagement sur un chemin de confrontation aux Mystères de l'existence évite au « petit moi » de se prendre pour un *Dieu*.

La figure du Roi est donc celle de la puissance, du rayonnement, du pouvoir terrestre et du charisme. Courtisé, il sait que sa fréquentation est un privilège. Mais le risque redoutable d'orgueil et d'inflation de l'ego, veille dans l'Ombre du psychisme de celui que la Vie a placé sur un trône.

Dans un tirage

Le Roi invite le consultant à développer une spiritualité laïque, humaniste et de s'intéresser au Mystère de l'Autre et à la Loi des hommes qui en découle.

Notre essence à tous est divine, le réaliser nous donne noblesse et grandeur d'âme. Le consultant est donc incité à le réaliser en prenant des positions de pouvoir et de responsabilité. Cette lame représente ainsi le Moi puissant et triomphant dans ses aspects positifs et négatifs.

Attention cependant : l'orgueil guette ceux qui exercent un pouvoir. Le Roi est donc une figure à double tranchant, qui peut révéler un ego démesuré.

Le Fou

gardien de sagesse (spécialiste du MYSTÈRE de l'infini)

Le FOU est une lame très spéciale du *Jeu de l'HOMME-NOUVEAU*. Il est très avancé sur le chemin de la réalisation du *Soi*, son CŒUR est grand ouvert mais il est déroutant.

Il n'est ici question ni de pathologie psychiatrique ni d'originalité comportementale irraisonnée. Le FOU est un homme dont la personnalité « hors norme » peut déranger par ses manières et ses comportements peu orthodoxes. Rien ne lui est impossible, même ce qui semble déraisonnable ou excessif. Il paraît n'avoir aucune limite. Il est « lui », sans influences ! On dirait qu'il a percé les secrets du MYSTÈRE de l'infini et qu'il joue avec la LOI de la relativité.

Le psychisme et l'ego du FOU ne se sont pas structurés comme ceux du commun des mortels. Il est ni attaché aux biens matériels, ni aux idées, ni à l'image, ni aux autres. Il s'attache simplement aux manifestations de la Vie. Selon lui, rien dans la vie n'a d'importance si ce n'est la vie elle-même ! Ainsi, il pose le même regard sur les petites gens ou les grands de ce monde, les petits instants anodins ou les grands moments. Rien ni personne ne l'impressionne, si ce n'est le pétillement de ce qui vit, de ce qui vibre, de ce qui aime. Ses valeurs ne sont pas usuelles : le FOU peut préférer perdre un bon travail, intéressant et bien payé pour respecter son besoin de contact avec la nature, par exemple. Ou bien annuler une réunion familiale importante pour s'occuper d'un animal blessé. Ou encore rester sous une pluie d'orage au lieu de courir s'abriter, captivé par le spectacle des éclairs et la sensation de l'eau ruisselant sur son corps. Il vit pleinement le présent, sans calculs, sans retenues et sans remords, en phase avec les possibilités infinies de la Vie. Imaginez le FOU comme un idiot intelligent, surdoué, parfois cultivé, dont le bon sens et le bonheur s'appuient sur des bases autres que celles du commun des mortels. En fait, son INNOCENCE et sa pureté d'âme sont préservées grâce à sa grande simplicité. Cela lui évite les complications et les difficultés que crée habituellement un mental calculateur. Et son ego est libre de tous challenges : gagner, ruser, être le plus fort ne l'intéressent pas. Ne dit-on pas : « bienheureux les simples d'esprit, le royaume de Dieu leur appartient » ?

Il arrive pourtant que ce personnage au demeurant sympathique et inspirant, s'égare dans des comportements excessifs, destructeurs et autodestructeurs : manque de maturité, démesure, pulsions incontrôlées, manque de discernement... Souvent déroutant, parfois invivable et provoquant, il dérange ceux qui sont trop attachés à la bienséance ou à une bonne éducation. Ces règles lui paraissent tellement futiles qu'il s'en est affranchi. Le FOU peut être exclut ou craint par son entourage, mais ceux qui l'apprécient sont inspirés par sa spontanéité, son intégrité, sa générosité, sa pureté et son sens de l'humanité.

Dans un tirage

Le FOU est un être éveillé, atypique, qui a suivi très peu d'enseignements. Il est illuminé par la GRÂCE sans l'avoir recherché.

La lame du FOU délivre deux messages potentiellement contradictoires : mettre un brin de folie dans sa vie, sortir des conventions, ou bien canaliser les excès d'impulsivité, raisonner les élans vitaux tout en laissant vivre le « joyeux » en *Soi* s'exprimer de manière pure et spontanée.

Cette carte invite à prendre le risque d'assouplir les rigidités que les règles sociales imposent même si l'image de soi en sort ternie. L'important est de rester en contact avec la fraîcheur de l'INNOCENCE et d'exprimer la pureté de l'*Être*.

Pour le consultant, une telle lame l'interroge sur les choix à faire entre raison et CŒUR, entre intégrité et compromis.

Les possibilités qui lui sont offertes sont illimitées, en écho au MYSTÈRE de l'infini dont il devrait se laisser pénétrer.

Le Hiérophante

gardien de sagesse (spécialiste des MYSTÈRES des Origines)

Cette carte représente l'archétype du Grand-Prêtre qui préside aux cultes et rituels les plus secrets. Il instruit les initiés avec autorité et présence. Il relie les hommes et le divin, la terre et le ciel. Les rites de toutes les religions visent à préparer les corps et les esprits au contact avec le divin, avec ce qui est plus grand que nous et dont nous sommes une partie. Les rituels nous entraînent hors de l'espace et du temps ordinaires, pour nous plonger dans un espace sacré, à la fois répétitif (lors d'un rituel, la même scène se rejoue) et définitif (l'infini du divin ne peut être dépassé). Ils tendent à élever nos âmes, à nous détacher du quotidien pour nous faire contacter et vivre l'expérience de la *Transcendance.*

Dans la Grèce antique, le HIÉROPHANTE dirigeait les célébrations des MYSTÈRES liés au culte de Déméter[1], déesse de la fertilité. Les cultes de la fertilité mettaient en valeur le « *hiéros gamos* » (étymologiquement « mariage sacré ») pour symboliser l'UNION SACRÉE, c'est-à-dire l'union des principes masculin et féminin. Ce Grand Rite est encore pratiqué dans le cadre de sociétés ésotériques et dans le Tantra.

Le HIÉROPHANTE a été initié aux MYSTÈRES de l'existence, et son CŒUR s'est ouvert aux dimensions spirituelles de l'être. Il peut initier les ADEPTES, mais son rôle essentiel est de former et cadrer les OFFICIANTS à la *Connaissance* et d'inspirer les foules. Son charisme, sa pratique apparemment exemplaire, et son accès à des espaces peu habituels de reliance avec

1. Le HIÉROPHANTE initiait au MYSTÈRE des Origines qui régit la LOI de l'incarnation.

le divin (dont il témoigne) lui confèrent une image et un statut spécifiques. Particulièrement brillant, sa renommée est nourrie par une aura d'« *Être réalisé* » ou de « *Saint-Homme* ». C'est pourquoi le HIÉROPHANTE incarne une facette de l'HOMME-NOUVEAU : il témoigne de la Vérité et confronte aux secrets des origines et de l'incarnation.

Parfois doux et souriant, parfois dur mais bienveillant, il pousse les ADEPTES à prendre leurs responsabilités, à cesser d'être des VICTIMES et à devenir des HOMMES-NOUVEAUX. Pour cela il leur demande d'ouvrir leur CŒUR et de faire preuve de DISCIPLINE dans leur comportement. Il guide tous ceux qui aspirent à recevoir la GRÂCE et les aide à passer des ÉPREUVES ; notamment à ne pas tomber dans les pièges de l'OMBRE.

À la fois ROI d'une tradition spirituelle et MAÎTRE de cérémonie, il fascine, un peu comme une star ; il se sent porté et inspiré par l'assistance qui le rend créatif et brillant. Il est vrai que sa présence provoque des « mouvements d'énergie importants ».

Un risque de déviance apparaît dès que l'ego récupère à son compte les effets produits sur autrui. Le pouvoir et la prétention « tournent la tête » et l'ascendance sur les foules est particulièrement grisante. Le plaisir de manipuler une assistance jusqu'à l'hystérie collective est très dangereux : de la fascination au fascisme, il n'y a qu'un pas, comme de la ferveur au fanatisme, voire à l'intégrisme.

Ce travers signe la chute du HIÉROPHANTE. Certains d'entre eux prétendent détenir la Vérité : « Sans eux, point de salut ! ». De tous temps, depuis les prêtres corrompus de l'ancienne Égypte, à certains prélats et hommes d'église, ces HIÉROPHANTES « noirs » ont extorqué les pauvres, et infiltré le pouvoir politique pour asseoir leur propre pouvoir et celui de leur institution. Ces HIÉROPHANTES perdent alors le sens de leur vie et de leur fonction ; guettés par l'immoralité, ils en perdent la foi. Incapables de vivre selon la morale et les préceptes qu'ils enseignent, ils deviennent des « anges déchus ». Mais surtout, ils entraînent leurs adeptes dans des espaces qui ne laisseront que des mauvais souvenirs à la postérité.

Dans un tirage

Le Hiérophante, lame exprimant un contexte de très grande puissance spirituelle, invite le consultant à considérer de près sa place ainsi que les influences exercées par lui et sur lui dans le domaine de la spiritualité : traditions, religions, mouvements charismatiques, etc.

Au sujet des leaders spirituels, petits et grands, il convient d'être vigilant sur les intérêts secondaires dont ils bénéficient en exerçant leur fonction : argent, pouvoir, manipulation affective, etc. Et pour les Adeptes et curieux, il est nécessaire de rester méfiant : l'exaltation, le fanatisme ou l'intégrisme ne sont que des impasses sur le chemin de l'Homme-Nouveau qui, sans rejeter aucune église, se situe au-delà de toute obédience.

Cette carte représente la vocation à l'état pur. La vocation est un élan, un souffle intérieur, une élévation du Cœur, un bouleversement profond, une touche précise et ferme sur la toile de notre vie. Nous avons tous un potentiel de prêtres, de Chamanes, de Philosophes et de Hiérophantes que nous pouvons incarner pour le bien de tous à condition de préserver humilité et sincérité.

Le consultant est convié à s'intéresser au Mystère des *Origines* et à sa Loi : l'incarnation.

Le Chamane

gardien de sagesse (spécialiste du Mystère de la « Nature »)

La lame du Chamane est très puissante car elle véhicule une figure archétypale particulièrement intense dans les *Cartes de l'Homme Nouveau*. Elle est une des six facettes de l'*Homme en Quête*, bien avancé sur le chemin de la réalisation du Soi.

Cet arcane incarne le monde magique, onirique, qui a baigné nos enfances, mais aussi la puissance psychique. Le Chamane est un personnage qui dispose de pouvoirs considérables. Il reconnaît l'ordre de la nature, mais il sait transformer la matière en lui donnant de nouvelles formes, de nouveaux aspects, de nouvelles propriétés. Il possède ainsi parfois des pouvoirs qui semblent surnaturels et en contradiction avec la Loi de la nature : il peut faire apparaître ou disparaître des objets, éclairer une pièce sombre, changer l'apparence d'une chose ou d'un être, se « transformer » en animal, lire le passé de certains, ou encore prédire l'avenir. Bien que ces pouvoirs correspondent à des principes naturels profonds, le néophyte l'ignore, si bien qu'il les attribue à un pouvoir magique, surnaturel qui le trouble et le fascine ou lui inspire de la crainte. Le Chamane est aussi un spécialiste du Mystère de la matière dont il paraît défier la Loi (le vide) mais en réalité, il ne fait que l'utiliser.

Ce personnage très puissant, charismatique, cultivé et grandement impliqué dans la quête du *Soi*, exerce une fascination magnétique sur son entourage. On vient même voir le Chamane pour obtenir l'amour, la gloire et la réussite matérielle. Lui sait que tout cela est vain : la vraie richesse résidant dans la transformation du plomb de l'être ordinaire en or spirituel de l'*Homme en Quête*, et il pense que la fontaine de jouvence ne réside pas dans l'immortalité du moi, mais dans la réalisation du *Soi*, dans l'éternité de l'instant présent. Alors parfois le Chamane aide celui qui le lui demande en utilisant des tours et des artifices, mais son but est de l'amener à une réelle transformation intérieure : Merlin, dans la quête Arthurienne, et Gandalf, dans *Le Seigneur des Anneaux*, représentent des druides, des mages ou des CHAMANES avancés et évolués, qui ont dépassé leurs ambitions personnelles. Néanmoins, ils ne sont pas à l'abri de désirs humains : Merlin sera ensorcelé et emprisonné dans une cage de verre par la fée Viviane, et Gandalf ne peut pas porter l'anneau de Sauron ; il risquerait de se transformer en *Mage* noir. Malgré son pouvoir, le CHAMANE reste un être profondément humain. Toute sa *Connaissance* de la nature, du vide et de la matière, tous ses pouvoirs ne peuvent l'absoudre de sa propre quête.

La TENTATION d'exercer ses pouvoirs pour séduire, tricher et abuser égoïstement de l'autre, ou encore la prétention à un statut « absolu », sont les risques majeurs encourus par le CHAMANE. Par exemple : utiliser ses facultés pour enchaîner et rendre esclaves ceux qu'il approche, comme l'ont fait Darth Vader dans *Star Wars*, ou Sarouman dans *Le Seigneur des Anneaux*, qui sont des représentations de CHAMANES ayant basculé du « côté obscur de la Force ». Ils ont renoncé à leur développement spirituel pour obtenir plus de pouvoir temporel, afin de dominer les autres. Mais ce faisant, ils se sont eux-mêmes enchaînés à des forces très puissantes (l'empereur dans *Star Wars* et Sauron dans *Le Seigneur des Anneaux*), celles du mal. Leur transformation ne pourra alors se faire qu'au prix d'une rédemption, d'un RENONCEMENT ultime, d'un don total de *Soi* à la Vie.

Dans un tirage

Le CHAMANE invite le consultant à repositionner son regard sur son pouvoir personnel. Comment impose-il sa marque sur son environnement et sur la matière ? Cette lame encourage à faire confiance à sa puissance psychique, à son charisme.

Elle insiste cependant sur la prévalence du Cœur, de l'amour et de l'humanisme.

Le Chamane étant le spécialiste des Mystères de la matière, il possède la capacité de générer des situations « magiques ». L'indication de possibles dons ou perceptions extrasensorielles (vision, voyance, médiumnité, magnétisme, clairvoyance, etc.) est donc évoquée également. Le consultant, en tous cas, est convié à s'intéresser à la Loi du vide.

Attention, des Tentations se profilent, et le risque de manipulation, d'égoïsme ou d'orgueil précipiterait le consultant dans le côté sombre de lui-même. Le Chamane exhorte donc au discernement et à la vigilance : il convient de se méfier des bénéfices et intérêts secondaires induits par le pouvoir (spirituel, entre autres).

LES 2 LAMES « HORS-CADRE »

Le Mystère
lame hors-cadre

Le MYSTÈRE imprègne nos vies. *Dieu* existe-t-il ? D'où vient-on ? Y a-t-il un sens à la vie ?... La MORT, la naissance, la vie, la conscience, la destinée, l'identité... sont au cœur de l'énigme.

De la *Déesse-Mère* des Anciens, à *Dieu le Père* des religions monothéistes en passant par les mythes, la science, les philosophies, les spiritualités vivantes..., aucune réponse universelle et durable n'est proposée aux questions majeures que soulèvent le MYSTÈRE de la vie et surtout celui de la MORT. Même ceux qui ont eu accès à *La Connaissance* (par exemple les grands MAÎTRES) sont impuissants à la communiquer. Ils ne font que donner des conseils ou des pratiques qui servent de berceau aux religions. Ou bien, ils témoignent de leur vécu au travers de propos hermétiques, tels ceux du Christ : « Je Suis Celui qui Est »... Mais le MYSTÈRE reste entier... ! En effet, il est possible de comprendre cette phrase intellectuellement sans qu'elle ne donne accès à la *Connaissance*. Elle ne dévoile pas le MYSTÈRE, elle donne une indication partielle d'une évidence indescriptible.

Le MYSTÈRE ne peut être percé que par soi-même. Ni les enseignements, ni les cultes et rituels ne parviennent à transformer chacun en Sage ou en « Éveillé ».

Certains MYSTÈRES se dissipent, apparemment, lorsqu'on comprend leur LOI. Certes les explications repoussent les limites du MYSTÈRE mais elles ne le résolvent jamais. En fait, il n'y a qu'un seul MYSTÈRE qui englobe tous les mystères. Il crée de l'angoisse, de l'incertitude et donne le vertige parce qu'il est irrémédiable : le MYSTÈRE de sa propre MORT !

Face au néant, le sentiment de solitude est extrême et le manque de *Sens* étreint le CŒUR et l'âme des plus avertis. Les INITIATIONS qui exposent au vide et au néant ont ce redoutable privilège. Certains CHAMANES, MAÎTRES ou HIÉROPHANTES maîtrisent des techniques ou des plantes qui déclenchent ce « voyage ». Dans l'Antiquité, le MYSTÈRE était une INITIATION terrible qui confrontait à la MORT et au néant : plus aucune pensée ni sensation... rien qui se passe... et pour toujours... Les initiés, appelés *mystes*, sortaient d'un rituel de trois jours de confrontation, de souffrances et de dépassement de soi totalement transformés. Ainsi Plutarque[1] écrivait : « *à la fin de l'expérience, le myste, ayant passé par l'épreuve de la mort fictive, s'épure, se libère des chaînes matérielles, et devient digne du face à face ou de l'identification avec la divinité* ». Cela, parce que la conscience du pouvoir de créer sa vie en étant « Un » avec elle, émerge de cette Vérité, de ce vide, du néant.

Paradoxalement, le MYSTÈRE génère parfois excitation et fascination[2] parce que l'observateur du MYSTÈRE pense pouvoir le posséder, se l'approprier ou le maîtriser en composant avec lui. Sa vie ne lui semble pas en jeu ou bien il pense qu'il sera plus fort que la MORT, qu'il trouvera une solution pour échapper à son emprise. Le savoir qu'il délivre alors à l'observateur est trompeur car il crée l'espoir. Mais l'espoir tue le vrai MYSTÈRE.

Le MYSTÈRE émerveille également : la diversité, la complexité et l'intelligence de la nature sont extraordinaires. Celui qui se contente de les contempler, de les apprécier se trouve transporté par l'ingéniosité et par la perfection évidente qui se dégage autant des êtres que des mécanismes :

1. Écrivain grec du 1er siècle après Jésus-Christ.

2. Par exemple dans la sexualité : le culte de Déméter conviait les ADEPTES aux rituels des MYSTÈRES des « origines » et de l'amour dans la Grèce Antique. Le Tantra, encore aujourd'hui, propose ces pratiques aux effets psychologiques puissants. Elles amènent le sentiment du vide et du « rien » qui ouvre la porte de l'Être.

un coucher de soleil, l'organisation d'une fourmilière, la constitution d'un œil...

Cependant, on ne peut savoir (ça-avoir / avoir-ça) le MYSTÈRE. Il est au-delà de toute compréhension. Pour le percer, il faut se fondre en *Lui*. C'est pourquoi le MYSTÈRE confronte à l'absurde, à l'Absolu, et induit intuition, cohérence et motivation spirituelle. Celui qui a fait « le voyage » n'en tire aucune vanité car la traversée du « tunnel » remplit de gratitude et rend humble.

Beaucoup d'êtres humains font le choix de fuir l'énigme de la vie. La course au plaisir, au pouvoir vient compenser temporairement l'angoisse de la MORT... pour la retrouver au crépuscule de sa vie. Pour remédier à son angoisse, il est facile d'adhérer aux croyances religieuses toutes faites et rassurantes (le paradis, la réincarnation...) ou d'inventer des croyances providentielles.

> « *La Vérité n'a pas de sentier, et c'est cela sa beauté : elle est vivante. Une chose morte peut avoir un sentier menant à elle, car elle est statique.* »
>
> Krishnamurti – *Se libérer du connu*

La réponse au MYSTÈRE, disent les MAÎTRES, est à l'intérieur de *Soi* : c'est la Conscience. La Conscience serait en même temps l'*Être* (notre Essence, petite partie du *Grand-Tout* : « Je Suis ») et la lumière qui l'illumine. L'ego, le « petit moi », en serait le miroir. C'est grâce à la réflexion de l'*Être* dans le miroir qu'on peut contempler l'image du *Grand-Tout* en *Soi*. Alors, comment voir clairement l'image réfléchie dans le miroir si celui-ci est encrassé ? L'ego prétend à la brillance et au pouvoir créateur de l'*Être*. Le « petit moi » nous piège dans l'illusion d'une séparation de l'*Être* et du *Soi*. Cela pervertit l'image ; alors l'Être ne réfléchit plus sa pureté. Un travail de nettoyage du miroir est indispensable pour percevoir clairement l'unicité du *Grand-Tout* dont nous sommes une infime parcelle. C'est le chemin que suit l'HOMME-NOUVEAU en quête de Vérité quand il aspire à percer les MYSTÈRES de la création.

Cependant le MYSTÈRE demeure : comment être tout à la fois l'observant (le *Soi*, Je Suis), l'observé (le *Grand-Tout*) et le miroir (le petit moi) ? Le miroir doit disparaître et se fondre dans la réflexion par contemplation. Par exemple, se regarder dans une glace jusqu'à se fondre dans sa propre image est une méditation qui illustre cela, même s'il ne s'agit là seulement que de l'image corporelle. Car l'*Être* ne se contemple vraiment qu'au fond de *Soi* !

Si la réflexion (la pensée issue de l'effet miroir) apaise momentanément, elle ne répond pas aux interrogations et ne calme pas le trouble profond causé par le MYSTÈRE. C'est l'observation du MYSTÈRE lui-même, le regarder en face, se laisser emporter par lui, qui dissout l'angoisse. L'ego n'a alors plus de raison d'être. Ce phénomène peut être vécu douloureusement, comme une « petite MORT ».

Mais la Conscience elle-même fait partie du MYSTÈRE ! La vie pourrait exister sur terre sans qu'il y ait de TÉMOINS, nous, petits hommes, qui assistons le temps d'une vie au déroulement d'un scénario collectif et individuel hermétique. Pour les hindouistes, c'est la *Lila*, le jeu cosmique : *Dieu* se plaît à se contempler lui-même à travers nous.

L'observation du MYSTÈRE, observer *Dieu*, en *Soi*, est un cadeau immense que la GRÂCE accorde à ceux qui s'en donnent la peine. Par exemple, le quotidien, parfois, est source de petites énigmes. Lorsque soudain la solution apparaît, une compréhension jubilatoire, un insight[1] nous saisit. Mais quand la lumière intérieure ou la GRÂCE éclaire le MYSTÈRE, l'intensité de la jouissance est sans commune mesure. Et

1. Insight en anglais signifie révélation.

l'immersion du *Soi* dans le *Grand-Tout* procure une extase d'amour, un émerveillement. Voilà le don ultime de *Dieu*. C'est l'*Éveil* ou la LIBÉRATION et les souffrances liées à l'ego disparaissent.

La lame du MYSTÈRE véhicule donc autant de Ténèbres (ignorance, peur, absurdité, néant...) que de Lumière (réalisation, *Connaissance*, vérité, extase...). La richesse intérieure et l'expérience profonde de soi-même découlent de la démarche sincère du quêteur ; le miroir (le « petit moi ») trouve la pureté nécessaire à la contemplation du MYSTÈRE et cela fait évoluer et grandir en humanité.

Dans un tirage

SOIS ! Et tu trouveras *Co-naissance* et *Paix*

« *Jai sat chit anand*[1] »

La Loi
lame hors-cadre

Au cours de l'existence, chacun est confronté à différentes lois. La LOI relève des MYSTÈRES de la vie alors que les lois régissent l'organisation sociale. Ces dernières sont créées par l'homme pour assurer le bon fonctionnement des sociétés à un moment donné. Quelquefois léonines et instituées par une minorité qui préserve ses intérêts, elles sont contestables. De plus, leur édiction et leur application dépendent de l'autorité en place. Alors que la LOI est indiscutable. Elle est ! Elle décrit un fonctionnement, une réalité. Elle est universelle, intemporelle et immuable.

1. « *La vérité est la conscience de la béatitude* », salutation spirituelle indienne.

Un Mystère s'élucide en partie dès que s'éclairent les rouages de sa Loi. Par exemple, les Anciens, ignorant le fonctionnement du système solaire, craignaient que le soleil n'apparaisse plus ou que le ciel leur tombe sur la tête. Plus tard, l'astronomie a résolu l'énigme. Ainsi certains Mystères peuvent devenir des outils quand leur Loi est comprise : le feu, par exemple, ou le langage. Cependant la Loi ne décrit et ne répond qu'au fonctionnement, au « comment » ; jamais au vrai « pourquoi », à la cause première. Il y a toujours un autre *pourquoi*, plus profond qui demeure : celui que pose le Mystère de la *Création*.

La Loi donne Sens. Mais dans la société, c'est le sens qui crée les lois. Vivre en adhérant aux lois permet de donner sens à sa vie sociale et de « créer » son existence. Le bonheur et la paix existentielle sont alors plus facilement accessibles.

La Loi comme les lois sont contraignantes. Par exemple, nous vivons, conscients mais ignorants de la durée du voyage et la Loi de l'incarnation nous impose de souffrir, de vieillir et à terme de subir la Mort. Lorsque les lois dérangent, et qu'on choisit de les transgresser, soit on les contourne avec adresse et on en évite les conséquences, soit on supporte les sanctions que la société réserve aux transgresseurs, soit, encore, on s'exclut soi-même de la société. Mais lorsque les lois sont trop contraignantes pour la majorité, la liberté de faire, de penser ou de se déplacer brimée, des révolutions, des révoltes se produisent pour renverser ces structures étouffantes. Personne par contre, ne peut transgresser la Loi de la Mort, même les plus grands fraudeurs et les maîtres de l'évasion.

Les règles comme les lois des sociétés démocratiques naissent d'un consensus alors que la Loi est imposée à chacun. À l'échelle personnelle, chacun peut inventer ses lois : ce sont les règles de vie et la Discipline. Toutes les relations (amoureuses notamment) ont besoin d'un cadre ou de règles pour fonctionner harmonieusement. Souvent, ces règles restent tacites et cela peut entraîner des incompréhensions voire des conflits mais peut-on tout réglementer sans nier la Vie ?

Ce sont les parents, particulièrement les Pères, qui ont la charge de poser les lois. Le père devrait également transmettre la Loi. Mais paradoxalement elle est indicible, *a contrario* des lois sociales. Un de ses aspects pourrait cependant être traduit par « Respect de *Soi*, Respect de *l'Autre* ». (Attention ! Ce n'est pas : respect de moi, respect de l'autre... !). Le Père transmet la Loi à ses enfants lorsqu'il les éduque en posant fermement et en expliquant les lois mais surtout quand il les encourage à découvrir les Mystères de la vie : « Qui suis-je ? » ; « Qui est l'Autre ? » ; « Pourquoi la vie ? » ; « Pourquoi la souffrance ? » ; « Qu'est-ce que l'Amour, l'infini, *Dieu*... ? »...

Certains s'imaginent que la Loi a été créée par une instance supérieure de la même manière que les lois sont créées par l'homme. Ils cherchent donc *Dieu*, « le Créateur de toutes choses » comme d'autres cherchent leur Père ou leur mère. L'espoir d'être aimé de *Dieu* donnerait Sens à leur vie. Alors que d'autres « attendent » de *Dieu* qu'il soit à l'image de leur « Bon Papa » plein de compassion, prêt à pardonner leurs fautes et qui prendrait en charge leurs insuffisances. Chacun est libre de créer *Dieu* selon sa convenance ou ses besoins.

La Loi (comme les lois qui en sont issues) aide et protège le *Soi* et est intransigeante sur cela ! En fait, elle protège seulement quand on l'accepte et qu'il n'y a plus rien à perdre. Elle exige que le « petit moi », le « je » égotique meure pour laisser tout l'espace au *Soi*. La déstructuration induite par une quête sincère est souvent extrêmement troublante, déstabilisante et source de souffrance car le néant et le non-sens induits sont difficiles à intégrer. Et la Tentation de « négocier » est grande, mais inutile ! Négocier avec qui ?

La Loi régit le grand Mystère et la démarche spirituelle sincère est le seul moyen d'y accéder véritablement. Accepter la Loi confronte à la conscience de sa propre Mort. Chaque fois qu'on s'émancipe d'une Matrice, on intègre une dimension de *Soi* plus large. En refusant ou en rejetant les lois qui structurent la société, nous souffrons, faisons souffrir et notre qualité d'être en pâtit. L'adhésion aux lois sociales facilite l'intégration de la Loi car cette dernière est « intransigeante » et intraitable pour le « petit moi », l'ego.

L'Homme-Nouveau s'attache à percer les principaux Mystères de l'existence et il se soumet à chaque fois, en conscience, à la Loi, comme aux lois. En effet, il serait vain de chercher *Dieu* sans accepter les lois des hommes ! Ne cherchons pas non plus la protection des lois sans percevoir la Loi et surtout le Mystère qui se cache derrière. Se soumettre aveuglément aux lois ne mène pas à l'*Être*. L'Homme-Nouveau préoccupé par les énigmes majeures – le sens de la vie, la Mort, *Dieu* – intègre le Mystère. Il développe ainsi plus d'autonomie, d'humanité, de liberté et de réalisation du *Soi*.

Pour faire « UN » avec le Mystère, l'homme en quête accepte le principe des lois car elles sont à l'image de la Loi qui les a engendrées. En être conscient donne accès à la *liberté d'Être* et crée la divinité. En respectant les lois et en cultivant sa démarche, l'Homme-Nouveau a sacrifié son ego pour contempler le Mystère et il s'est soumis à sa Loi. La Grâce prend alors le relais et soutient son élan. Elle finit par inonder son âme d'un amour absolu, « *reflet* » du Cœur de celui qui s'est totalement investi.

Dans un tirage

SOIS ! Et tu trouveras *Co-naissance* et *Paix*

« *Jai sat chit anand*[1] »

• • •

1. « *La vérité est la conscience de la béatitude* », salutation spirituelle indienne.

Au sujet des Créateurs des *Cartes de l'Homme-Nouveau*

Au sujet de l'auteur

Jacques Lucas, est psychothérapeute à Montpellier depuis 1994. Il co-anime des stages de Tantra avec Marisa ORTOLAN depuis 1995. Ils sont co-auteurs d'un livre sur le Tantra paru en 2005 aux éditions Le Souffle d'Or : *Le Tantra, Horizon sacré de la relation.*

Sa quête personnelle et sa recherche spirituelle commencent à 17 ans et 1/2, à la suite d'une expérience paroxystique vécue sur trois jours. Le 1er soir, il rêve qu'il est en train de suivre le Christ dans le désert. Ce rêve puissant sur le plan symbolique mais aussi dans son contenu « émotionnel » nourrit encore aujourd'hui sa démarche tant spirituelle que d'introspection psychique. Le 2e soir, pendant 2 heures, une lumière blanche, à l'intérieur de lui-même, au 3e œil, le fascine. Elle l'inonde d'ondes et de vibrations. Il ne garde aucun souvenir d'extase ou de plaisir mais d'une douleur dans ses yeux qui étaient révulsés et focalisés sur le 3e œil. En fait, cette lumière le dérangeait car il souhaitait s'endormir rapidement : le lendemain, un examen important pour sa vie de lycéen se profilait. Et, le 3e soir, brusquement, il change de plan de conscience : ses perceptions se colorent « d'*Absolu* ». Son regard sur le monde, sur les autres, sur lui-même change radicalement. L'évidence du Mystère s'impose à lui.

Il a vécu douloureusement la suite de cet épisode de sa vie. Car pendant plusieurs années il fut confronté à la perception du néant et au non-sens. Mais aujourd'hui, il s'estime particulièrement chanceux car cette période fut déterminante : sa quête était lancée. Des « expériences » complémentaires ainsi que des rencontres qui suivirent le motivèrent à persévérer sur le chemin de l'élargissement de la conscience.

Depuis, il n'a eu de cesse d'approfondir son introspection et de trouver Sens. Au cours des années qui ont suivi, il a cherché dans de nombreuses directions et s'est impliqué dans différents domaines : la méditation, la psychologie, l'astrologie, le chamanisme, le Tantra.... Il a retiré de sa quête (elle n'est pas finie) un amour de la Vie et de l'Humanité mais aussi une compréhension qu'il essaye de transmettre.

Contact mail : j.lucas-cartes-homme-nouveau@orange.fr

Au sujet de l'Illustratrice : Magalie MASSON

Magalie Masson est Artiste-Peintre, Illustratrice et Art-Thérapeute.

L'homme debout, en marche, qui avance, est un de ses thèmes de prédilection dans son travail. Sa soif de découvrir l'homme à travers son parcours pictural, thérapeutique et tantrique l'a amenée toujours plus loin dans sa connaissance du masculin. En tant que femme, illustrer un travail d'homme sur l'homme, sert aussi à illustrer la propre part de masculinité inhérente à chacune.

Magalie Masson anime des ateliers d'Art et d'art-thérapie, expose en France et à l'étranger et elle est assistante lors de certains stages animés par Marisa Ortolan et Jacques Lucas (Horizon-Tantra).

Contact mail : art-mag@orange.fr

Au sujet de l'Infographiste : Alex FULLER

Alex Fuller est Artiste-Peintre d'origine anglaise. Né à Londres il y a peint de nombreuses fresques murales. Formé au Pays de Galles à l'illustration, son style abstrait et figuratif à la fois trouve son plein épanouissement dans les arts graphiques. Il les travaille depuis une quinzaine d'années.

Installé à Montpellier depuis dix ans, il y a exposé ses œuvres à plusieurs reprises. Il mélange aujourd'hui différentes techniques : figuratif, abstrait ; infographie 3 D.

Contact mail : arfling@hotmail.com

Petit lexique des termes en italique

Autre : façon de désigner autrui dans sa dimension essentielle, sacrée.

La Connaissance : certaines traditions nomment la finalité de la quête spirituelle : la *Connaissance*, bien différenciée du savoir. Et nous distinguons la *Connaissance* du savoir par le fait qu'elle n'est pas de nature intellectuelle. L'apprentissage de l'écriture et de la lecture est une INITIATION qui fut d'ailleurs interdite aux femmes dans le passé. Le savoir intellectuel ouvre accès à des espaces de compréhension, mais ce n'est pas parce qu'on lit les écrits d'un sage ou d'un PHILOSOPHE qu'on acquiert sagesse ou philosophie. La *Connaissance*, expérience intime du *Soi*, peut être témoignée mais elle ne peut se transmettre d'un individu à l'autre. Son essence, comme sa quête, est paradoxalement personnelle, et commune à chacun.

L'Être : constitue l'essence de l'individu. Sa nature est commune à chacun. L'*Être* concerne autant la part individuelle que l'ensemble de ce qui constitue le *Grand-Tout*. Dans le texte, « l'*Être* » peut être nommé également « le *Soi* » quand il s'agit d'évoquer « la part d'*Être* » d'un individu.

La Foi : engagement et certitude basée sur l'expérience.

Les Gardiens de Sagesse : cartes majeures du jeu. Elles symbolisent une des 5 facettes sociales de l'HOMME-NOUVEAU. Chacune véhicule un archétype, une expression de l'homme bien avancé en sagesse et en réalisation du *Soi*.

Le Grand-Tout : La Source, Dieu, le Créateur ; c'est une autre manière de nommer ce grand MYSTÈRE qui englobe tout et qui nous anime tous.

Homme en Quête : autre façon de désigner l'Homme-Nouveau.

Lame « Hors-Cadre » : ce terme évoque deux cartes majeures très spécifiques du jeu : le MYSTÈRE et la LOI. Leur nature universelle semble fonder l'humanité et l'univers lui-même. Les MYSTÈRES et les LOIS sont nombreux mais ils sont les facettes d'un seul « Grand MYSTÈRE » et d'une seule « Grande LOI » qui gouvernent la Vie, la Mort, la conscience, etc.

Lame de Mutation : carte majeure inductrice de transformation et de changement dans la vie du consultant. Leur graduation ascendante sur le poster marque les étapes de la maturation psychique de tout individu.

Lame Talisman : carte majeure du jeu qui représente l'un ou l'autre des chakras. Nous avons choisi de leur donner un nom parlant pour les occidentaux afin que même ceux qui ne sont pas « versés » en spiritualités orientales comprennent le champ d'application et la portée des énergies que ces chakras véhiculent.

Le Sacré : sentiment porté à Autrui ou à l'environnement. Empreint d'innocence et de respect, ce sentiment facilite l'approche de l'Union Sacrée.

Le Soi : c'est une autre manière de qualifier l'*Être* qui implique la dimension universelle et impersonnelle de l'être humain. Le *Soi* est une partie perceptible par « je » du « *Grand-Tout* ».

La Transcendance : la Transcendance doit être entendue comme un sentiment, fruit d'une gymnastique intérieure ou d'un dépassement de soi-même, qui transforme la douleur, la frustration et la souffrance en Amour ou en plaisir. Pratiquée avec excès, elle mène à des comportements déviants : la pénitence et la mortification par exemple.

Voie : dans le Jeu, en italique, ce mot parle d'un chemin de la réalisation du *Soi*. Il peut être suivi du nom d'une *Voie* spécifique : *Voie de l'Économie, Voie de la Relation*, etc. Dans les spiritualités orientales, par exemple, il n'est pas indispensable d'être moine pour consacrer sa vie à la réalisation du *Soi*. La perfection est accessible, ici et maintenant. Et c'est en faisant parfaitement, du mieux possible chaque geste, chaque action ou en impliquant totalement son *Être* que la LIBÉRATION ou la conscience du « *Grand-Tout* » est perceptible.

Yab-yum : position de méditation qui se pratique à deux : la femme est assise sur les genoux de l'homme. Cette position peut aussi être pratiquée durant l'acte sexuel.

Bibliographie

Du même auteur

Le Tantra, horizon sacré de la relation, aux éditions du Souffle d'Or (2005). (avec Marisa Ortolan)

« Un « Père » et ... Passe ! », *Adire* N° 14 : L'Homme ; Paternité, Masculinité (1998)

« Soyons Psycho-sophe », revue *Réel* N° 95 ; septembre 2005

Ouvrages à lire

Margo ANAND :

- *La magie du Tantra dans la sexualité*, éd. Guy Tredaniel, 1995
- *L'art de l'extase sexuelle. La voie de la sexualité sacrée présentée aux Occidentaux*, éd. Guy Tredaniel, 1992
- *Le chemin de l'extase*, éd. Albin Michel, 1981

Elisabeth BADINTER, *XY de l'identité masculine*, éd. Odile Jacob, 1992.

Guy CORNEAU :

- *Père manquant, fils manqué*, éd. de l'Homme, Montréal, 1989.
- *N'y a-t-il pas d'amour heureux ?*, éd. Robert Laffont, 1997.

Mantak CHIA, *Les secrets Taoistes de l'amour*, éd. Axis Mundi, 1984

Jacques FERBER, *L'amant tantrique*, éd. Le Souffle d'Or, 2007

Luc FERRY et Jean-Didier VINCENT, *Qu'est-ce que l'Homme ?*, éd. Odile Jacob, 2000

Daniel GRAY, *Les hommes viennent de Mars, les femmes de Vénus*, éd. M. Lafon, 1994

Jean HOUSTON, *Psychologie Sacrée ; L'union avec Le Bien-Aimé de l'âme*, éd. Dangles, 1990

Elisabeth KÜBLER-ROSS :

- *La Mort : dernière étape de la croissance*, éd. Rocher, 1994
- *La Mort, porte de la vie*, éd. Rocher, 1995
- *Accueillir la mort*, éd. Rocher, 1998
- *La Mort est un nouveau soleil*, éd. Rocher, 2000
- *Leçons de vie*, éd. JC Lattès, 2002

Sri Nisargadatta MAHARAJ :

- *Je Suis*, éd. Les Deux Océans, 1982
- *Sois !*, éd. Les Deux Océans, 1983
- *Graines de Conscience*, éd. Les deux Océans, 1983
- *Ni Ceci, Ni Cela*, éd. Les Deux Océans, 1986
- *À la source de la Conscience*, éd. Les Deux Océans, 1991

Evelyne-Sarah MERCIER, *La Mort Transfigurée*, éd. L'Age du Verseau, 1992

Satyam NADEEN, *De la prison à l'éveil*, éd. Du Relié, 2001

Daniel ODIER, *Tantra, l'initiation d'un Occidental à l'amour absolu*, éd. Jean-Claude Lattès (1996)

Osho RAJNESH, *Techniques ésotériques secrètes*, éd. Le voyage intérieur 1991

Hubert REEVES, Joël De ROSNAY, Yves COPPENS et Dominique SIMONNET, *La plus belle histoire du monde*, éd. Du Seuil, 1996

Hubert REEVES :

- *L'heure de s'enivrer*, éd. Du Seuil, 1990
- *Poussières d'étoiles*, éd. Du seuil, 1984
- *Intimes convictions*, éd. Paroles d'Aube, 1997

Kenneth RING, *En route vers Omega*, éd. Robert Laffont, 1991

acques RUFFIE, *Le sexe et la mort*, éd. Odile Jacob, 1986

Eckhart TOLLE, *Le pouvoir du moment présent*, éd. Ariane, 2000

Laura TUAN, *Les chakras*, éd. de Vecchi, (1998)

André VAN LYSEBETH, *Le culte de la féminité*, éd. Flammarion, 1996

Ken WILBER, *Une brève histoire de tout*, éd. Mortagne, 1997

www.souffledor.fr

Féminitude

(coffret jeu : livre + cartes)

Une exploration des mystères de votre être intérieur

Monique GRANDE

Préface de **Paule Salomon**

Féminitude, superbe coffret (un livre de 250 pages et 55 cartes en couleurs), ravira toutes celles et ceux qui s'interrogent sur la dualité fondamentale masculin / féminin, qui cherchent à devenir confiants face à leur réalité de vie, et qui désirent incarner une nouvelle identité, plus respectueuse de leur propre nature, plus authentique et plus aimante.

Un succès : plus de 11.000 coffrets vendus.

Que les mille et une facettes de ce coffret éveillent en vous le goût de la féminitude !

« Féminitude » nous invite à parcourir le monde souterrain du féminin, afin de mieux utiliser notre capacité de transformation et notre potentiel de réalisation. Il nous permet de découvrir notre temple intérieur pour y installer l'écoute, la profondeur, le respect, l'intuition, la puissance, la sensibilité, la compassion, la sensualité, l'ouverture du cœur, et tout ce qui respire la féminitude.

Les magnifiques cartes, peintes par l'artiste Myrrha, illustrent les différentes facettes de la psyché féminine et sont de merveilleux indices pour en faire émerger les qualités.

Il s'agit de tirer une ou plusieurs cartes, d'observer leurs caractéristiques, et de se reporter au texte du livre qui en donne la signification.

L'équilibre masculin / féminin est alors vécu comme un grand réservoir d'énergie où se côtoient courage, détermination, calme, paix, et sentiment d'unité.

Editions Le Souffle d'Or

L'Odyssée du couple
Jeu de sagesse et de créativité amoureuse

Monique GRANDE
Sabine ADELAIDE

Cité par *Psychologies Magazine* comme l'un des meilleurs jeux de développement personnel

Tant de couples aveugles voguent sous la voûte étoilée de belles nuits d'amour puis se consument, pris au piège comme Ulysse , par les tempêtes, les naufrages et les caprices du destin.

ET VOUS ? Comment vivez-vous cette quête ?

Dans VOTRE ODYSSÉE DU COUPLE - avec votre conjoint ou le partenaire de jeu - votre aventure consistera à traverser 6 mondes qui correspondent aux phases de la relation amoureuse : le mystère de la rencontre, la roue du désir, le désert des différences, la mine d'or des métamorphoses, l'arbre d'amour, le jardin d'abondance

Surmontant les épreuves, saisissant les expériences et les chances qui se présentent sur votre parcours, vous explorerez vos processus intérieurs avec un regard nouveau. Vous comprendrez comment redynamiser vos relations amoureuses.

L'Odyssée du couple, divertissement moderne sur le thème de l'amour et de la relation, est aussi un outil original. Sa profondeur surprendra les partenaires qui oseront s'embarquer dans le périple.

Un allié précieux pour tous ceux qui aspirent à vivre en toute conscience la relation homme-femme.

Et ici, il ne s'agit pas seulement d'éviter le pire, mais aussi de goûter le meilleur des relations à deux.

Superbes illustrations de Sabine Adélaïde.

Editions Le Souffle d'Or

Cartes Toi et Moi
Jeu pour aller plus loin à deux

Frédérique EPELLY

Jeu de développement personnel, à jouer à deux, facile d'accès, convivial, poétique et profond, pour adultes et adolescents.

36 cartes-questions dédiées à la conscience relationnelle, la communication, la dynamique relationnelle, et 2 cartes mode d'emploi.

Le premier joueur tire une carte au hasard. Il lit à son compagnon de jeu la question et celui-ci répond. Quand il a terminé, la carte est retirée du jeu et les rôles s'inversent.

Au fil des questions s'ouvre un espace dans lequel tous les sujets peuvent être librement abordés. Les joueurs s'engagent dans un dialogue centré sur l'instant, où l'écoute et la parole alternent. Les cartes font émerger des qualités et des aspects bien souvent encore non révélés ou non exprimés de la relation.

Une façon de se découvrir...ou de se redécouvrir !

Les joueurs ne sont pas à l'abri de quelques surprises !

Pour jouer avec son conjoint, un ami, un partenaire, un équipier...

Ce jeu petit format se glisse vite dans une poche ou un sac. Apprécié lors d'une soirée, en voiture, au cours d'une rando, etc. Il s'adapte à toutes les personnalités et à tous les contextes.

Convient pour les thérapeutes, les formateurs et les animateurs de stages.

Il ouvre à une communication affinée, développe l'intelligence émotionnelle, génère des synergies de groupe harmonieuses.

Il peut aussi servir de support pour un jeu de rôles.

Editions Le Souffle d'Or

Intégrer son identité masculine
Les défis des relations hommes-femmes

David DEIDA

Quitter la vieille peau démodée et archaïque du « macho » non pas pour devenir une « mauviette », mais pour intégrer sa réelle identité masculine, tel est le propos du livre de David Deida.

Subjuguant, surprenant, dérangeant, hors des sentiers battus du développement personnel, ce manuel ne vous laissera pas sans réaction !

David Deida propose ainsi d'aller plus loin que le modèle de parité dans le couple, la femme et l'homme visant à exprimer pleinement leur polarité sexuelle – dans leurs relations intimes comme dans la vie quotidienne.

Que veulent les femmes ? Et vous, quels sont vos désirs ? Quelles sont vos peurs ?

L'auteur n'aborde pas la sexualité de manière pratique, mais au sens psychologique comme une ouverture totale à l'amour, proche du Tantra. Cette polarité reconquise permettra à la femme et à l'homme de mettre cette nouvelle conscience au service de leur aventure humaine dans le couple et en tant qu'êtres.

Editions Le Souffle d'Or
Collection : Chrysalide

Le chemin de l'amour conscient
Une voie personnelle et sacrée

John WELWOOD

Plus que jamais, les relations amoureuses nous appellent à faire preuve d'honnêteté et de conscience envers nous-mêmes et envers l'autre.

Les relations de couple n'étant plus une source prévisible de confort et de sécurité, nous avons désormais le choix entre deux attitudes : lutter pour nous raccrocher à de vieux modèles qui ne correspondent plus à la réalité, ou bien apprendre à voir dans les difficultés une occasion de réaliser nos meilleures qualités humaines.

Le couple devient alors une voie pour approfondir notre lien avec nous-mêmes et l'être aimé, pour vivre à deux dans l'authenticité.

Nous sommes de plus en plus nombreux à rechercher une forme de relation plus profonde au niveau mental, affectif, sexuel et même spirituel.

Tout cela est possible si nous parvenons à développer un nouveau degré d'intimité avec notre partenaire, en explorant et en cultivant une qualité d'attention envers nous-mêmes et envers l'autre.

Et, pour la première fois, la relation devient consciente, permettant à chacun de se responsabiliser au sein du couple. Ni victimisation, dépendance ou encore aliénation envers l'autre, il s'agit de trouver le juste équilibre entre nos deux personnalités.

C'est en affrontant les difficultés dans un esprit d'ouverture que nous pourrons réinventer le couple qui nous correspond, afin que chaque relation génère davantage de conscience, d'humour, de compassion et de sagesse.

Célibataire malgré vous ou marié(e) depuis vingt ans ?

Et si vous redonniez une dimension sacrée à l'amour ?

L'Amant tantrique
L'homme sur la voie de la sexualité sacrée

Jacques FERBER

A partir de son propre cheminement tantrique vers la sexualité sacrée, Jacques Ferber décrit les transformations intérieures qui mènent progressivement vers une nouvelle relation intime à la femme. Il apporte un éclairage novateur et profond sur la sexualité de l'homme.

L'amant tantrique, c'est l'homme qui contacte sa puissance masculine et rencontre la femme dans une danse joyeuse et sacrée où le corps, le cœur et l'esprit sont présents.

L'ouvrage présente aussi un ensemble de techniques permettant d'atteindre au multiorgasme et à l'extase grâce à la rétention de l'éjaculation et la diffusion de l'énergie sexuelle.

Il s'adresse aux hommes en quête d'une sexualité plus satisfaisante qui intègre sensualité, authenticité et spiritualité. Il est également destiné aux femmes en leur faisant partager de l'intérieur les désirs et appréhensions de l'homme face au féminin.

Editions Le Souffle d'Or

L'Alchimie du désir
Une voie féminine vers la transcendance

Monika D'HENRY

La femme et la Sagesse, un sujet très peu exploré : les traditions spirituelles ont souvent écarté les femmes considérées comme trop émotionnelles pour accéder à la lucidité de la Sagesse.

Dans ce livre, la femme va effectivement rencontrer les obstacles inhérents à sa passion et, dans son laboratoire intérieur, transmuter l'expérience amoureuse en paix durable.

L'auteur retrace l'itinéraire d'une conscience féminine qui veut évoluer et une quête basée sur l'amour et la sexualité.

Héroïque, vivante, dialoguée et poétique, une aventure spirituelle qui va réveiller chez le lecteur des sentiments enfouis.

A lire lentement, et plusieurs fois, pour y découvrir toutes les richesses !

« *Ils étaient au même niveau, hors des désirs, des refus et demandes illusoires ; illusoires puisque l'émotion qui semblait impossible à arracher de son cœur était déracinée, désengrammée. Le désir est-il toujours illusoire ?* »

Editions Le Souffle d'Or

IMPRIM'VERT
encres végétales

Achevé d'imprimer par
Imprimerie Vasti-Dumas - 42010 Saint-Etienne
N° d'imprimeur : V005213/00
Dépôt légal : septembre 2010

Imprimé en France